이 라 크

빌려온 항아리

나의 트로이카 당의 나머지 두 당원인
알렌카 주판치치와 믈라덴 돌라르에게

The Iraqi Borrowed Kettle

by Slavoj Žižek

이 라 크

빌려온 항아리

슬라보예 지젝 지음
박대진·박제철·이성민 옮김

도서출판 b

차 례

서론]

그들은 이라크를 통제한다.
하지만 자기 자신을 통제하고 있는가?

물론 국민은 전쟁을 원하지 않습니다. …… 하지만 결국 정책을 결정하는 건 그 나라의 지도자들입니다. 그리고 국민을 끌고 가는 건 언제나 간단한 문제입니다. …… 국민들에게 공격을 받고 있다고 말하기만 하면, 그리고 평화주의자들은 애국심이 없고 나라를 위험에 빠뜨리고 있다고 비난하기만 하면 됩니다. 어느 나라에서나 똑같이 효과가 있습니다. (헤르만 괴링, 1946년 뉘른베르크 재판에서)

이 책의 제목[1]은 사담 후세인 정권이 붕괴한 이후에 박물관이나 고고학 유적지에서 사라진 (틀림없이 적당한 때가 되면

---

1) [이 책의 원제는 "The Iraqi Borrowed Kettle(이라크의 빌려온 항아리)"이다.]

우선은 암거래 미술품 시장에 다시 나타났다가 다음엔 합법적인 시장에 다시 나타날) 고대의 항아리를 가리키는 것이 아니다. 대부분 그 항아리들은 빌려간 것이 아니라 훔쳐간 것이다. 이라크의 박물관과 고고학 유적지의 약탈에 관한 걱정들은 다시금 "다른 문화에 대한 존중"이라는 자유주의적 태도의 위선과 허위를 보여주었다. 이 책의 제목이 가리키고 있는 다른 항아리가 있다. 꿈의 이상한 논리를 보여주기 위해 프로이트가 이용하는 농담에 나오는 항아리 말이다. (1) 나는 당신에게 항아리를 빌린 적이 없다. (2) 나는 항아리를 깨지지 않은 상태로 돌려주었다. (3) 당신에게 항아리를 빌렸을 때 그건 이미 깨져 있었다. 물론 비일관된 주장들의 이와 같은 나열은 그것이 부인하고자 하는 것(나는 깨진 항아리를 돌려주었다)을, 부정을 통해, 승인하는 것이다. 2003년 초의 이라크 공격에 대한 정당화 역시 이와 동일한 비일관성을 특징으로 하고 있지 않은가? (1) 사담 후세인은 그의 이웃이나 이스라엘뿐 아니라 이미 모든 민주적 서방 국가들에게도 "분명하고도 현재적인 위험"을 제기하는 대량살상무기(WMD)를 소유하고 있다. (2) 그래서 2003년 9월 이라크의 대량살상무기 수색을 맡았던 CIA 관리 데이비드 케이David Kay가 (천명 이상의 미국 전문가들이 그 무기들을 찾느라 몇 달을 허비한 후에) 현재까지 그와 같은 무기가 전혀 발견되지 않았음을 시인해야만 했을 때 어떻게 되었는가? 이제 다음 단계로 나아간다. 비록 사담이 전혀 WMD를 가지고 있지 않았더라도 9·11 공격의 알카에다와 연루되어 있었고 따라서 9·11에 대한 정당한 보복의 일부로서 그리고 그러한 공격의 재발을 방지하기 위해서 사담은 처벌되어야 한다. (3) 하지만 다시금 2003년 9월에 부시조차도 다음과 같이 시인해야만 했다. "사담 후세인이 9·11 공격에 연루되어 있다는 어떤 증거도 우리에겐 없습니다." 그래서 미국 국민의 거의 70퍼센트가 그 이라크 지도자가 9·11 공격에 개인적으로 연루되어 있었다고 믿는다는 최근의 여론 조사 결과와 관련하여 이 고통스러운 시인을 한 이후에 어떻게 되었는가? 이제 그 다음 단계로 나아간다. 비록 알카에다와 연계되어 있다는 아무런 증거도 없지만 사담 정권은 무자비한 독재정권이며, 이웃에 대한 위협이며, 이라크 국민 자신들에게도 재앙이다. 따라서 이러한 사실만으로도 후세인 정권을 와해시킬 충분한 이유가 되는 것이다…….[2] 다시금 문제는 공격 이유가 너무 많다는 것이었다.

---

[2] 흥미롭게도 케이 자신은 WMD를 찾는 데 실패한 것에 대한 세 가지 이론을 제공했다. (1) WMD는 이라크에 있다. "속임수의 황제" 사담이 잘 감추었을 뿐이다. (2) WMD는 이라크에 있지 않다. 사담은 전쟁 직전에 이라크 외부로 옮겼다. (3) 사담은 WMD를 전혀 가지고 있지 않았다. 단지 강해 보이려고 허풍을 떤 것이다. (그리고 재미 삼아 말해본다면 이상한 비꼬기를 하나 덧붙일 수 있다. 즉 사담의 과학자들은 사담 자신을 우롱하고 있었다. 사담에게 무기가 없다는 것을 말하기가 두려웠던 것이다.) 그리고 첨언하자면 전쟁 반대자들은 이와 동일한 비일관된 논리를 되풀이하는 것처럼 보였다. (1) 사실은 이 모두가 석유 통제와 미국의 헤게모니에 관한 것이다. 다른 국가에 테러를 가하는 진짜 불량국가는 미국 자신이다. (2) 석유와 헤게모니에 관한 것만은 아니고 또한 사담은 살인자이자 고문자이며 그의 체제는 범죄적 재앙이기 때문에 공격이 정당화된다고 하더라도, 그것은 역효과를 낳을 것이다. 그것은 반미 테러리즘의 새로운 물결을 크게 부추길 것이다. (3) 성공적이라 하더라도 사담을 타도할 목적의 이라크 공격에는 너무 많은 비용이 들 것이고 차라리 그 돈을 다른 곳에 쓰는 것이 더 좋을 것이다.

이와 같은 다양한 주장에 일관성의 허울을 부여해준 것은
물론 이데올로기였다. 전쟁 전에 화면에서 끝없이 반복된 사담
의 이미지(공중에 라이플 소총을 발사하는 사담)는 그를 일종
의 이라크판 찰톤 헤스톤으로 만들었다. 이라크 대통령이기도
하면서 또한 이라크 라이플협회 회장인 사담. …… 그렇지만
이러한 이미지가 진짜로 관심을 끄는 것은, 이데올로기 투쟁이
어떻게 논증의 차원에서뿐만 아니라 이미지의 차원에서도 일
어나는가를 우리에게 상기시켜 주기 때문이다. 즉 어떤 이미지
가 하나의 장場에 대한 헤게모니를 장악하게 되는 것이며, 또한
어떤 관념이나 체제나 문제를 전형적으로 체화하는 기능을 하
게 되는 것인가를 말이다. (이제 반쯤은 잊혀진) "전쟁의 얼굴"
제시카 린치를 생각해보자. 탁월한 이데올로기적 제스처 속에
서 그녀는 미국 병사의 전형으로서 고양되었다. 그녀의 이야기
는 세 가지 층위에서 읽어볼 수 있는데, 이는 다시금 라캉의
ISR 삼항조에 조응한다. 첫째로, 그녀는 상상적 볼거리였다. 그
녀는 부드럽고 연약한, 완전히 미국적인 보통 소녀였으며, 야수
적인 병사로 우리가 상상하는 것의 정반대였다. …… 그 다음으
로 물론, 기저에 깔린 이데올로기적인 배경, 상징적 층위의 미
디어 조작들이 있었다. 그리고 마지막으로, 하지만 결코 하찮지
않은 것으로서, 우리는 경제라는 "세속적" 측면 그 자체를 잊지
말아야 한다. 제시카는 나중에 학업을 계속할 수 있다는 목적
때문에 미군에 입대했다. 즉 그녀는 위기에 처한 시골 공동체의
촌스러운 하층 계급 인생에서 탈출해보려고 입대한 것이었으
며, 따라서 그녀가 "승리의" 귀향을 했을 때 이는 오히려 그녀
가 탈출하려 했던 감옥으로 되돌아오는 것처럼 보였다. 그녀의

표정이 불안해보였고 귀향의 광경이 실제로 인기를 얻지 못했던 것도 놀라운 일이 아닌 것이다.3)

컴퓨터로 유도되는 발사체가 목표물을 타격하는 카메라 쇼트로 요약되며 전쟁을 추상적인 컴퓨터 게임으로 만든 1991년의 걸프전(걸프전의 전투 장면에 대한 아무런 보도도 없었으며 보도금지는 철저했다)과는 대조적으로 2003년의 이라크전은 "전장 속의 기자들embedded reporters"—군인들과 함께 하면서 그들의 일상 생활과 전투 자체를 생방송으로 보도하며 따라서 "인간적 촉감"을 제공하고 시청자의 관점이 병사의 관점과 즉각 동일화될 수 있도록 해주는 종군기자들—에 의해 요약된다. 이러한 변화와 관련하여, 그 두 접근법 **모두가** 엄밀히 헤겔-마르크스적 의미에서 어떻게 **추상적인** 것인가를 주목하는 것이 핵심적이다. 굳이 말한다면, 추상적-기술적技術的 비디오게임식 접근법에는 전쟁의 진정한 본성에 관련한 더 **많은** 진리가 있다. 전투원들의 경험에 대한 "구체적" 묘사는 전쟁의 진정한

---

3) 잘 알려진 것처럼 제시카는 포로가 된 후에 병원에서 그녀를 특별히 돌보아준 이라크 의사 알 레하이에프 박사에 의해 구조되었다. 전쟁 후에 알 레하이에프가 제시카를 방문하기 위해 미국의 웨스트버지니아주 팔러스틴(이름이 징조였다!)에 왔을 때 안 좋은 놀라운 일들이 그를 기다리고 있었다. 제시카는 포로 생활을 회고하는 그녀의 책을 위한 광고 준비로 너무 바빠서 그를 맞이할 시간도 없었다(그 책에서 그는 그녀의 구세주로 그려진다!) 그리고 상처에다 모욕을 덧붙이는 격으로, 팔러스틴 시민들은 그때가 라마단 기간이며 알 레하이에프가 금식을 해야만 한다는 것을 모른 채 그를 위한 대환영회에서 만찬을 준비했다(만찬에서 그들이 그 고장의 좋은 햄을 대접했다는 사실은 말할 것도 없고 말이다). 미국인의 감사와 감수성이라는 것이 이 정도다.

세계적 의미를 제공하는 구체적 총체를 흐려놓는다는 의미에서 추상적이다. 그렇다면 진정한 접근법은 어떤 것일까? 우리는 이 전쟁 보도와 관련하여 예전의 아도르노적인 비판적 제스처를 되풀이하고만 싶다: 진리는 두 양태, 즉 추상적 디지털적 층위와 개인적 경험의 "인간적 접촉"이라는 층위 간의 바로 그 분리이다. 즉 진리는 이 분리가 환원불가능하다는 것, 그 둘 사이에는 그 어떤 공통분모도 없다는 것이다.[4]

그렇다면 어떤 것이 실재적 이유였는가? 기묘하게도 사실상 세 가지가 있었다. (1) 미국이 다른 나라들에게 민주주의와 번영을 가져다주고 있다는 진지한 이데올로기적 믿음. (2) 무조건적인 미국 헤게모니를 난폭하게 단언하고 알리려는 추동. (3) 이라크 석유 보유고에 대한 통제. 이 세 가지 층위 각각은 그 자체의 상대적 자율성을 가지고 있으며, 한낱 기만적인 허울로서 기각되어서는 안 된다. (적어도) 베트남 전쟁 이후에 가장 기본적인 미국의 반응을 상기해보라: 우리는 단지 좋은 일을 하려고, 남을 도와주려고, 평화와 번영을 가져다주려고 노력하고 있다, 그 보답으로 우리가 무엇을 얻는지 보라. …… 존 포드의 <수색

---

4) 물론 이 두 접근법 모두가 공격하고 침략하는 세력의 관점의 두 가지 측면이라고 말할 수도 있다. 빠져 있는 차원은 다른 편의 관점, 즉 폭탄세례를 당하는 이라크인 자신들의 고통과 혼돈의 관점, 알자지라 TV가 제공하는 관점이다. 이것 대신에 우리가 서방의 TV에서 보는 것은, 어떤 추상적인 비디오 게임에 나오는 장면과도 같은, 초현실적인 초록빛의 바그다드 야간 포격과, 폭격으로 인한 백황빛의 폭발들이다. 따라서 지배적인 대립은 "저곳에서 싸우고 있는 우리 병사들"의 "전장 속의embedded" 구체적 경험 대 순수한 불꽃 효과로서 가해지는 파괴의 추상적 성격이라는 대립이다.

자>*Searchers*나 마틴 스콜세지의 <택시 드라이버>*Taxi Driver*와
같은 영화의 근본적 통찰은 오늘날, 전세계적인 미국의 이데올
로기적 공세와 더불어, 그 어느 때보다도 더 타당한 것이다.
우리는 "조용한 미국인", 즉 베트남 사람들에게 민주주의와 서
구적 자유를 가져다주길 진지하게 원하는 소박하고 인정 많은
행위자 형상의 부활을 목도한다. 단지 그들의 의도가 전적으로
실패하고 마는 것뿐이다. 혹은 그레이엄 그린Graham Green의
말대로 "나는 자신이 야기시킨 그 모든 분쟁에 대해 더 선한
이유를 가진 사람을 결코 알지 못한다."

  두 번째 이유와 관련해서, 윌리엄 크리스톨William Kristol과
로렌스 카플란Lawrence F. Kaplan은 최근에 『대이라크 전쟁』*The
War Over Iraq*에서 이렇게 썼다 : "임무는 바그다드에서 시작된
다. 하지만 그곳에서 끝나지 않는다. …… 우리는 새로운 역사
적 시기의 첨두에 서 있다. …… 이것은 결정적 계기다. ……
그것은 너무나 분명하게도 이라크 이상의 문제다. 그것은 심지
어 중동의 미래나 대테러 전쟁 이상의 문제이기도 하다. 그것은
미국이 21세기에 어떤 유형의 역할을 하고자 하는가의 문제
다." 우리는 동의하지 않을 수 없다. 지금 걸려있는 것은 사실상
국제 공동체의 미래이며, 다시 말해서 그것을 규제할 새로운
규칙들이며, 새로운 세계 질서가 어떠한 것이 될 것인가 하는
것이다.

  석유에 대해서 말하자면, 2003년 6월 미디어에서 보도된 것
처럼 폴 울포위츠Paul Wolfowitz는 WMD 쟁점을 전쟁에 대한
"관료주의적" 구실이라고 기각하는 데 그친 것이 아니었다. 이
제 그는 석유가 진정한 동기였다고 공공연히 인정한다. "단순

하게 바라봅시다. 북한과 이라크의 가장 큰 차이는 경제적으로 볼 때 이라크에는 그 어떤 선택의 여지도 없었다는 것입니다. 그 나라는 석유 바다에서 헤엄을 치는 나라입니다." 그리고 핵심 요인은 분명 그 가운데 것이었던 것 같다. 새로운 세계 질서의 좌표들에 말뚝을 박기 위해서, 예방적 차원의 공격에 대한 미국의 권리를 주장하고 그리하여 미국의 지위를 유일무이한 세계 경찰의 지위로 끌어올리기 위해서 이라크를 구실이나 본보기로 사용하는 것. 메시지는 이라크 국민에게 보내진 것이 아니었으며, 일차적으로는 전쟁을 목격하는 모든 사람들에게로 보내진 것이었다. 우리는 그 메시지의 진정한 이데올로기적·정치적인 표적이었다.

그리하여 새로운 세계 질서에 대한 새로운 전망은 최근 미국 정치의 유력한 가이드라인으로서 출현하고 있다. 9·11 이후로 미국은 신뢰할 만한 파트너의 명부에서 나머지 세계를 지워버렸다. 따라서 궁극적 목표는 보편적인 자유민주주의의 확장이라는 후쿠야마적 유토피아가 더 이상 아니며, 미국을 "요새 미국Fortress America"으로, 나머지 세계로부터 고립된 고독한 초강대국으로 변형시키는 것이다. 즉 지구상 어느 곳이건 신속하게 배치시킬 수 있는 군대뿐만 아니라 우주 상공에서 지구 표면을 통제하기 위한 우주 무기들의 개발도 포함하는 새로운 군사력을 통해 미국의 핵심적인 경제적 이익을 보호하고 미국의 안전을 확보하는 것이다. 이러한 전략적 사실을 고려할 때 우리는 미국과 유럽의 최근 갈등을 새롭게 조명할 수 있다. 유럽이 미국을 "배반"하는 것이 아니다. 미국 자신은 유럽과의 배타적 공조를 더 이상 필요로 하지도 않으며 그러한 공조에 더 이상

의지해야 하는 것도 아니다. 물론 이러한 전망은 이데올로기적 허구이다(오늘날의 시대에 격리된 "요새"로서의 국가라는 생각은 전혀 유효하지 않은 것이다). 하지만 그럼에도 불구하고 그것은 엄청난 물질적 힘을 갖는 허구이며, 거대한 국가 기구와 경제·군사적 조치 속에서 구현되는 허구이다.

『이라크』는 이러한 비일관된 논증이 은폐하는 동시에 가리킬 수밖에 없는, 즉 은폐의 바로 그 제스처 속에서 드러낼 수밖에 없는 그 배경에 초점을 맞춘다. 이라크 공격에 대한 세 가지 "진정한" 이유들(첫째로, 서구 민주주의에 대한 이데올로기적인 믿음 ─ "민주주의는 인류에 대한 신의 선물이다"라는 부시의 말. 둘째로, 새로운 세계 질서에서의 미국의 헤게모니에 대한 단언. 셋째로, 경제적 이해관계 ─ 석유)은 "시차視差parallax"처럼 취급되어야 한다. 즉 하나가 나머지의 "진리"라는 것이 아니며, "진리"는 오히려 그것들 사이에서의 관점의 이동 그 자체이다. 그것들은 ISR처럼 서로 관계맺는다. 민주주의 이데올로기라는 상상적인 것, 정치적 헤게모니라는 상징적인 것, 경제라는 실재가 있으며, 후기 라캉의 말처럼 그것들은 매듭을 형성하고 있다. 그리하여 2장과 3장에서 이 책은 직접적인 정치적 분석으로부터의 점진적인 "추상"의 길(혹은, 오히려 헤겔식으로 보자면, 구체적 총체성을 향한 길)을 따른다. 우선 그것은 전쟁을 정당화함에 있어 중심적 역할을 하는 민주주의 및 민주주의의 수호에 대한 참조를 의문시한다. 그리고 나서 그것은 오늘날의 사회를 특징짓는 지배의 구조라는 보다 근본적인 문제로 나아간다.

이 책의 숨겨진 문학적 모델은, 문학적 포스트모더니즘을

최고로 발휘한 작품이며 또한 베스트셀러 작품인『래그타임,
혹은 빌리 배스게이트』*Ragtime or Billy Bathgate*보다 훨씬 더 탁월
한 작품으로서, 내가 닥터로우E. L. Doctorow의 대작이라고 생
각하는『시인의 생애』*Lives of the Poets: Six Stories and a Novella*이다.
이 작품에는 완전히 이질적인 여섯 편의 단편(아버지의 죽음을
은폐하는 과제를 맡게 된 아들, 구조자들에게 무정하게 취급되
는 물에 빠진 아이, 사냥꾼의 총에 맞는 고독한 학교 교사, 어머
니의 불륜을 목격하는 소년, 자동차 폭발로 사망하는 외국인
여학생)이 있고, 여기에 한 편의 중편이 첨가된다. 이 중편은
오늘날 뉴욕에 사는 작가의 일상 생활의 혼란스러운 인상들을
묘사하는데 이 작가는, 우리가 곧바로 추측하게 되는 바, 그
여섯 이야기를 쓴 저자이다. 이 책의 매력은 일상 생활의 원재
료를 예술적으로 돌파하는 과정을 우리가 재구성할 수 있다는
점이다. 이와 마찬가지로『이라크』의 주요 장[1장]은 미국의
이라크 공격에 관해 펼쳐지는 이야기에 대한 저자의 직접적
인상들과 반응들의 (때로는 다소 혼란스럽기도 한) 잡동사니이
다. 그리고 두 편의 부록이 이를 뒤따르는데, 그것들은 이라크
전쟁에 대한 직접적 반응들로부터 증류된 보다 일관된 이론적
분석들 — 민주주의와 그것의 불만들, 현대의 지배 논리(**주인**
담론에서 대학 담론으로의 이동) — 을 제공한다.[5]
  따라서 마그리트의 "이것은 파이프가 아니다" 식으로 나는
『이라크』는 이라크에 관한 책이 아니라는 것을 — 하지만 또한

---

5) [원래 부록1과 부록2로 쓰여진 이 두 장은 일반적 의미에서의 "부록"이
  아니기 때문에 이 번역본에서 각각 2장과 3장으로 처리했다. 어떤 의미에
  서 "부록"인지를 여기서 지적은 설명하고 있다.]

이라크 위기와 전쟁 역시 실로 이라크에 관한 것이 아니라는
것도 — 강조해야 하겠다. 그리하여 이라크와 관련하여 우리가
저항해야 하는 것은 **거짓 구체성의 유혹**이다. "끔찍한 독재자
가 타도되었다. 왜 그것이 나쁜 일이냐!" 혹은 좀더 정교한 판
본으로는 : "좋은 일을 하려고 했던 공산주의자들의 시도는 결
국 재앙으로 끝나고 말았다. 아마도 나쁜 목적(석유, 제국주의
적 헤게모니)의 동기를 가졌지만 실제로 결과는 좋은 행위가
더 낫지 않겠는가?" 최근에 마이클 이그나티프Michael Ignatieff
는 이렇게 썼다 : "나에게 핵심적인 쟁점은 이라크 사람들에게
최선의 결과란 무엇이겠는가 하는 것이다. 무엇이 2천6백만
명의 이라크인들의 인권을 향상하기 위한 최선의 방법이겠는
가? [전쟁에 대한] 반대가 언제나 나를 미치게 했던 것은 그것
이 결코 이라크에 관한 것이 아니었다는 것이다. 그것은 미국의
권력을 놓고 벌이는 일종의 국민투표였다."[6] 폴 베르만Paul
Berman 역시 동일한 요점을 말했다 : "우리가 해야 할 일은 사람
들에게 이것이 부시에 대한 전쟁이 아니라 중동의 전체주의에
대한 전쟁이라는 것을 설득하려고 노력하는 일이다."[7] 우리는
이러한 진술들에 반대해서 다음과 같은 소박한 물음을 던져야
한다. 이그나티프와 베르만은 미국의 이라크 공격의 동기가
"2천6백만 명의 이라크인들의 인권을 향상"하려는 욕망이라고
진정으로 믿는 것인가? 이라크인들의 삶의 향상이 사담 정권의
전복이 가져온 환영할 만한 "부수피해collateral damage"일 수는

---

6) *International Herald Tribun*, 2003년 10월 22일, 8쪽에서 인용.

7) 같은 곳에서 인용.

있겠으나, 그 어떠한 진지한 분석이라도 이라크에 대한 공격의 세계적 맥락을, 이 공격에 의해 예시되고 부과된 국제적 삶의 새로운 규칙들을 스스로 망각할 수 있겠는가? 사담에 대한 그 어떤 동정심이나 그 어떤 추상적 평화주의가 아니라 바로 이것이 서유럽의 수백만 명의 사람들로 하여금 전쟁에 반대하는 데모를 하도록 추동한 것이다.

미국과 이라크의 전쟁이 낳은 인기 영웅 가운데 한 명은, 분명, 불운한 이라크의 공보장관 모하메드 사에드 알 사하프이다. 그는 매일 있었던 기자 회견에서 너무나도 명백한 사실들마저도 영웅적으로 부인하면서 이라크 입장을 견지했다. 미국 탱크가 그의 관저에서 수백 야드밖에 떨어져 있지 않았을 때도 그는 미국의 TV에 나오는 바그다드 거리의 탱크 장면은 할리우드 특수효과에 불과하다고 계속 주장했다. 과도하게 익살맞은 역할을 수행함으로써 그는 "정상적" 보도의 숨은 진리를 드러냈다. 그의 논평에는 아무런 세련된 비비꼬기도 없었으며, 단지 순전한 부인만이 있었다. 그의 개입들에는 속을 후련하게 해주는 해방적인 무언가가 있었다. 그것은 사실들의 지배로부터 해방되고 그리하여 사실들의 불유쾌한 측면들을 빙빙 돌려 말해야 할 필요로부터 해방된 투쟁을 드러냈다. 그의 자세는 "당신은 누구를 믿지? 당신의 눈인가 아니면 내 말인가?"의 자세였다. 더구나 때때로 그는 불현듯 기묘한 진리를 내뱉기도 했다. 예컨대 미국이 바그다드의 일부를 통제하고 있다는 주장에 대해 그는 이렇게 한 마디 했다: "그들은 그 어떤 것도 통제하지 못한다. 그들은 자신조차 통제하지 못한다!"

왜 아니겠는가? 2003년 3월 도널드 럼스펠드는 알려진 것과 알려지지 않은 것의 관계에 대해서 조금은 아마추어 철학자다운 이야기를 했다. "알려진 알려진 것들known knowns이 있다. 이는 우리가 알고 있음을 알고 있는 것들이다. 알려진 알려지지 않은 것들known unknowns이 있다. 다시 말해서, 알지 못함을 알고 있는 것들이 있다. 하지만 알려지지 않은 알려지지 않은 것들unknown unknowns이 있다. 즉 알지 못함을 알지 못하는 것들이 있다." 우리가 잊지 말고 덧붙여야 하는 것은 결정적인 네 번째 항목이다. "알려지지 않은 알려진 것들unknown knowns", 즉 알고 있음을 알지 못하는 것들. 이는 바로 프로이트적인 무의식이다. 라캉은 이를 "그 자신을 알지 못하는 앎"이라고 말하곤 했다. 럼스펠드가 이라크와의 대결에서 주요한 위험은 "알려지지 않은 알려지지 않은 것들"이라고 생각하는 것이라면, 즉 무엇인지를 감지조차 할 수 없는 사담으로부터의 위협이라고 생각하는 것이라면, 이에 대해 우리는 오히려 주요한 위험은 "알려지지 않은 알려진 것들"이라고, 즉 우리 자신에게 달라붙어 있는지조차 우리가 알고 있지 못하는 부인된 믿음들과 가정들이라고 답해야 한다. 이 부인된 믿음들과 가정들—미국인(미국의 정치 엘리트)이 바로 그 존재를 깨닫지 못하고 있기 때문에 통제하지 못하는 그 무엇—은 이 책의 궁극적 주제이다.

1. 이라크와 그 너머

이라크 맥거핀

히치콕의 "맥거핀"이 무엇을 의미하는지는 우리 모두가 알고 있을 것이다. 단지 이야기를 작동시키는 데 봉사하는, 그러나 그 자체로는 어떠한 가치도 없는 공허한 구실. 그것을 예시하기 위해서 히치콕은 종종 다음의 이야기를 인용했다. "두 신사가 기차에서 만난다. 그리고 한 사람은 다른 사람이 운반하는 이상한 짐가방에 놀란다. 그는 '당신이 운반하는 그 이상한 짐가방 속에 무엇이 있나요?'라고 동행자에게 묻는다. 그 동행자는 '맥거핀이지요'라고 대답한다. '맥거핀이 무엇입니까?' 그가 묻는다. 동행인이 말한다. '맥거핀은 스코틀랜드 고지에서 표범을 죽이는 데 사용되는 장치입니다'. 당연히 그는 '하지만 스코틀랜드 고지에는 표범이 없는데요'라고 말한다. 동행인이 말하길, '글쎄, 그렇다면 그것은 맥거핀이 아닙니다. 안 그런가요?'"

"이라크의 대량살상무기"는 맥거핀의 지위에 완벽하게 부합하지 않는가? (그런데, 가장 유명한 히치콕의 맥거핀 중 하나는 실로 잠재적 대량살상무기이다 — <오명>*Notorious*에 나오는 "방사성 다이아몬드"를 담은 병.) 그것은 또한, 결코 경험적으로 특정화되지 않는 포착하기 힘든 존재자가 아닌가? 이년 전 유엔 사찰단이 이라크에서 그 무기들을 찾고 있을 때였다. 그것들은 가장 이질적이며 개연성 없는 장소에 숨겨져 있을 것으로 예측되었다. 사막(이라는 다소 논리적 장소)에서 (약간 비합리적인) 대통령궁의 지하실(그러니까 궁이 폭파될 때 사담과 그의 측근 모두를 독살시키기 위해서?)에 이르기까지 말이다. 그것들은 대량으로 존재한다고 추정되지만 그동안 줄곧 일꾼들의 손에 의해 마술같이 이리저리 옮겨졌다는 것이다. 게다가 그것들은 더 많이 파괴되면 될수록 그 위협은 점점 더 편재하게 되고 점점 더 강력해지는 것이었다. 마치 그것들 상당 부분의 감축이 나머지의 파괴력을 마술같이 상승시키는 양 말이다. 그러한 것으로서 대량살상무기는 정의상 결코 발견될 수 없으며, 그러므로 훨씬 더 위험하다. 아무것도 발견되지 않았으므로, 우리는 맥거핀 이야기의 마지막 줄에 이르렀다. 부시 대통령이 2003년 9월에 말하길, "'글쎄, 그렇다면 그것은 맥거핀이 아닙니다. 안 그런가요?'"

이제 2003년 가을, WMD를 찾기 위한 수백 번의 조사 이후 아무것도 발견되지 않았으며, 국민들은 기본적인 질문을 제기하고 있다. "WMD가 없다면, 왜 우리는 이라크를 공격했는가? 당신들은 우리에게 거짓말을 한 것인가?" WMD 수색이 점점 현대판 성배 찾기로 고양되고 있다는 것은 결코 놀랄 일이 아니다. 2003년 9월, 어떠한 무기도 발견되지 않았음을 인정하는 보고서를 쓴 CIA 분석가 데이비드 케이는, 명백한 결론에 이르는 것은 너무 성급하며 해야 할 일이 많이 남아있다고 덧붙임으로써 이러한 자인에 한정을 두었다. "나는 그들이 다음 백 년 동안 사담 후세인 제국의 유물을 파묻고 있을 것이라 생각한다." 열렬한 크리스천인 토니 블레어는 최근 부조리하기 때문에 믿는다*credo qua absurdum*는 거의 직접적인 종교적 용어를 통해 WMD가 발견될 것이라는 확신을 표현했다. 증거의 결여에도 불구하고 그는 개인적으로 그것들이 발견될 것이라고 깊이 확신한다. 이 수수께끼에 대한 유일하게 적절한 답은, 죄가 증명될 때까지는 결백하다는 지겨운 자유주의적 요청이 아니라 오히려 2003년 9월 BBC 웹사이트 상에서 "스코틀랜드의 레이첼Rachel"이 간명하게 전개한 논지이다. "우리는 그가 무기를 가지고 있었다는 것을 안다. 그 일부는 우리가 판매한 것이다." 진지한 조사라면 바로 이쪽을 뚫어보아야 했다.

기본적 상투어("이라크는 큰 나라이고, 사담은 WMD를 숨길 시간이 많았다. 그러니 우리에게 시간을 더 주면 분명히 그것들을 찾아낼 것이다!")의 문제는, 그것의 구조가 피고인을 먼저 처벌하고 나서 범행 사실에 대한 어떠한 증거도 없음을 인정해야만 할 때 "나에게 시간을 더 주면 처벌을 정당화할 물증을

찾아낼 것임을 약속한다"고 말하는 재판관의 구조와 동일하다
는 것이다. 그래서 당신은 먼저 처벌을 하고, 그런 뒤에 범행
증거를 찾는다. 바로 이것이 전쟁 이전에 유엔 무기사찰단이
요청하고 있었던 것—더 많은 시간—이고, 미국이 가차없이
거절한 것이라는 사실은 두말할 필요도 없다. 이러한 모든 사실
들에 기초해서 우리는 사담이 WMD를 가지고 있었는지의 여
부에 대해 미국이 단지 확신하지 못한 것이 아니라 사담이 그것
들을 가지고 있지 않다는 것을 확실히 알고 있었다는 가설을
고려하고만 싶다. 그 때문에 미국은 이라크에 대한 지상공격을
감행했던 것이다. (미국이 이라크가 즉각 투입될 수 있는 WMD
를 가지고 있다는 자신들의 주장을 진지하게 고려했다면 필시
미국은 자기 편 사상자가 너무 많이 나올 것을 두려워한 나머지
지상공격을 개시하지 않고 공중폭격을 고수했을 것이다.)

그렇다면 여기서 우리는 예방 공격preventive strikes이라는 부
시 독트린이 의미하는 바에 대한 최초의 실천적 증명을 보고
있는 것이다. 현재 그 독트린은 (2002년 9월 20일 「국가방위전
략」,"The National Security Strategy"이라는 제목으로 백악관이 간
행한 31쪽 분량의 문서에서) 미국의 공식적인 국제정치 "철학"
으로서 공개적으로 천명된 상태다. 그것의 주요 요점은 이렇다.
가까운 미래에도 미국의 군사력은 "적수가 없는" 상태를 유지
해야 한다; 오늘날의 주적主敵은 공산주의자와는 대조적으로
자국민의 생존과 존엄에 관한 기본적인 감각조차도 결여한 원
리주의자이기 때문에, 미국은 선제공격에 대한(즉, 이미 미국
에 분명한 위협을 제기하는 나라가 아니라, 가까운 미래에 그
한 위협을 제기할지도 모르는 나라를 공격할) 권리를 갖는다;

미국은 그러한 공격에 대해 특별한 국제 협력을 추구해야 하는 반면에, 충분한 국제적 지원을 얻지 못한다면 독자적으로 행동할 권리를 보유해야만 한다. 그러니까 미국은 다른 주권국가에 대한 미국의 지배를 다른 국가나 국민의 이익을 고려하는 관대한 온정주의에 근거하는 것으로서 제시하는 반면에, 동맹국의 "진정한" 이익을 정의할 궁극적 권리를 독점하는 것이다. 그리하여 논리는 분명하게 공식화된다. 미국은 심지어 중립적 국제법이라는 허울조차 저버린다. 미국은 잠재적 위협을 지각할 때 형식적으로는 동맹국들에게 지원을 요청하지만, 동맹국들의 동의는 선택적이기 때문이다. 기저에 깔려 있는 메시지는 언제나 "당신이 있든 없든 우리는 그것을 할 것이다"(즉, 당신은 우리에게 동의하는 데는 자유롭지만, 반대하는 데는 자유롭지 않다)라는 것이다. 강제된 선택이라는 오래된 역설은 여기서 재생된다. 올바른 선택을 하는 조건에서만 선택할 수 있는 자유.

"부시 독트린"은 미래의 위협에 대한 총체적 통제라는 편집증적 논리의 폭력적 단언에 의존하면서, 이러한 가정된 위협에 대한 선제공격을 정당화한다. 지식이 자유롭게 순환하는 오늘날의 세계에서 그러한 접근은 명백히 부적절하다. 현재와 미래 사이의 회로는 폐쇄된다. 전율케 하는 테러 행위의 가능성은 이제 끊임없는 선제공격을 정당화하기 위해 환기된다. 이러한 폐쇄회로는 2002년 2월의 한 TV 토론에서 완벽하게 공식화되는데, 그때 배우이자 국회의원 출신의 프레드 톰슨Fred Thompson은 부시 대통령의 이라크 정책을 방어하며 다음과 같이 말했다. "반전 시위자들이 '하지만 이라크가 실질적으로 미국에게 **행한**

것이 무엇이냐? 이라크는 우리를 공격하지 않았다!'고 말할 때,
우리는 '그렇다면 쌍둥이 빌딩을 파괴한 테러리스트들이 9·11
이전에 미국에게 실질적으로 行한 것은 무엇인가? 그들 역시
아무것도 하지 않았다!'는 질문으로 응답해야 한다." 이러한
논리(우리가 9·11의 계획을 알았더라면 그 행위 이전에 테러
리스트를 공격하는 것이 완전히 정당화되는 것과 같은 방식으
로, 우리는 지금 이라크를 공격할 권리를 가지고 있다)의 문제
점은, 그것이 미래를 어떤 점에서 이미 일어난 무언가로 다룰
수 있다고 전제한다는 것이다.

　궁극적인 역설은, 선제공격이라는 바로 그 전략이 핵무기의
증식에 기여할 것이라는 점이다. 미국이 이라크를 공격하고
북한은 공격하지 않았을 때, 기저의 논리는 분명했다. 일단 "불
량" 국가가 임계 한도를 넘어서서 이미 실질적인 핵무기를 획
득하면 우리는 우리 편 수백만을 죽이는 핵 역공을 감수해야
한다는 이유에서 쉽사리 그 국가를 공격할 수 없다는 것이다.
바로 이것이 북한이 미국의 이라크 공격으로부터 끌어낸 교훈
이었다. 그 체제는 핵무기를 생존의 유일한 보증물로 여긴다.
그들의 시각에서 이라크의 실수는 무엇보다도 유엔과의 협조
와 국제사찰단의 존재를 수용한 것이었다.

　그렇다면, 미국의 이라크 점령의 가장 큰 위험은 어디에 놓
여 있는가? 이라크에 대한 미국의 공격 이전에 모든 사람들은
어떤 종류의 파국적 결과를 두려워하고 있었다. 엄청난 규모의
생태적 재앙, 무수한 미국의 사상자, 서구에 대한 또 다른 대규
모 테러 공격 등등. 이러한 방식으로 우리 모두는 암묵적으로
미국의 관점을 받아들였다. 그리고 (1991년 걸프전의 일종의

반복으로) 전쟁이 이내 끝나버리고 사담의 체제가 급속히 붕괴
된 이후인 지금, 심지어 미국의 정책에 대한 현재의 많은 비판
가들 사이에서도 보편적인 안도의 한숨이 존재한다. 그러므로
우리는 전쟁 발발 이전에 미국이, 재앙이 실제로 일어나지 않았
을 때의 보편적 안도감에 기대어 임박한 재앙에 대한 이러한
두려움을 조심스럽게 조장하고 있었다는 가설을 고려하고만
싶다. 그러나 이것이야말로 필시 가장 큰 진짜 위험일 것이다.
다시 말해 우리는 그 반대를 선언할 용기를 가져야 한다. 아마
도 미국에 대한 군사적 보복이야말로 최선의 상황이 일어나는
경우가 되었을 것이다. 모든 가담자들이 자신의 입장을 재고하
도록 강제하게 될, 각성의 효과를 줄 나쁜 소식이 되었을 테니
말이다.

"승리에 찬" 전쟁의 종결 이후 며칠이 지나고 몇 주가 흐르
자, 평화운동은 대부분 사라졌고 전쟁에 반대한 서유럽 국가들
은 부끄러움에 머리를 숙이고 미국에 대한 화해의 몸짓을 하기
시작했다. 게하르트 슈뢰더Gerhardt Schröder는 심지어 미국에
반대한 자신의 진술을 공개적으로 사과하기까지 했다. 전쟁
반대자들의 이러한 불편함은 그들이 심각하게 방향감각을 상
실했음을 알려주는 서글픈 신호이다. 그들이 실로 우려해야
할 때는 바로 지금이다. "그럼에도 불구하고 사태가 괜찮은 것
으로 판명되었다"는 것을, 대량의 사망자나 두려워했던 거대한
재앙(유정의 화재, 대량살상무기의 사용) 없이 사담체제가 붕
괴되었다는 것을 받아들이는 것은 가장 위험한 환영에 굴복하
는 것이다. 바로 여기에서 그들은 그릇된 이유로 전쟁에 반대한
대가를 치루고 있다. 어떻게 미국의 이라크 점령이 이라크인들

에게 상처를 줄 것인가를 증명하고자 했던 논증의 방향은 그릇
된 것에 불과했다. 평범한 이라크인들은 그들의 생활수준과
종교적인 그리고 여타의 자유와 관련해서 사담체제의 패배로
부터 아마도 조금은 이익을 얻을 것이다. 전쟁의 진정한 희생양
들은 이라크인들이 아니다. 그들은 다른 곳에 있다!

우리는 전쟁을 정당화하기 위해 환기된 모든 예측들이 적어
도 지금까지는 허위인 것으로 판명되었음을 자각하고 있는가?
어떠한 대량살상무기도 사용되지 않았으며 심지어 발견조차
되지 않았다. 광적인 아랍의 자살폭탄 공격자들도 존재하지
않았다. 방화된 유정도 거의 없었다. 바그다드를 끝까지 방어하
고 도시 파괴를 야기하는 광적인 공화국 수비대 사단도 없었다.
요컨대 이라크는 기본적으로 미국의 압력하에서 바로 붕괴해
버린 종이호랑이로 판명되었다. (특히 대량살상무기에 대한 절
박한 수색은 이제 코믹한 지경에 이르고 있는데, 미국은 심지어
대량살상무기에 대한 그 어떤 정보에 대해서건 재정적 보상을
제공하고 있는 것이다. 그러니까 전쟁 수행이 끝난 지금 전쟁의
이유를 제공하는 이들에게 주어지는 상을 둘러싼 경쟁이 벌어
지고 있는 것이다. 그리고 하도 진귀한 것이라 이야기하는 것인
데, 한 미국 외교관은 이라크가 전쟁 기간에 대량살상무기를
사용하지 않은 이유를 이렇게 제안했다. 그들은 그 무기들을
너무나도 잘 숨겨놓아서 그들 스스로도 그것을 재빨리 찾아서
사용할 수가 없었다고!) 바로 이러한 군사적 "승리"야말로 전
쟁 반대가 정당했다는, 즉 이라크는 미국에 대한 위협이 아니었
다는 사실의 궁극적 증거가 아닌가? 사담 체제는 수많은 범죄
를 저지른, 게다가 대부분은 자신의 국민을 향해 범죄를 저지른

혐오스러운 권위주의 국가였다. 그러나 우리는 미국의 대표자들이 사담의 사악한 활동들을 열거하면서 (인간의 고통과 국제정의의 위반이라는 점에서) 의심할 바 없이 그의 가장 큰 범죄였던 것—즉, 이란에 대한 공격—을 고의로 빠뜨렸다는 핵심적인 사실을 주목해야 한다. 왜일까? 미국을 비롯한 대다수 국가들이 이라크가 이란을 공격할 때 이라크를 적극적으로 돕고 있었기 때문이다.

우리가 이슬람 원리주의에 대한 투쟁을 이라크 공격의 진정한 목적으로서 받아들인다면, 그 공격은 실패했을 뿐 아니라 심지어 싸워 물리치고자 했던 바로 그 원인을 강화했다는 결론을 내리지 않을 수 없다. 이라크에서의 사담 후세인 체제는 궁극적으로 세속적 민족주의 체제였으며 이슬람 원리주의적 포퓰리즘과는 거리가 멀었다. 사담이 단지 겉으로만 범아랍 이슬람 정서와 불장난을 했다는 것은 명백하다. 그의 과거가 분명하게 증명하듯이 그는 권력을 얻기 위해 애를 쓰고 그의 목적에 부합할 때는 동맹을 바꾸는 실용주의적인 통치자였다. 그는 처음에는 유전을 확보하기 위해 이란에 맞섰으며, 다음에는 동일한 이유로 쿠웨이트와 맞서면서 미국과 결합한 범아랍 동맹을 자신에 맞서게 했다. "위대한 사탄"에 사로잡혀 결국 세상이 자신을 공격하게 되더라도 여하간 세상을 박살낼 준비가 되어 있는 원리주의자는 사담과 거리가 멀다. 그렇지만 미국 점령의 결과로서 실로 발생할 수 있는 것이 바로, 다른 아랍국가나 이슬람교가 있는 국가들에서의 반미운동과 직접적으로 연계된, 진정으로 원리주의적인 이슬람 반미운동이다. (그것은 마치 "이성의 간지"의 현대적 전개 속에서, 어떤 보이지 않는

운명의 손이 그것을 반복적으로 배치하여 미국 개입의 바로 그 단기적 성공이 미국이 개입하여 물리치고자 했던 바로 그 원인을 강화시키는 듯하다.)

이 세속적 본성에 대한 궁극적 증거는, 사담 후세인이 100% 지지를 얻었으며 따라서 스탈린의 최고의 결과인 99.95%를 능가한 2002년 10월의 이라크 선거에서 모든 국영 매체를 통해 반복해서 틀어준 캠페인 송이 다름 아닌 휘트니 휴스턴의 "I Will Always Love You[나는 언제나 당신을 사랑할 거예요]"였다는 아이러니한 사실이다. 우리는 미국인들이 사담과 그의 비-원리주의적 체제의 시대가 이라크에서 종말에 이르고 있다는 것을 잘 알고 있으며, 따라서 이라크에 대한 공격은 아마도 훨씬 더 근본적인—사담을 향한 것이 아니라 사담의 정치적 계승자의 지위를 주장하는 주요 세력, 즉 진정으로 원리주의적인 이슬람 체제를 향한—선제공격으로서 고안되었다고 추론해 볼 수 있다. 그러나 바로 이러한 방식으로, 미국 개입의 악순환은 단지 더 복잡해질 뿐이다. 자기달성적 예언의 논리를 따라, 위험은 바로 이러한 미국의 개입이 미국이 가장 두려워하는 것, 즉 대규모의 통일된 반미 이슬람 전선의 출현에 기여할 것이라는 점이다. 그것은 거대하고 핵심적인 한 아랍 국가를 미국이 직접 점령한 최초의 사례이다. 어떻게 이것이 그에 대한 반작용으로 보편적인 증오를 발생시키지 않을 수 있겠는가? 우리는 이미 자살폭탄 공격자를 꿈꾸는 수천 명의 젊은이를 상상할 수 있으며, 또한 어떻게 그로 인해 미국 정부가 항구적인 고도의 비상경계상태를 부과할 수밖에 없는가를 상상할 수 있다. 미국의 점령의 결과로서 실로 발생할 수 있는 것이 바로,

다른 아랍국가나 이슬람교도가 있는 국가들에서의 반미운동과
직접적으로 연계된, 진정으로 원리주의적인 이슬람 반미운동
이다. 그리고 그 첫 번째 조짐들이 이미 여기에 있다. 미국의
이라크 주둔에 반대하는 일상적인 시아파의 시위에서 미 병사
들에 대한 일상적인 공격에 이르기까지.[1]

  그러나 이 지점에서 우리는 다소 편집증적인 유혹을 뿌리칠
수가 없다. 부시 주변의 사람들이 이것을 알고 있다면, 이러한
"부수피해"가 전체 작전의 진정한 목적이라면 어찌할 것인가?
"대테러 전쟁"의 진정한 목표는 중동에서의 전반적인 지정학
적 재배치일 뿐만 아니라 그것을 넘어서서 또한 미국 사회 그
자체(즉, 그것의 해방적 잠재력으로 남아 있는 여하한 모든 것
의 길들이기)라면 어찌할 것인가? 그러므로 우리는 그릇된 싸
움을 하지 않도록 매우 유의해야 한다. 사담이 얼마나 사악한가
에 대한, 심지어 전쟁에 얼마나 많은 비용이 들 것인지 등에
대한 논쟁은 그릇된 논쟁이다. 초점은 우리 사회에서 실제로
일어나는 것에, "대테러 전쟁"의 결과로서 어떤 종류의 사회가
여기서 출현하고 있는가에 두어져야 한다. 숨겨진 음모적 의제
에 대해 얘기하는 대신에, 우리는 지금 여기서 무엇이 진행되고

1) 이라크를 통치하는 데 있어 누가 주도적 역할을 수행해야 하는가, 그것은
  유엔인가 아니면 미국과 그 동맹국들인가라는 질문을 둘러싼 최근의 논
  쟁은, 유엔의 주도적 역할을 원하는 유럽인들의 깊은 윤리-정치적 혼란을
  보여준다. 군사적 승리는 쉬운 부분이었다. 이제 미국과 그 동맹국들이
  스스로 빠져 있는 혼란을 해결할 수 있도록 돕는 대신에, 자신들이 남발한
  약속을 이행할 책임을 완전히 떠맡도록 해야 한다. 유엔이 주도적 역할을
  수행하기를 바라는 것은 남들이 만들어놓은 혼란을 뒤처리하는 역할을
  수행하고자 하는 기괴한 자발성을 보여주는 것이다.

있으며 어떤 종류의 변화가 발생하고 있는가로 초점을 이동시
켜야 한다. 전쟁의 궁극적인 결과는 **우리의** 정치적 질서 내에서
의 변화일 것이다.

민족국가 제국

이 지점에서 우리는 소박한 질문을 던져보아야 한다. 세계경
찰로서의 미국, 안 될 게 뭐 있는가? 탈냉전 상황은 실로 그
공백을 채울 어떤 세계적 권력을 요청했다. 문제는 다른 곳에
있다. 신 로마제국으로서의 미국이라는 상식적 지각을 상기해
보라. 오늘날 미국에 대한 문제는, 그것이 새로운 세계 제국이
라는 것이 아니라 그렇지 않다는 것, 즉 그런 척하면서도 무자
비하게 자신의 이익을 추구하는 민족국가로서 계속 행동한다
는 것이다. 마치 최근의 미국 정치의 지침은 잘 알려진 생태주
의자들의 모토에 대한 기묘한 역전―세계적으로 **행동하고**, 국
지적으로 사고하라―인 것처럼 보인다. 이러한 모순은 2003년
여름, 미국이 세르비아에 가했던 이중적 압력에 의해 가장 잘
예화된다. 미국 대표들은 세르비아 정부에 (초국적인 세계 사
법기구를 요구하는 세계 제국의 논리에 따라서) 전쟁 범죄 용
의자들을 헤이그 법정에 세울 것을 요구하는 **동시에** (민족국가
논리에 따라서) 전쟁 범죄나 여타의 반인륜 범죄의 혐의가 있
는 미국 시민들을 어떠한 국제기구(즉, 동일한 헤이그 법정)에
도 세우지 못하도록 세르비아를 강제하는 미국과의 이면 협정
에 서명할 것을 요구했다. 세르비아의 반응이 당혹해하는 분노

의 반응이었다고 해서 결코 놀랄 일이 아니다.[2] 그리고, 크로아
티아에 대해서도 마찬가지이다. 미국은 현재 크로아티아 정부
를 향해 보스니아 내전 기간의 전쟁 범죄로 기소된 두 명의
크로아티아 장군을 헤이그 법정에 출두시키라는 엄청난 압력
을 가하고 있다. 반응은 물론 이렇다. 그들은 헤이그 법정의
정당성을 인정하지 않으면서 어떻게 이것을 우리에게 요구할
수 있는가? 또는, 실로 미국 시민들은 "다른 이들보다 더 평등
한" 것인가? 부시 독트린의 기저에 깔려 있는 논리를 단지 보편
화시키기만 한다면, 인도는 파키스탄을 공격할 충분한 권리를
가지고 있는 것이 아닌가? 파키스탄은 정말로 캐시미르의 반-
인도 테러리스트들을 보호하고 지원하며, 대량 살상 (핵)무기
를 소유하고 있다. 예측할 수 없는 결과를 가져올, 중국이 대만
등을 공격할 권리는 말할 것도 없이 말이다.

인종학살, 반인류범죄 그리고 전쟁 범죄를 다룰 권한을 가진
최초의 항구적인 세계 전범 재판소가 2002년 7월 1일 헤이그에
서 가동되기 시작했다. 국가수반에서 평범한 시민에 이르기까
지 어느 누구라도 체계적 살인, 고문, 강간 그리고 성 노예화를
포함하는 인권 위반에 대해 ICC[국제형사재판소, International

---

2) 이러한 위선과 맞먹는 것은 하마스의 테러리즘을 분쇄하지 않았다고
 아라파트를 비난하는 이스라엘의 위선뿐이다. 팔레스타인 사람들 사이
 에서 아라파트의 지배적 영향력을 잠식하려는 마키아벨리적 목표를 지
 닌 이스라엘이 최근까지도 재정적으로 지원했던 것이 바로 그 하마스다.
 먼저 당신은 하마스를 지원하고, 하마스가 아라파트의 통제를 벗어난
 세력으로서 스스로 설 수 있도록 돕는다. 그리고 나서 당신은 아라파트가
 하마스를 통제하지 못한다고 비난한다.

Criminal Court]의 재판에 회부될 것이다. 혹은, 코피 아난의 말
처럼 "우리 모두는 하나의 인류 가족의 성원이라는 인식을 가
져야 한다. 우리는 새로운 제도들을 창조해야 한다. 이것은 그
것들 중 하나다. 이것은 문명을 향해 천천히 나아가는 인류의
진군에서 또 한 걸음을 내디딘 것이다." 그러나 인권단체들이
2차대전 후 나치 지도자들이 뉘른베르크 국제 군사법정에서
재판을 받은 이래 재판소의 탄생은 국제 정의를 향한 가장 큰
초석이라고 환영한 반면에, 미국, 러시아, 중국으로부터 재판소
는 완고한 반대에 직면하게 된다. 미국은 그 재판소가 국가
주권을 침해할 것이고, 정치적인 동기에 의해 미 국경을 벗어나
일하고 있는 자국 관료나 병사를 기소하게 될 수도 있다고 말한
다. 미 의회는 심지어 하나의 입법을 신중히 고려하고 있었는
데, 그것은 검찰관이 미국민을 체포하는 경우 법정이 세워질
헤이그에 미군이 침범할 수 있는 권한을 부여하는 것이었다.
여기서 주목할 만한 역설은, 미국 자신의 완전한 지지(와 투표)
를 통해 구성된 법정의 사법권을 미국이 그런 식으로 거부했다
는 점이다.

동일한 예외의 논리가 또한 경제관계에도 적용된다. 2002년
12월 21일 BBC는 "미국이 저가 의약품 협정을 방해한다"고 보
도했다. 이에 따르면 "미국은 빈곤 국가들이 저가 의약품을 사
도록 허용하는 국제 협정을 방해했다. 이는 수백만의 가난한
사람들이 여전히 HIV/에이즈, 말라리아 그리고 결핵과 같은
질병을 다루는 약품에 접근할 수 없게 될 것임을 의미한다.
'143개국이 같은 입장에 서 있었으며, 우리는 만장일치로 통과
될 것이라고 기대하고 있었다.' 여전히 저작권의 보호를 받게

되는 약제의 저가품에 대한 접근을 개발도상국에 허용한다는
원칙은 일년 전 WTO 회의에서 합의된 바 있다." 동일한 이야기
가 2003년 가을 칸쿤에서 반복되었는데, 거기서 미국은 면화
농민들에 대한 보조금을 고집했으며, 따라서 제3세계에 대한
자신들의 신성불가침한 권고, 즉 국가 보조금을 중단하고 시장
을 개방하라는 권고를 위반하였다.

 심지어 고문의 경우도 마찬가지 아닌가? 오늘날 자본주의의
범례적 경제 전략은 아웃소싱이다. 즉 하청 계약을 통해 "더러
운" 자재 생산공정을 (하지만 홍보, 디자인, 회계 등도 또한)
다른 회사에 넘기는 것이다 이러한 방식으로 생태 규정과 보건
규정을 쉽게 피해갈 수 있다. 생산은 예컨대 생태적 규제와
보건 규제가 서구보다 훨씬 낮은 인도네시아에서 이루어지며,
상표를 소유하는 서구의 세계적 기업은 다른 회사의 위반에
책임이 없다고 주장할 수 있다. 고문의 경우도 이에 상응하는
방식으로 진행되고 있는 것이 아닌가? 고문 또한 "아웃소싱"되
어 법적 문제나 대중적 저항을 걱정하지 않고 고문을 행할 수
있는 미국의 제3세계 동맹국들에게 위임되는 것은 아닌가? 그
러한 아웃소싱은 9·11 직후 <뉴스위크> 지에서 조나단 알터
Jonathan Alter가 옹호하지 않았던가? "우리는 고문을 합법화할
수 없다. 그것은 미국의 가치와 반대된다"고 진술한 후에 그는
그럼에도 불구하고 "우리는 위선적이더라도 몇몇 용의자들을
덜 까다로운 동맹국들에게 양도하는 것을 고려해야 할 것이다.
이것이 곤란할 것이라고 말한 사람은 아무도 없다"라고 결론을
내린다. 오늘날 제1세계의 민주주의는 점점 더 이와 같은 방식
으로 기능하고 있다. 그것의 더러운 이면을 다른 나라에 "아웃

소싱"함으로써 말이다.

　이러한 비일관성은 깊은 지정학적 뿌리를 가지고 있다. 사우디아라비아와 쿠웨이트 같은 나라들은 매우 보수적인 왕국들이지만, 경제적으로는 서구 자본주의에 완전히 통합된 미국의 동맹국이다. 여기서 미국은 매우 간명하고 단순한 이해관계를 가진다. 석유 보유국인 이들 나라에 기댈 수 있으려면 **그들은 비민주적인 채로 남아 있어야만 한다.** 다시 말해, 사우디아라비아나 이라크에서의 민주선거가 반미적 태도에 편승하는 친이슬람 민족주의 체제를 권좌에 앉힐 것이라는 점은 불 보듯 뻔한 일이다. 그러므로 이제 우리는 "민주주의를 가져다주는 것"이 무엇을 의미하는지 알게 된다. 즉 미국과 그 "의지의 동반자들"은 한 국가가 민주주의를 받아들일 준비가 되었는지의 여부를 결정하는 최종적 판관임을 자임한다. 이러한 논지에서 럼스펠드는 이미 2003년 4월에 이란은 "신정주의 국가"가 되어서는 안 되며, 모든 종교와 인종집단이 동일한 권리를 향유하는 관용적인 세속국가가 되어야 한다고 진술했다. (여기서 우리는 이렇게 덧붙이고만 싶다. "이스라엘에게도 동일한 것을 요구하는 것이 어떤가?") (동일한 논지에서 2003년 미국 대표들은, 새로운 이라크를 구성함에 있어 이슬람의 특권적 위치에 대해서는 어떠한 공식적 인정도 수용될 수 없음을 분명히 했다. 여기서 아이러니는 이중적이다. 다시 말해 만에 하나 미국이 유대교와 관련해 이스라엘에게도 동일한 것을 요구한다면 그것은 멋진 일이 되리라는 점뿐만 아니라 바로 사담의 이라크야말로 공식적으로 **이미** 세속국가였다는 점, 반면 민주적 선거는 이슬람을 특권화하는 결과를 낳게 될 것이라는 점에서 말이다! 동일한 기조에서 익명의 미 고위 인사는 "민주 이라크의 최초의 대외 정책 제스처는 이스라엘을 인정하는 것이 될 것이다"[3]라고 진술했다.) "대테러 전쟁"을 국제적 법질서의 테두리 내로 가져올 (아마도 유일무이한) 기회는 그렇게 놓쳐버린 것이다.

유럽, 낡고도 새로운

이라크 전쟁을 지지하는 하나의 훌륭한 논거는 크리스토퍼 히친스Christopher Hitchens가 반복해서 환기한 것이었다. 우리는 이라크인들 다수가 실질적으로 사담의 희생양이며, 그들은 그를 제거하는 것에 정말로 기뻐할 것이라는 것을 잊지 말아야 한다는 것이다.[4] 사담은 그의 조국에 그토록 재앙이어서 그 어떤 형태로든 미국의 점령은 일상의 생존과 관련해 그들에게 훨씬 더 밝은 전망이며 훨씬 더 낮은 수준의 공포인 것처럼 보일 수 있을 것이다. 우리는 여기서 "서구 민주주의를 이라크에 가져다주는 것"에 대해서가 아니라 단지 사담으로 불리는 악몽을 제거하는 것에 대해 이야기하고 있다. 이 대다수에게 서구 자유주의자들이 표명하는 경고는 매우 위선적인 것으로

---

3) *The Independent*, 2003년 10월 30일, 15쪽에서 인용.
4) 히친스에 대해 나는 기본적인 공감을 고백해야 하겠다. 이라크와 대테러 전쟁에 대한 그의 입장에 동의하지 않는다 하더라도, 나는 전형적인 자유주의-좌파의 반미 "평화주의"보다는 그를 무한히 선호한다. 히친스는 읽어볼 가치가 있는 상대다. 무시하는 게 훨씬 나은 수많은 이라크전쟁 비판가들과는 반대로 말이다.

보일 수밖에 없다. 그들은 이라크 민중들이 어떻게 느끼고 있는
지에 대해 정말로 염려하고 있는 것인가?

　더 나아가 우리는 여기서 보다 일반적인 요점을 지적할 수
있다. 쿠바인들 스스로가 "*gusanos*(벌레들)"라 부르는 사람들, 즉
쿠바를 떠나 이주한 사람들을 경멸하는 친카스트로 서구 좌파
들은 어떠한가? 하지만 쿠바 혁명에 대한 공감에도 불구하고
전형적인 중산 계급 서구 좌파들은, 단지 정치적 환멸 때문만이
아니라 (진짜 배고픔을 수반할 정도로 혹독한) 가난 때문에 쿠
바를 떠나기로 결정한 쿠바인을 경멸할 어떠한 권리를 가지고
있는가? 동일한 맥락에서 나 자신에게는 1990년대 초의 기억이
있다. 그때 수십 명의 서구 좌파들은 그들이 보기에 유고슬라비
아는 여전히 존재한다고 하면서 내 면전에다 거만하게 쏘아대
고, 유고슬라비아를 유지할 수 있는 둘도 없는 기회를 배신했다
면서 나를 비난했다. 이에 대해서 언제나 나는, 서구 좌파들의
꿈을 실망시키지 않도록 내 삶을 이끌고 갈 준비는 아직 되어
있지 않다고 응답했다. 서구의 자유 민주주의와 약간의 소비재
를 갈망하는 공산 국가 출신의 동유럽인들을 오만하게 거부하
는 (또는, 훨씬 더 나쁘게도, 선심 쓰듯이 "이해하는") 서구의
종신직 강단 좌파들보다 더 경멸할 만한 것도, 더 이데올로기적
인(오늘날 이 단어가 어떤 의미를 가지고 있다면, 그것은 여기
에 적용되어야 한다) 태도도 거의 없다. 그러나 이러한 사실로
부터 "껍질을 벗겨보면 이라크인들도 우리와 같으며, 우리가
원하는 것과 동일한 것을 실제로 원한다"는 생각으로 미끄러지
는 것은 너무나도 쉬운 일이다. 오래된 이야기는 반복되기 마련
이다. 미국은 이라크 국민에게 새로운 희망과 민주주의를 가져

다주지만, 미국 군대를 환영하는 대신, 그 은혜를 모르는 국민
은 그것을 원하지 않는다. 그들은 선물로 준 그 전설적인 말의
입 안을 들여다본다.[5] 그러면 미국은, 사심없이 도와준 자들의
그 배은망덕에 대한 반응으로, 기분이 상한 아이처럼 대응한다.

　기저에 깔린 전제는 오래된 것이다. 표피를 긁어 껍질을 벗
겨보면, 우리는 모두 미국인이다. 그것이 우리의 진정한 욕망이
다. 따라서 필요한 전부는 단지 인민에게 기회를 주고, 그들이
짊어진 멍에로부터 그들을 해방시키는 것이다. 그러면 그들은
우리의 이데올로기적 꿈속에서 우리와 함께 할 것이다. 2003년
2월에 한 미국 대표가 미국인들이 지금 하고 있는 것을 묘사하
기 위해 "자본주의 혁명"이라는 단어를 사용한 것은 결코 놀랄
일이 아니다. 미국은 그들의 혁명을 전 세계로 수출하고 있는
것이다. 그들이 적들을 "봉쇄하는" 것에서 보다 공격적인 자세
로 나아갔다는 것은 결코 놀랄 일이 아니다. 이미 소멸한 소련
이 수십 년 전에 그랬던 것처럼 지금은 바로 미국이 세계 혁명
의 전복적 작인이다. 최근에 부시가 "자유는 다른 나라에 선사
하는 미국의 선물이 아니라 인류에게 내린 신의 선물이다"라고
말했을 때, 이 외견상의 겸손함은 그럼에도 불구하고 최선의
전체주의적 방식으로 그것의 대립물 자체를 은폐하고 있다.
자신은 원래 아무것도 아니라고 하는 전체주의 지도자의 전형
적인 주장을 상기해보라. 그는 자신의 힘이 단지 배후에 서
있는 인민들의 힘이며, 자신은 단지 그들의 가장 심원한 고투를

---

5) [말의 나이는 이를 보면 알게 되는 것이므로, 선물로 준 말의 입 안을
　들여다본다는 말은 선물로 받은 물건을 흠잡으려 한다는 뜻이다.]

표현할 뿐이라고 주장한다. 물론 함정은, 이 경우에 지도자에 반대하는 이들은 단지 지도자에 반대할 뿐만 아니라 인민의 가장 심원하고 가장 고결한 고투에 반대한다는 것이다. 부시의 주장 역시 마찬가지 아닌가? 자유가 실로 다른 나라에 선사하는 미국의 선물에 불과한 것이라면 사태는 훨씬 더 간단해졌을 것이다. 미국의 정책에 반대하는 사람들은 바로 그것만을 하는 것이 될 것이며, 하나의 단일한 민족국가인 미국의 정책에만 반대하는 것이 될 것이다. 그러나 자유가 인류에게 내린 신의 선물이라면 (그리고—바로 여기에 숨겨진 단서 조항이 놓여 있는데—미국이 이 선물을 세계의 모든 나라에 분배하는 선택받은 도구로서 스스로를 지각한다면) 미국 정치에 반대하는 사람들은 곧 인류에게 내린 신의 가장 고결한 선물을 거부하게 되는 것이다. 수많은 진정한 신학자들이 부시가 내뱉는 이러한 종류의 진술들에서 가공할 만한 신성모독을 감지하면서 소름이 돋는 것도 결코 놀랄 일이 아니다.

그럼에도 불구하고 "구유럽"에 대한 럼스펠드의 반어법적인 말장난에는 일말의 진실이 담겨 있다. 미국의 대이라크 정책에 반대한 프랑스-독일의 통일된 입장은 한 달 전에 있었던 프랑스-독일 정상회담[6]을 배경으로 해서 읽어야 하는데, 이 회담에서 시라크와 슈뢰더는 기본적으로 유럽공동체에 대한 프랑스-독일의 일종의 이원적 헤게모니를 제안했다. 따라서 반미주의가 "거대한" 유럽 국가들, 특히 프랑스와 독일에서 가장

---

6) [프랑스와 독일은 전쟁 발발 전인 1월 22일 엘리제 조약 40주년 기념 정상회담을 열고 이라크 전쟁 반대 입장을 공동으로 발표했다.]

강력했다는 것도 놀랄 일은 아니다. 그것은 세계화에 대한 그들의 저항의 일부이다. 우리는 종종, 최근의 세계화 경향이 민족국가의 주권을 위협한다는 불평을 듣는다. 그러나 이러한 진술에는 단서를 달아야 한다. 어떤 국가들이 이러한 위협에 가장 많이 노출되는가? 그것은 작은 국가들이 아니라, 영국, 독일, 프랑스 같은 2순위 (구) 세계 열강들이다. 그들이 두려워하는 것은, 새롭게 출현하고 있는 세계 제국에 일단 완전히 흡수되어 버리면 가령 오스트리아, 벨기에, 혹은 룩셈부르크와 같은 수준으로 전락할 것이라는 점이다. 따라서 프랑스에서 많은 좌파들과 우익 민족주의자들이 공유하는 "미국화"에 대한 거부는, 궁극적으로는, 프랑스 자신이 유럽에서의 헤게모니적 역할을 잃어가고 있다는 사실을 받아들이기를 거부하는 것이다. 따라서 크고 작은 민족국가들 사이에서의 비중의 평준화는 세계화의 유익한 효과들 가운데 포함시켜야 한다. 새로운 동유럽의 후-공산주의 국가들에 대한 경멸적인 조소 뒤에서 유럽의 "위대한 국가들"의 상처 입은 나르시시즘의 윤곽을 식별하는 것은 손쉬운 일이다. 그리고 이러한 위대한-국가-민족주의는 현 대립(의 실패)에 외적인 특질에 불과한 것이 아니다. 정확히 미국이 하고 있는 것 ─ 그들 자신의 정치-군사적 강령에 따라 "신유럽" 국가들을 **동원**하고 새로운 공동 전선을 **조직하는** 것 ─ 을 한층 더 능동적으로 하는 대신에 프랑스와 독일은 오만하게 독자적으로 행동했다.

이라크 전쟁에 대한 프랑스의 저항에는 명백히 "낡은 데카당스적" 유럽의 반향이 뚜렷이 존재한다. 행동하지 않음을 통해, 결단에 대한 새로운 결단을 통해 문제를 회피하는 것. 이 모든

것은 1930년대 독일에 대한 국제연맹의 비활동성을 환기시킨
다. 그리고 "사찰단이 임무를 수행하도록 내버려두라"는 평화
주의자의 요청은 명백히 위선적이다. 사찰단이 그 일을 하도록
허용되는 것은 오로지 믿을 만한 군사적 개입의 위협이 있기
때문이다. 아프리카에서의 프랑스 신식민주의(콩고-브라자빌
에서 시작해서, 르완다의 위기와 대학살에서의 프랑스의 어두
운 역할에 이르기까지)는 두말할 것도 없다. 또한 보스니아 전
쟁에서의 프랑스의 역할은 어떠한가? 게다가 두 달 전에 명백
해졌듯이 프랑스와 독일이 유럽에서 자신들의 헤게모니를 격
정하는 것은 분명하지 않은가? 그리고 이라크전 발발 직후, 전
쟁에 반대했던 바로 그 유럽(프랑스와 독일)이 "좋다, 전쟁은
이미 발발했으니 다음 주제, 즉 전후 이라크 재건의 주제로
넘어가자"의 태도를 채택한 정황은 의미심장하지 않은가? 마
치도 "우리는 우리의 형식적 의무를 다하고 저항했으니 이제
일상의 업무로 돌아가자"는 메시지를 전하는 양 말이다. (대이
라크 전쟁에 있어 미국을 지지한 후-공산주의 동유럽 국가들
에 대한 시라크의 진정으로 **인종주의적인** 격노는 말할 것도
없다.)

영웅과 겁쟁이 이야기

이라크 전쟁은 "공식적인" 정치적 구분이 무너지는 진리의
계기가 아닌가? 일반적으로 우리는 공화당원들이 자유롭게 돈
을 쓰고 기록적인 재정 적자를 창출하는 반면에 민주당원들은

재정 균형을 실천하는 뒤죽박죽인 세계에 살고 있다. 거대 정부를 비난하고 주州와 지역 공동체로 권력을 이양할 것을 설파하는 공화당원들은 인류 역사 전체에서 가장 강력한 국가 통제 메커니즘을 창출하는 과정에 있다. 후-공산주의 국가들에서도 마찬가지다. 여기서 증상적인 것은 폴란드의 사례다. 폴란드에서 미국 정치의 가장 열렬한 지지자는 예전에 공산주의자였던 대통령 크바스니에프스키Kwasniewski(심지어 그는 조지 로버트슨George Robertson의 뒤를 잇는 차후의 나토 사무총장으로 거론되고 있다)인 반면에, 폴란드가 반이라크 연합에 참여하는 것을 반대하는 주요한 세력은 우파정당들이다. 또한 2003년 1월 말경 폴란드 주교단은 폴란드의 유럽연합 가입을 조정하는 계약에, 폴란드가 "헌법에 명문화되어 있는 바 폴란드의 근본적 가치들을 지킬 수 있는 권리를 보유한다"는 것을 보증하는 특별 문구를 추가해야 한다고 정부에 요구했다. 그것은 물론 낙태, 안락사, 동성결혼 금지를 의미한다.

　미국의 "대테러 전쟁"을 가장 열렬하게 지지하는 바로 그 구공산주의 나라들은, 세계적 자본주의에 흡수되는 대가인 문화적 "미국화"의 맹습으로 인해 그들의 문화적 정체성과 국가로서의 생존 자체가 위협받고 있음을 심각하게 우려하고 있다. 그리하여 우리는 친부시적 반미주의라는 역설을 목격한다. 나의 조국 슬로베니아에도 유사한 비일관성이 존재한다. 우파 민족주의자들은 집권 중도파-좌파 연합이 공식적으로는 나토에 참여하고 미국의 반테러 군사행동을 지지하더라도 은밀하게는 그것에 손상을 가하고 있으며, 신념을 가지고 참여하는 것이 아니라 기회주의적인 이유에서 참여하고 있다고 비난한

다. 그러나 동시에 그들은 집권 연합이 원하는 바는 슬로베니아
의 국가적 정체성을 침식하는 것이라고 비난한다. 슬로베니아
를 서구화된 세계적 자본주의로 완전하게 통합하는 것을 옹호
하고 따라서 슬로베니아인들을 오늘날의 미국화된 대중문화
속에 빠뜨린다고 하면서 말이다. 집권 연합이 슬로베니아인들
을 진지한 성찰과 확고한 윤리적 자세를 취할 수 없는 쉽게
조작되는 군중들로 바꾸기 위해 대중문화, 바보같은 TV 오락
물, 생각 없는 소비 등을 장려하고 있다는 것이 그들의 생각이
다. 요컨대 기저에 깔린 동기는, 집권 연합이 "자유주의적-공
산주의의 음모"를 상징한다는 것이다. 세계적 자본주의로의 무
자비하고 무제약적인 흡수는 은밀한 권력 유지를 위한 구공산
주의자들의 음흉한 음모의 최신판으로서 지각되는 것이다.

거의 비극적인 오해는 민족주의자들이 한편으로는 (미국의
명령에 종속된) 나토를 무조건적으로 지지하면서 반세계화주
의자들과 반미 평화주의자들을 은밀하게 지지하는 집권 연합
을 비난하는 반면에, 다른 한편으로는 세계화 과정 속에서 슬로
베니아 정체성의 운명을 염려하면서 슬로베니아를 세계화의
소용돌이 속으로 던져버리기를 원하고 슬로베니아의 민족적
정체성을 염려하지 않는 집권 연합을 비난하고 있다는 것이다.
아이러니하게도 이러한 민족주의적 보수주의자들이 한탄하고
있는 새롭게 출현하는 사회-이데올로기적 질서는 "억압적 관
용"과 부자유의 현상 양태로서의 자본주의적 자유라는 오래된
신좌파의 묘사처럼 읽힌다.

근래에 구유고에서 윤리적 영웅이 한 명 있다면 그것은 어떠
한 분명한 대중적 지지도 없이 그리고 생명에 대한 위협 속에서

도 세르비아 시민 대중에게 저지른 1992년의 범죄와 관련해 미르코 노락Mirko Norac 장군과 그의 동료들에게 12년 형을 선고한 크로아티아의 겸손한 판사 이카 사릭Ika Saric이다. 심지어 좌파 정부조차 우익 민족주의자들의 시위 위협을 두려워한 나머지 노락 재판에 대한 지원을 거부했다. 그러나 틀림없이 정부를 전복하게 될 대규모 군중 소요가 있을 것이라는 민족주의 우파의 위협 속에서 선고가 내려졌을 때, 일어난 것은 아무 것도 없었다. 시위는 예상보다 훨씬 더 소규모였으며, 크로아티아는 법치국가로서 자신을 "재발견했다". 노락이 헤이그로 이송되지 않고 크로아티아 자국 내에서 선고를 받았다는 사실은 특별히 중요했다. 그렇게 크로아티아는 국제적 보호 감독을 필요로 하지 않음을 증명했다. 행위 고유의 차원은 불가능한 것에서 가능한 것으로의 이동에 놓여 있었다. 선고 이전에, 노련한 조직들을 지닌 민족주의 우파는 침범될 수 없는 강력한 세력으로 인식되었으며, 자유주의적 좌파는 직접적인 가혹한 선고를 "우리 모두는 그것을 원하지만, 혼란이 발생할 것이므로 불행히도 이 어려운 시기에는 행할 수 없는" 어떤 것으로서 인식했다. 그러나 선고가 내려진 이후, 아무 일도 일어나지 않았으며, 불가능한 것은 일상적인 일로 전환되었다. 기표 "유럽"에 되살려야 하는 어떠한 차원이 있다면, 이 행위는 그 용어의 가장 감동적인 의미에서 "유럽적"이었다.

그리고 겁쟁이를 체현하는 어떤 사건이 있다면 그것은 이라크-미국 전쟁의 발발 이후 슬로베니아 정부가 보여준 행태이다. 슬로베니아 정치는 미국의 압력과 전쟁을 지지하지 않는 슬로베니아 국민 다수 사이에서 절박하게 줄타기를 시도했다.

우선, 슬로베니아는 럼스펠드와 다른 이들이 "신유럽"의 일부로서, 대이라크 전쟁의 "의지의 연합coalition of the willing"의 일부로서 칭찬한 악명높은 빌니어스Vilnius 선언에 서명했다. 그러나 외무성 장관이 문서에 서명한 이후, 부인否認이라는 진짜 코미디가 일어났다. 장관은 문서에 서명하기 전에 공화국 대통령과 다른 권위자들에게 자문을 구했다고 주장했는데, 그들은 즉각 그것에 대해서는 아무것도 몰랐다고 부인했다. 그런 후에 모든 관련자들은 그 문서가 결코 이라크에 대한 미국의 일방적인 공격을 지지하지 않으며 유엔의 핵심적 역할을 요청한다고 주장했다. 부연된 설명에 따르면, 슬로베니아는 이라크에 대한 전쟁이 아니라 이라크의 무장해제를 지지한다는 것이었다. 그러나 이틀 후 미국으로부터 뜻밖의 좋지 않은 소식이 날아들었다. 슬로베니아는 명백히 "의지의 연합"에 참여한 국가들 중 하나로 호명되었으며, 심지어 미국이 전쟁 파트너들에게 제공하는 재정 지원의 수혜자로 거명되었다. 뒤이어 발생한 것은 완전한 코미디였다. 슬로베니아는 대이라크 전쟁에 참여하지 않는다고 자랑스럽게 선언했으며, 명단에서 제외해 줄 것을 요청했다. 이틀 후 당혹스러운 새 문서가 도착했다. 미국은 공식적으로 슬로베니아의 지지와 도움에 사의를 표했다. 슬로베니아는 다시 한번 자신은 어떠한 사의도 받을 자격이 없다고 주장했으며, 상대를 조롱하듯 "제발, 저는 진정 당신의 감사를 받을 자격이 없습니다"라고 하면서 자신을 감사 편지의 진정한 수신자로 인정하기를 거부했다. 마치 우리에게 사의를 보내는 것은 미국이 지금 우리에게 할 수 있는 더 나쁜 일이라는 듯이 말이다. 일반적으로 국가는 자신이 부당하게 비판받을

1. 이라크와 그 너머 ❧ 47

때 저항한다. 슬로베니아는 감사의 표시를 받을 때 저항한다. 요컨대, 슬로베니아는 마치 그것이 계속된 칭찬 편지의 진정한 수신자가 아닌 듯 행동했다. 그리고 우리 모두가 알게 된 것은, 이 경우에도 편지는 그것의 목적지에 **진정** 도착했다는 것이다.

유럽은 무엇을 원하는가?

생의 말기에 프로이트는, 여성적 섹슈얼리티라는 수수께끼에 직면했을 때의 난처함을 인정하면서 "여성은 무엇을 원하는가?Was will das Weib?"라는 유명한 질문을 던졌다. 그리고, 방어해야 할 "유럽"의 윤곽을 정의하고자 할 때, 유사한 난처함이 발생한다. 어떤 유럽인가?

2003년 여름 위르겐 하버마스와 자크 데리다가 촉구한 전 유럽적 철학적-정치적 언론매체 공세에서 일련의 철학자들은 새로운 미 제국의 도전에 직면해서 유럽은 자신의 윤리-정치적 유산을 재단언할 힘을 발견해야 한다고 주장했다. 다른 경우라면 사유가 양립할 수 없는 철학자들 사이의 그러한 일치와 조우할 때, 우리는 즉각 의심해 보아야 한다. 훨씬 더 강고해지는 미국 헤게모니에 대한 막연한 불편함과 저항을 넘어, 그러한 요청은 정치적으로 어디에 도달하게 되는가? 이 위협에 대한 반응이 단지 미국 헤게모니에 의해 위협받는 것처럼 보이는 것을 대변해서 행해진 것이라면—즉 "근본적" 민주주의, 인권, 관용, 연대, 복지 국가 같은 것들이 조금 더 많이 있어야 함을 항변하고 있는 것이라면—그것은 분명 **충분하지 않**다.

　오랫동안 나는 갱신된 "좌파적 유럽중심주의"를 요청하고
있었다. 거칠게 말하자면, 우리는 미국적 문명과 출현하고 있는
중국의 권위주의적-자본주의 문명 사이에서의 선택이 유일한
선택이 되는 세계에 살기를 원하는가? 대답이 '아니오'라면,
진정한 대안은 유럽이다. 제3세계는 아메리칸 드림의 이데올로
기에 대한 충분히 강력한 저항을 생성할 수 없다. 현재적 좌표
속에서, 그것을 할 수 있는 것은 오직 유럽이다. 오늘날 진정한
대립은 제1세계와 제3세계의 대립이 아니라, 제1, 3세계 전체
(미국의 세계 제국과 그 식민지들)와 남아 있는 제2세계(유럽)
의 대립이다. 프로이트에 관해 테오도르 아도르노가 주장한
바에 따르면, 현시대의 "관리되는 세계verwaltete Welt"와 그것
의 "억압적 탈승화repressive desublimination" 속에서 일어나는 것
은 더 이상 이드das Es와 그 충동Triebe의 억압이라는 낡은 논리
가 아니라, 자아Ich를 희생하는 대가로 성립하는 초자아das
Überich(사회적 권위)와 이드(탈법적인 공격적 충동) 사이의 도
착적인 직접적 협약이다. 구조적으로 유사한 어떤 것이, 즉 본
연의 근대성을 희생하는 대가로 성립하는 후근대적인 세계적
자본주의와 전근대적 사회 사이의 기묘한 협약이 오늘날 정치
적 수준에서 진행되고 있지 않은가? 미국의 다문화주의적 세계
제국이 전근대적 지역적 전통들을 통합하는 것은 쉬운 일이다.
그것이 유효하게 동화시킬 수 없는 외래적 신체는 유럽적 근대
성이다. 지하드Jihad와 맥월드McWorld는 동일한 동전의 양면이
며, 지하드는 이미 맥지하드McJihad이다.
　진행 중인 "대테러 전쟁"이 민주적 유산의 방어임을 자처
하더라도, 그것은 G. K. 체스터튼Chesterton이 한 세기 전에 뚜

럿이 감지한 위험을 자초하고 있다. 그는 『정통』Orthodoxy에서 종교 비판의 근본적 교착을 전개시킨 바 있다. "자유와 인간성을 위해 교회와 싸우기 시작하는 사람들은 끝에 가서는 결국 교회와의 싸움을 위해서라면 자유와 인간성을 팽개쳐 버리고 만다. /……/ 세속주의자들은 신성한 것들을 파괴하지 않았다. 오히려 세속주의자들은 세속적인 것들을 파괴했다. 그렇게 하는 것이 그들에게 조금이라도 위안이 된다면 말이다."7)

오늘날 종교 옹호자들 자신들도 마찬가지가 아닌가? 오늘날의 세속 문화를 격렬하게 공격하는 것으로 출발해서 의미있는 종교적 체험 일체를 저버리는 것으로 끝을 맺은 광신적인 종교 옹호자들은 얼마나 많았던가? 이와 유사하게도 수많은 자유주의 전사戰士들은 반민주적 원리주의와 싸우기를 너무나도 열망한 나머지 테러와의 싸움을 위해서라면 결국은 자유와 민주주의 자체를 팽개쳐버리고 말 것이다. 그들은 자유에 대한 주요한 위협은 비-기독교적 원리주의라는 사실을 증명하려는 열정에 사로잡힌 나머지 우리의 이른바 기독교 사회에서 우리 자신의 자유를 지금 당장은 제한해야 한다는 입장으로 기꺼이 물러설 것이다. "테러리스트들"이 또 다른 세계를 사랑하는 까닭에 이 세계를 파괴할 준비가 되어 있다면, 테러에 대항하는 우리 전사들은 이슬람 타자를 증오하는 까닭에 자신들의 민주적 세계를 파괴할 준비가 되어 있는 것이다. 그들 중 일부는 인간 존엄을 너무도 사랑하는 나머지 이를 방어하기 위해서라면 (인간 존엄

---

7) [G. K. Chesterton, *Orthodoxy*, San Francisco: Ignatius Press, 1955, p. 146. 국역본: G. K. 체스터튼, 『오소독시』, 윤미연 옮김, 이끌리오, 2003, 263-265쪽.]

의 궁극적 몰락인) 고문이라도 합법화할 준비가 되어 있다.

그리고 동일한 논지에서 변증법 본연의 역설은, 유럽의 방어 바로 그것을 통해 우리가 "유럽"을 잃어버릴지도 모른다는 것이다. 최근에 유럽연합의 한 불길한 결정이 거의 주목받지 못한 채 통과되었다. 유럽연합 영토의 격리를 보증하고 따라서 이주자들의 유입을 방지하는 전유럽적 국경 경찰력을 창설하는 계획. 이것이 세계화의 진실이다. 번성하는 유럽을 이주의 홍수로부터 보호하는 새로운 장벽의 구축. 여기서 우리는 "사물들 사이의 관계"와 "인간들 사이의 관계"라는 마르크스주의의 낡은 "인간주의적" 대당을 되살리고만 싶다. 세계적 자본주의가 열어놓은 그 칭송이 자자한 자유로운 순환 속에서, 자유롭게 순환하는 것은 다름아닌 "사물들"(상품들)인 반면에 "인간들"의 순환은 점점 더 통제된다. 선진국의 이 새로운 인종주의는 어떤 면에서는 이전보다 훨씬 더 야만적이다. 그것에 대한 암묵적 정당화는 자연주의적(발전된 서구의 "자연적" 우월성)이지도, 더 이상 문화주의적(서구에 있는 우리 역시 우리의 문화적 정체성을 보존하기를 원한다)이지도 않으며, 뻔뻔한 경제적 이기주의이다. 근본적 분할은 (상대적인) 경제적 번영의 영역 속에 포함된 이들과 그로부터 배제된 이들 사이의 분할이다.

이로부터 두 가지 결론이 부과된다. 유럽의 유산이 유효하게 방어되기 위해서는 첫 번째 조치로서 철저한 자기비판이 있어야 한다. 우리가 미국 정치와 문명 속에서 비난받아야 하는 것으로 그리고 위험한 것으로 발견하는 것은 유럽 자체의 일부이며, 유럽적 기획의 가능한 결과들 중 하나다. 따라서 자족적 오만함을 위한 자리는 없다. 미국은 유럽 자체의 왜곡된 거울이다. 과거 1930년대에 막스 호르크하이머는 자유주의에 대해 (비판적으로) 말하기를 원치 않는 이들은 파시즘에 대해서도 침묵해야 한다고 썼다. 필요한 변경을 가해 말해 보자면, 우리는 새로운 미 제국주의를 폄하하는 이들에 대해서 이렇게 말해야 한다. 유럽 자체에 대해 비판적으로 개입하기를 원치 않는 이들은 미국에 대해서도 침묵해야 한다.

이것은 우리를 핵심적 딜레마에 이르게 한다. 유럽적 유산의 방어가 연대와 인권이라는 위협받는 유럽적 민주주의 전통의 방어에 국한된다면 전투는 이미 패배한 것이다. 유럽의 유산이 방어되기 위해서는 유럽이 스스로를 재창안해야 한다. 방어의 행위 속에서 우리는 방어해야만 하는 그 무엇을 재창안해야 한다. 우리가 필요로 하는 것은, 신성불가침의 민주주의와 인권에 이르기까지, 유럽적 유산의 바로 그 토대에 대한 가차없는 질문이다. 그리고 불행히도 유럽을 방어해야 한다는 철학자들의 요청은 이러한 긴박한 임무에 다소 미달한다.

최근에는 누구나가 미국에 대한 유럽의 대항이 나약하고 소모적이었다고, 유럽은 스스로를 자율적인 정치적 행위자로 단언하는 데 실패했다고 불평하고 있다. 그러나 실패에 대한 바로 이러한 압도적인 자각은 그 자체로서 긍정적인 신호가 아닌가? 그것은 부정적인 방식으로 유럽이 스스로를 단언할 필요를 분명히 지각하고 있다는, 유럽이 자신의 결여를 실패로서 지각하고 있다는 사실을 증언하지 않는가? 여성주의의 교훈이 여기서 도움이 된다. 여성을 위한 첫 걸음은 가부장제에 대항하는 것이 아니라, 자신의 상황을 부당하고 굴욕적인 것으로, 자신의 수동성을 행위에의 실패로서 경험하는 것이다.

여기서 우리는 미국-이라크 전쟁이, 그것의 실제적 사회-정
치적 내용과 관련해서, 미국과 유럽 사이의 최초의 전쟁이었다
는 가설을 제안하고만 싶다. 다시 말해, 몇몇 경제학자들이 이
미 제안했듯이, 전쟁의 진정한 경제적 목적이 일차적으로 석유
자원의 통제가 아니라 미 달러화의 강화였다면, 즉 유로화에
대한 달러화의 패배를 예방하고, 점점 더 "실질" 가치에 의해
"담보되지" 못하는 달러(엄청난 미국의 부채를 상기하라)의 붕
괴를 예방하는 것이라면 어찌할 것인가? 오늘날 통합 유럽은
미국이 부과하길 원하는 신 세계 질서New World Order의 주요
한 장애물이다.

중동에서의 행위를 위한 온건한 제안

이라크 공격의 지지자들이 들먹이는 또 다른 이유는 그 공격
이 정체된 중동 평화 진전에 새로운 활력을 불어넣을 것이라는
점이었다. 과연 그러했는가? 중동과 관련해 첫 번째로 할 일은
그 위기가 빈약한 토지 자원이라는 지리적 현실과 관련된다는
어떠한 관념도 포기하는 것이다. 우리는 단순히 풍부함(모든
이들에게 충분한, 순수한 사랑에서 나온 과잉의 선물)과 선택
적인 "절약"의 태도를 동반하는 희소성(모두에게 충분할 정도
로 있지 않으니까 누군가가 그것을 가져야 하며 다른 이들은
못 갖는다)을 대립시킬 수 없다. 과잉 그 자체는 희소성에 근거
해야만 하며, 희소성을 채우고자 하는 것이니 말이다. 다시 말
해 희소성(무언가 결여되어 있다는, "모두에게 충분하지는 않

다"는 관념)은 사실에 불과한 것이 아니라 구조적 필연성이다. 명백한 무언가의 결여이기 이전에 그것은 순수하게 형식적인 결여, 정확히 우리의 필요들이 과도하게 충족될 때 절망적인 순수함 속에서 출현하는 결여(프로이트의 명랑한 푸줏간 주인 아내의 사례를 상기하라[8]). 동일한 논지에서 가장 흥미로운 세 가지 치명적인 죄악들, 즉 질투와 인색함과 우울증의 가능성은 욕망의 바로 그 형식적 구조 속으로 기입된다. 우울증자는 그 대상이 현존할 때에는 욕망을 유지할 수 없으며, 구두쇠는 대상에 집착하지만 그것을 소비할 수 없으며, 질투하는 주체는 타자의 욕망의 대상을 욕망한다. 그래서 각각의 정의를 따르자면 이웃 목장의 풀밭은 당신의 것보다 더 푸르거나, 또는 나는 단지 경외심으로 나의 푸른 풀밭을 우러러보면서 동물들이 그것을 뜯어먹지 못하게 하거나, 또는 나는 단지 우울증자의 슬픈 무관심으로 그것을 응시한다. 이러한 역설들은 다음과 같은 이야기들에 담긴 진리를 설명해준다. 천사가 한 농부에게 나타나 이야기한다. "나는 당신의 소원을 들어주고, 당신이 원하는 무엇이든 해 주겠소. 단 당신의 이웃에게는 그 곱절을 해줄 것임을 명심하시오." 그 농부는 사악한 미소를 띠며 대답한다. "나의 눈 하나를 떼어가시오!" 또는, 풍요의 기회를 날려버리는 가난한 농부 부부의 이야기가 있다. 요정이 나타나 그들에게 세 가지 소원을 들어주겠다고 제안하자, 남편이 불쑥 말해버린다. "나의 접시에 소시지를!" 화난 부인이 고함을 지른다. "바보 같은 인간, 소시지가 당신 코에나 붙어버려라!" 그리하여 마지

---

8) [프로이트의 『꿈의 해석』 제5장을 볼 것.]

막 소원은 단지 소박한 소원일 수밖에 없다. "소시지가 코에서 접시로 돌아가도록 해주시오!"

여기서 우리는 범례적 지위로 고양된 고난의 본성은 선별적인 상징적 본성이라는 점을 솔직하게 인정해야만 한다. 뒤처진 몇몇 이슬람 국가에 사는 개인들의 고난과 비교할 때 서안 지구 West Bank에 있는 팔레스타인 사람들의 고난은 무엇인가? 가령 북한의 고난과 비교할 때 피노체트 치하 칠레인들의 고난은 무엇이었는가? (다른 한편으로, 쿠바인들의 고난은 비공산주의 라틴 아메리카 국가들에 사는 무산 대중들의 고난보다 진정 큰 것인가? 콩고나 리베리아에서 진행되고 있는 상상할 수도 없는 오랜 악몽은 말할 것도 없다.) 이러한 단순한(단순화된) 의미에서, 팔레스타인 사람들을 고난의 세계적 상징으로 고양시키는 것은 실로 부당한 것이다. 그들의 상황이 그렇게 절박하다면, 그들은 분명 요르단이나 상대적으로 번성한 다른 아랍 국가들로 집단적인 이주를 감행할 것이다. 마치도 이스라엘 정치에 대한 비판에는 다음과 같은 요소가 존재하는 듯하다. 즉, "부당한" 반유대주의의 요소라기보다는 오히려 그 반대로 유대인에 대해서는 특별히 더 높은 윤리적 기준을 암묵적으로 승인해야 한다는 그러한 요소 말이다. 모든 민족들 가운데 어떻게 당신들이 그와 같이 행동할 수 있는가?

이스라엘-팔레스타인 갈등에 관한 커다란 불가사의는 다음과 같다. 왜 모든 사람이 유일하게 실행가능한 해결책—예루살렘에 관한 몇 종류의 타협뿐만 아니라 서안 지구와 가자로부터 이스라엘인들의 철수, 팔레스타인 국가 수립, 팔레스타인 난민들이 1967년 이전의 이스라엘 국경 내부로 되돌아갈 권리

1. 이라크와 그 너머 ✿ 55

를 팔레스타인 측이 포기하는 것—을 알고 있는데도 그 갈등
은 **그토록 오랫동안 지속되는가?** 합의가 손에 닿을 듯할 때면
언제나 그것은 불가해하게도 철회되었다. 평화가 단지 몇 가지
부수적인 문구에 대한 적절한 정식화를 찾는 문제인 것처럼
보일 때, 갑자기 모든 것이 산산조각 나고 타협된 협상의 연약
함을 드러내는 일은 얼마나 자주 일어나는가? 실상 중동 갈등
에는 어떤 신경증적 증상이 존재한다. 장애물을 제거할 방법을
누구나 알고 있지만, 그럼에도 불구하고 어느 누구도 그것을
제거하길 원하지 않는다. 마치 교착을 지속함으로써 어떤 종류
의 정념적인 리비도적 이익을 얻는 양 말이다.

우리는 여기서 증상적 매듭에 대해 이야기하고만 싶다. 이스
라엘-팔레스타인 갈등에서 전형적 역할들은 매듭에서와 같이
다소 전도되고, 뒤틀려 있는 것은 아닌가? (공식적으로 그 지역
에서 서구의 자유주의적 근대성을 대표하는) 이스라엘은 자신
의 민족적-종교적 정체성의 용어로 스스로를 정당화하는 반면
(전근대적 "원리주의자"로 매도되는) 팔레스타인 사람들은 세
속적 시민성의 용어로 그들의 요구를 정당화한다. 그래서 우리
가 보게 되는 역설은 소위 중동의 자유민주주의적 근대성의
섬인 이스라엘이 그들의 성지聖地에 대해 훨씬 더 "원리주의적
인" 민족적-종교적 요청으로 아랍의 요구에 대응한다는 것이
다.

그리고 고르디우스 매듭의 이야기가 우리에게 말해 주듯이
그러한 교착을 해결하는 유일한 방법은 매듭을 푸는 것이 아니
라 매듭을 잘라버리는 것이다. 지칵 라빈Jicak Rabin은 이러한
방향으로 커다란 첫걸음을 내디뎠는데, 그는 PLO를 팔레스타

인인들의 합법적 대표로, 따라서 유일하게 진정한 협상 파트너
로 인정했던 것이다. 라빈이 "테러리스트 조직인 PLO와는 어떠
한 협상도 없다"던 이스라엘 정치의 역전을 선언했을 때, 그리
고 "[PLO와 어떠한 공적 연계도 없는 팔레스타인 사람들과 협
상을 벌이는] 뻔한 수작을 끝내고, 우리의 진정한 파트너와 대
화를 시작하자"는 단순한 말을 표명했을 때, 상황은 하룻밤 사
이에 바뀌었다. 거기에 진정한 정치적 행위의 효과가 놓여 있
다. 그것은 상황의 좌표를 변화시키고, 생각할 수 없는 것을
생각할 수 있게 만든다. 동시에 라빈의 군부 경력은 별로 중요
하지 않은 과거로 격하되었다. 그는 PLO를 합법적 파트너로
인정한 사람이 된 것이다. 비록 노동당 정치인이었음에도 불구
하고 그렇게 라빈은 전성기 보수파 정치인들의 특징을 보여주
는 제스처를 성취했다. 그 반대로 2003년 1월 28일의 이스라엘
선거는 현대의 보수주의자들의 실패를 보여주는, 드골 또는
심지어 리차드 닉슨의 계보를 잇는 역사적 행위들을 그들이
수행할 수 없음을 보여주는 가장 분명한 지표였다. 오로지 드골
만이 알제리 독립을 허용할 수 있었다. 오로지 닉슨과 같은
보수주의자만이 중국과의 관계를 확립할 수 있었다. 동일한
논지에서 이스라엘인 70%는 노동당 후보 암람 미츠나Amram
Mitzna의 제안—서안 지구와 가자로부터 이스라엘의 무조건적
철수—이 위기에 대한 유일한 해결책임을 알고 있다. 그러나
미츠나가 "강한 남성"의 카리스마가 결여된 점잖은 윤리적 인
물이기 때문에, 사람들은 그가 이러한 행위를 성취할 수 있을
거라 기대하지 않는다. 그러므로 필요한 것은 (라빈의 전통에
서) 미츠마의 계획을 넘겨받을 샤론Sharon과 같은 인물이다. 물

론 샤론은 그것을 할 수 없지만 말이다.

　기저에 깔려 있는 문제는, 단지 아랍인들이 이스라엘의 존재를 받아들이지 않는다는 것뿐만이 아니다. 이스라엘인 자신들역시 서안 지구에서 팔레스타인인들의 현존을 실제로 받아들이지 않는다. 우리 모두는 1953년 7월 동베를린 노동자들의 반란에 관한 베르톨트 브레히트의 말장난을 알고 있다. "당은 자신의 인민들에게 만족하지 못하고 있으며, 그래서 당은 자신의정치를 좀 더 지지하는 새로운 인민들로 그들을 대체할 것이다." 이와 유사한 어떤 것을 오늘날 이스라엘과 팔레스타인 사람들 사이의 관계에서 식별할 수 있지 않은가? 이스라엘은 서안 지구와 가자에 있는 인민들에게 만족하지 못하고 있으며, 그래서 이스라엘은 그들을 다른 인민들로 대체하는 선택을 고려하고 있다. 다름 아닌 희생양의 범례인 유대인들이 이제 발본적인 "인종청소"(완벽한 오웰식 오칭인 서안 지구에서의 팔레스타인 사람들의 "이송")를 고려하고 있다는 것은 좀 더 세밀한고찰을 요하는 궁극적인 역설이다.

　잃어버린 대상에 대한 열정적 애착, 그것의 상실과 타협하는것에 대한 거부가 있기라도 하다면, 그것은 자신들의 땅과 예루살렘에 대한, "내년에는 예루살렘에서 (만납시다)!"에 대한 유대인들의 애착이다. 그리고 현재의 곤경들은, 그러한 근본적충실성이 문자 그대로 취해질 때 나타나는 재앙적 귀결들을탁월하게 증명하는 것이 아닌가? 지난 이천 년 동안 유대인들이 영원한 유배상태에서, 그들이 머물던 장소에 어떠한 확고한뿌리도 없이 살아가는 근본적으로 영토 없는 민족이었을 때예루살렘에 대한 그들의 언급은 그 근저에 있어 순전히 부정적인 것이었다. 즉 그것은 "고향의 이미지를 그리는 것"에 대한 금지, 이 땅 어디에서도 고향에 있다고 느껴서는 안 된다는 금지였던 것이다. 그러나 백 년 전에 시작된 팔레스타인으로의 복귀과정과 함께 형이상학적인 **다른 장소**Other Place는 지상의 어떤 일정한 장소와 직접적으로 동일시되었다. 유대인들이 그들의 땅을 상실하고, 그것을 신화적인 상실된 대상으로 고양시켰을 때, "예루살렘"은 땅 한 조각 이상의 훨씬 더한 무언가가 되었다. 그것은 메시아의 도래에 대한, 형이상학적 고향에 대한, 인간 존재를 특징짓는 방황의 종결에 대한 은유가 되었다. 그 메커니즘은 잘 알려져 있다. 하나의 대상을 잃어버린 후, 그것은 훨씬 더한 무엇, 우리가 세속적 삶에서 놓치는 모든 것의 대역으로 변모한다. 천년 동안의 꿈이 마침내 실현되려고 할 때, 그러한 실현은 악몽으로 **변모해야만 한다.**

유대 전통에 따르면 릴리스Lilith는 남성이 밤중에 홀로 침대에서 자위를 하는 동안 사랑을 나누는 여자이다.[9] 따라서 몇몇 페미니스트들이 주장하는 바와 같이 가부장적 속박에서 해방된 여성적 정체성을 상징하기는커녕, 그녀의 지위는 순전히 남근적이다. 그녀는 라캉이 *La femme*(**여자**)라고 부르는 것, 즉 남성 자위의 남근적 향락에 대한 환상적 보충물이다. 의미심장하게도 남자는 단 한 명(아담)만 있는 반면에 여성성은 처음부터 이브와 릴리스 사이에서, "평범한" 히스테리적인 빗금쳐진 주체($)와 **여자**라는 환상적 유령 사이에서 분열되어 있다. 남자가 "현실의" 여자와 섹스를 할 때, 그는 존재하지 않는 **여자**에

---

9) 이러한 내용을 알게 된 것은 뉴욕의 우디 알로니Udi Aloni 덕분이다.

대한 그의 환상화를 지탱하기 위해 그녀를 자위의 버팀목으로서 사용하는 것이다.[10] 재앙은 두 여자가 하나로 허물어질 때, "평범한" 파트너가 릴리스의 위엄으로 고양될 때 일어난다. 그것은 "평범한" 예루살렘이 유대인들이 수천 년 동안 꿈꿔왔던 예루살렘으로 시오니즘적으로 고양되는 것과 구조적으로 완벽하게 동형적이다.

따라서 윤리적 선택은 궁극적으로 단순한 것이다. 홀로코스트의 기억에 대한 유일하게 참된 충실성은 팔레스타인 사람들에게 가해진 불의를 인정하는 모두진술에 있다. 그리고 어떤 식으로건 홀로코스트를 참조함으로써 현 이스라엘 정치를 정당화하는 것은 가능한 최악의 윤리적 배반이다. 그러므로 다음과 같은 큰 질문에 대답하는 것은 쉬운 일이다. 오늘날 중동에서 진정으로 근본적인 윤리-정치적 행위는 무엇이 될 것인가? 이스라엘인과 아랍인 모두에게 그것은 예루살렘의 (정치적) 통제를 포기하는 제스처에 있을 것이다. 다시 말해 예루살렘 구시가지를 (일시적으로) 어떤 중립적인 국제적 세력이 통제하는 국가-외적인 종교적 참배의 장소로 변형시키는 것을 승인하는 제스처에 말이다. 양 진영에서 수용해야 하는 것은, 예루살렘의 정치적 통제를 포기함으로써 그들은 실상 아무것도 포기하지 않는다는 점이다. 그들은 진정으로 정치-외적인 성소로 고양된 예루살렘을 얻게 된다. 그들이 잃어버리게 될 것은, 정확히

---

10) 그래서 ─ 끝까지 가보면 ─ 이미 고대 그리스(티레시아스Tiresias)에서 발견되는, 여성적인 성적 쾌락이 남성적인 것보다 일곱 배는 강하다(여러 번의 오르가슴 등등)는 바로 그 관념이 남자들을 질투나게 하려는 여자들에 의해 지탱되는 것이라면 어찌할 것인가?

그리고 오로지, 이미 그 자체로 잃어버릴 만한 것이다. 즉, 정치적 권력 게임에 걸려 있는 내기물로 종교가 전락한 것 말이다.

우리는 이스라엘의 유대인과 팔레스타인 사람들을 결합시키는 두-민족 세속국가라는 "불가능한" 꿈을 포기해서는 안 된다. 장기적으로 볼 때 진짜 유토피아는 이러한 두-민족 국가의 유토피아가 아니라 그 두 공동체들을 명백히 분할하는 **장벽**의 유토피아이다. 1967년 이전의 이스라엘과 서안 지구의 점령된 영토를 분리시키는 장벽의 광경들은 1989년까지 동독과 서독을 분할한 장벽과 섬뜩하게 닮아 있다. 이러한 새로운 **장벽**의 환영은, 그것이 "정상적인" 법치와 사회생활을 항구적인 긴급사태로부터 분리해주는 분할선으로 기능하리라는 것, 즉 그것이 긴급사태의 상황을 "저기 바깥" 영역으로 국한시키리라는 것이다. 이것[두-민족 세속국가]은 중동에서의 또 다른 진정한 사건, "우리에게는 유대인도 팔레스타인인도 없다"는 바울적 의미에서의 진정한 정치적 보편성의 폭발이 되었을 것이다. 양 진영 각각은, 이러한 인종적으로 "깨끗한" 국가의 포기가 단지 타자를 위해 행해지는 희생이 아니라 스스로를 위한 해방이라는 것을 깨달아야만 할 것이다. 그리하여 역설은, 중동 전체에서 이 "아랍인들(중)의 유대인들Jews among-of the Arabs"인 팔레스타인 사람들은 그들 고유의 위치로 인해 근대화의 작인이라는 역할이 부여된 유일한 집합적 행위자라는 것이다, 즉 그들에게는 민족적 정체성을 넘어 새로운 정치적 형태로 나아가는 역할이 부여되는 것이다. 다시 말해 중동 위기에 대한 유일하게 참된 장기적 해결책은 팔레스타인 사람들이 정치적인 근대화의 작인으로서 출현하는 것이다.

비-시오니즘적 자유주의 유대인들의 아킬레스건은 그들의
전형적인 논증에서 가장 잘 축약된다. "좋다, 물론 우리는 협상
을 해야 하며, 팔레스타인 국가, 점령의 종결, 그리고 심지어는
두-민족 세속국가의 전망까지도 받아들여야 한다. 그러나 진
지한 대화가 시작되기 위해서는 무의미한 자살폭탄 공격은 중
단되어야 한다. 그러한 상황에서 대화에 참여할 수는 없는 일이
다." 자살 폭탄의 "비합리적" 과잉, 순수 소모pure expenditure,
타협불가능한 것에 대한 공포. 그러나 실상 여기에 걸려 있는
내기는 정상성으로의 복귀이다. "테러리스트들"이 그들의 행
위를 멈추고 그리하여 압박을 누그러뜨린다면, 우리는 느긋해
지고 편안하게 숨쉴 수 있을 것이다. 게다가 평상시처럼 일을
진행해 나갈 수 있을 것이다. 엘리자베스 루디네스코는 최근에
다음과 같이 썼다.

> 현재, 서구사회를—그리고 이슬람 사회 또한—위협하는 것처
> 럼 보이는 유일한 묵시록은 테러리즘에 경도된 급진적인 이슬람
> 원리주의다. 이슬람적 위협은 극단주의적이고 수염을 기른 야만
> 적인 일부다처론자들에 의한 행해지는데, 그들은 여성들의 신체
> 를 구속하고 동성애자들에게 독설을 내뱉는다, 그들 생각에 동
> 성애자들은 아버지 신의 남성적 가치를 약화시키는 데 책임이
> 있는 것이다.[11]

이러한 진술이 문제 있는 이유는, 그것이 이슬람 원리주의와

---

11) Elizabeth Roudinesco, "Homosexuality Today: A Challenge for Psychoanalysis?",
Journal of European Psychoanalysis 15 (2002년 가을-겨울), p. 184.

본연의 이슬람, 즉 그 원리주의에 의해 자신 또한 위협받는
그 이슬람을 바로 그처럼 "정치적으로 올바르게" 구분하기 때
문만은 아니다. 동일한 방식으로 부시, 블레어, 그리고 샤론조
차도 이슬람은 구역질나는 테러리스트의 행위와 아무런 관련
이 없는 사랑과 관용의 위대한 종교라고 칭찬하는 것을 결코
잊지 않는다. 그 이유는 또한 단지 "테러리즘에 경도된 급진적
인 이슬람 원리주의"라는 (또는 "이슬람적 위협"이라는) 용어
를 사용하기 때문만도 아니다. 바디우가 지적했듯이,

> (형식적 형용사에서 파생된 그 어떤 실사substantive의 경우와도
> 마찬가지로) 어떤 술어predicate가 형식적 실체에 귀속될 때, 그
> 것은 그 형식에 외견상의 내용을 주는 것 외에는 다른 어떠한
> 일관성도 가지고 있지 않다. '이슬람적 테러리즘Islamic terrorism'
> 에서 술어 '이슬람적'은, 그 자체 아무 내용도 없는 단어인 '테러
> 리즘'에 외견상의 내용(이 경우에는 정치적인)을 제공하는 것 외
> 에는 다른 어떠한 기능도 가지고 있지 않다.[12]

칸트적 용어로 말한다면, 술어 "이슬람적"은 순전히 형식적
인 범주인 "테러리즘"의 가짜 "도식화"를 제공하며, 그것에 허
위적인 실체적 밀도를 부여한다. 헤겔적 용어로 말한다면, 그러
한 반성적 규정reflexive determination("이슬람적 테러")의 진실은, 그
것이 규정적 반성determinate reflexion으로 내재적이고도 불가피하
게 반전된다는 사실에 있다. "테러리즘적 이슬람terrorist Islam",
즉 이슬람의 바로 그 정체성을 구성하는 것으로서의 테러리즘[13]

---

12) Alain Badiou, *Infinite Thought*, London: Continuum, 2003, p. 153.

으로 말이다. 루디네스코의 진술이 진정 문제가 있는 것은 앞서
언급한 자유주의적 논리를, 즉 테러리즘의 거부를 일종의 초월
적 선험성으로 고양시키는 논리를 승인하기 때문이다. '먼저
그것부터 하라, 그 다음에야 우리는 협상할 수 있다'는 바로
그 논리 말이다. (또는 라클라우의 용어로 말하자면, "테러리
즘"은 대항agonism이라고 하는 민주주의적 정치 투쟁이 일어나
기 위해서는 배제되어야 한다.) 이러한 방식 속에서 폐제되는
foreclosed 것은 정치적 기획(의 일부)으로서의 "테러리즘"에 대
한 주제화(와 대면)인데, 이는 물론 그것에 대한 동의를 결코
함축하지 않는다. 여기서 하이데거에 관한 에른스트 놀테Ernst
Nolte의 책을 상기할 가치가 있는데, 그것은 "하이데거와 정치
적인 것"에 관한 영원한 논쟁에 신선한 바람을 불어넣었다. 그
것은 "수용불가능한" 것을 택했다는 바로 그러한 이유로 이것

13) 라캉주의자들은 "교조적"이라는 라캉주의자들에 대한 표준적 비난도
마찬가지 아닌가? 해체주의자들이 너무 "교조적으로" 라캉에 집착한다
고 라캉주의자들을 비난할 때, 그들이 의미하는 것은 라캉 이론의 바로
그 핵심을 정의하는 "교조적" 중핵이 있다는 것이다. 바로 그렇기 때문에
"교조적으로 라캉주의적인"은 단순히 "라캉주의적인"을 의미한다. 이것
은 표준적 해체주의자들이 데리다에 대해 비판적인 것보다 "교조적" 라
캉주의자들이 자신들의 텍스트에서 라캉에 대해 실제로 훨씬 더 비판적
이라는 단순한 실정적 사실에 대한 유일한 정합적 설명 아닌가? 이것은
물론 "라캉적 교조주의"라는 비난에 근거가 없다는 것을 의미하지는 않
는다. 그러한 비난은 라캉의 이론이 해체주의와는 근본적으로 다른 유형
의 집단성을 내포한다는 결정적 사실을 암묵적으로 지시한다. 해체주의
는 그것의 끝없는 해석적 순환과 더불어 기존의 대학 기계에 완벽하게
부합하는 반면에, 라캉의 이론은 급진적 종교 분파와/나 혁명적 당에서
발견되는 교전중인 주체들의 집단성이라는 유형을 내포한다.

을 해냈다. 즉 그 책은 1933년의 하이데거의 악명높은 정치적
선택을 변명하기는커녕 정당화한다. 혹은 적어도 그 책은 그것
을 탈-악마화하며, 실행가능하고 의미있는 선택으로 만든다.
하이데거의 나치 연루는 그의 사유에는 어떠한 근본적인 중요
성도 없는 개인적 실수였다는 것을 주문처럼 되풀이하는 하이
데거의 전형적 옹호자들에 반대해서 놀테는 하이데거의 나치
선택은 그의 사유 속에 각인되어 있다는 하이데거 비판자들의
기본적 주장을 받아들인다. 그러나 비틀기가 없는 것은 아니다.
놀테는 하이데거의 사유를 문제삼는 대신에 그의 정치적 선택
을 정당화한다. 경제적 혼돈과 공산주의적 위협이 있었던 1920
년대 후반과 1930년대 초반의 상황 속에서 실행가능한 선택으
로서 말이다.

> 하이데거가 그 [공산주의적] 해결책을 시도하는 것에 저항했다는
> 점에서, 그는 무수히 많은 다른 사람들과 마찬가지로 역사적으로
> 옳았다. /……/ 스스로 그 [국가사회주의적] 해결책에 투신했을 때
> 아마도 그는 '파시스트'가 되었던 것일게다. 하지만 그렇다고 해
> 서 그가 처음부터 역사적으로 틀렸던 것은 결코 아니다.[14]

놀테는 또한 "수정주의적" 논쟁의 기본적 용어와 논제를 정
식화했는데 그 기본적 원칙은 파시즘과 공산주의를 "객관적으
로 비교하는" 것이다. 이에 따르면 파시즘 그리고 심지어 나치
즘은 궁극적으로 공산주의적 위협에 대한 반작용이었고 그것

---

14) Ernst Nolte, *Martin Heidegger—Politik und Geschichte im Leben und Denken*, Berlin,
1992, p. 296.

의 최악의 실천들(강제수용소, 정적의 대량 숙청)을 반복한 것
이었다.

　국가사회주의자들과 히틀러는 단지 그들과 그들의 동족을 [볼셰
　비키적인] '아시아적' 행위의 잠재적인 또는 실제적인 희생양이
　라고 여겼기 때문에 '아시아적' 행위[홀로코스트]를 실행에 옮겼
　다는 것이 사실일 수 있을까? '수용소 군도Gulag Archipelago'가
　아우슈비츠를 앞서지 않았던가?15)

　놀테의 장점은 파시즘—그리고 심지어 나치즘—을 실행가
능한 정치적 기획으로 파악하는 과업에 진지하게 접근한다는
것인데, 이는 그것에 대한 유효한 비평의 필수조건이다. 그리고
우리가 선택을 해야 하는 것은 바로 여기에서이다. 좌파 "전체
주의"와 우파 "전체주의"에 대해 등거리를 취하는 "순수한" 자
유주의적 자세(그것들 모두가 나쁜 것이다. 그것들은 정치적
차이와 여타의 차이들에 대한 불관용, 민주주의적이고 인간주
의적인 가치들에 대한 거부 등등에 기초하고 있으니 말이다)는
선험적으로 허위적이다. 우리는 편들기를 해야만 하며, 하나가
다른 하나보다 궁극적으로 "더 나쁜" 것이라고 선언해야 한다.
이러한 이유로, 파시즘의 지속적인 "상대화", 합리적으로 두
전체주의를 비교해야 한다는 관념 등은 언제나 파시즘은 공산
주의보다 "더 나았다"는, 파시즘은 공산주의적 위협에 대한 이
해할 만한 반작용이었다는—명시적이거나 암묵적인—테제
를 함축한다. 2003년 여름 실비오 베를루스코니Silvio Berlusconi

가 무솔리니는 독재자였지만 히틀러나 스탈린, 그리고 사담
같은 정치적 범죄자나 살인자는 아니었다는 진술을 격렬하게
외쳤을 때, 우리는 이러한 추문의 진정한 내기를 염두에 두어야
만 한다. 베를루스코니의 진술은 개인적 특이성으로 거부되어
야 마땅하기는커녕, 보다 거대한 규모로 진행 중인 이데올로기
-정치적 기획의 일부이다. 반-파시즘적 단결에 기초하고 있는
유럽적 정체성에 관한 전후 상징적 협약의 조건들을 변화시키
려는 기획 말이다. 그리고 우리는 나치즘을 정치적 기획으로
사고하는 것에 대한 이러한 거부의 부정태를 아도르노(와 프랑
크푸르트 학파 일반)의 결정적인 이론적 추문—그의 저작(과
하버마스 등의 저작)에서 스탈린주의에 대한 분석의 완전한
부재—에서 발견하지 않는가? 아마도 아도르노와 한나 아렌트
사이의 긴장이라는 궁극적인 수수께끼는 거기에 놓여 있을 것
이다. 그들 양자는 거부를 공유했다. 그러나, 아렌트에게서 그
것은 활동적 삶*vita activa*, 참여하는 정치적 삶이라는 적극적인
규범적 관념에 기반해 있었던 반면에 아도르노는 이러한 단계
를 거부했다.[16]

---

16) 우리는 아도르노가 "권위주의적 인성"을 다루는 곳에서 동일한 역설과
    조우한다. "권위주의적 인성"을 정의하는 것과는 반대의 특질을 포함하
    는 척도의 지위는 무엇인가? 그것은 단순히 "민주주의적 인성"으로 승인
    되어야 하는가(궁극적으로 하버마스의 경로), 아니면 "권위주의적 인성"
    은 "민주주의적 인성"의 증상적 "진실"로 보아야 하는가(예컨대, 아감벤
    Agamben의 견해)? 이러한 결정불가능성은 궁극적으로 좀 더 일반적인
    결정불가능성, 즉 하버마스가 제대로 인식한 "계몽의 변증법" 그 자체의
    결정불가능성의 특수한 사례이다. "관리되는 세계"가 계몽의 기획의 "진
    실"이라면, 정확히 어떻게 계몽의 기획 그 자체에 대한 충실성을 통해

"선한" 이슬람과 "악한" 이슬람적 테러리즘에 대한 구별이
사기인 것과 마찬가지로, 유대인과 이스라엘(혹은, 시오니즘)
에 대한 전형적인 "급진-자유주의적" 구별 또한 문제삼아야
한다. 즉 유대인과 이스라엘의 유대인 시민들이 이스라엘의
정치와 시오니즘 이데올로기를 비판하면서도 반유대주의로 비
난받지 않고 더 나아가 그 비판을 유대성Jewishness에 대한 그들
의 바로 그 열정적 애착에, 그들이 유대적 유산에서 보존할
가치가 있다고 여기는 것에 기반한 것으로서 공식화할 수 있는
공간을 열어놓으려는 노력 또한 문제삼아야 한다.17) 그러나 이
것으로 충분한가? (마르크스는 모든 대상에서 두 개의 양상,
즉 선과 악을 찾아내고 선을 지키고 악과는 싸우는 쁘띠부르주
아에 대해 이야기했다. 우리는 유대교를 다룸에 있어 동일한
실수를 피해야 한다. 정의, 타자에 대한 존중과 책임 등의 "선
한" 레비나스적 유대교를 "악한" 여호와의 전통, 즉 이웃 민족
에 대한 복수와 학살적 폭력의 분출과 대립시키는 실수를 말이
다.) 이것이 피해야 할 환영이다. 우리는 이러한 두 양상들 사이

그것을 비판하거나 그것에 대항할 수 있는가? 우리는 적극적 규범성으로
진입하는 단계를 성취하는 것에 대한 이와 같은 주저가, 아도르노의 결여
또는 단순한 실패를 나타내기는커녕, 마르크스주의의 혁명적 기획에 대
한 그의 충실성을 보여준다고 주장하고만 싶다.

17) 이러한 입장에 대한 간명한 설명은 Judith Butler, "No, it's not anti-semitic",
London Review of Books, 2003년 8월 21일, 19-21쪽을 볼 것. 그렇다면 최근에
버틀러가 로티적 진술을 제출했다는 것은 놀랄 일이 아니다. "아마도
우리가 인간이 될 수 있는 기회는 바로 우리가 상처에 반응하는 방식
속에 있을 것이다." (2003년 여름 슈어캄프Schrkamp 출판목록에 실린 버틀
러의 *Kritik der ethischen Gewalt* 홍보용 페이지에서 인용.)

의 헤겔적인 "사변적 동일성"을 단언하고, 여호와에게서 정의
와 책임의 지탱물을 보아야 한다. 유대교 그 자체는 참을 수
없는 절대적 모순의 계기이며, 최악(일신교적 폭력)과 최선(타
자에 대한 책임)이 절대적 긴장 속에 있는 계기이며, 동일하고
일치하는 동시에 절대적으로 양립불가능한 것이다. 간단히 말
해 우리는 그 틈새, 그 긴장을 유대교의 바로 그 핵심으로 전화
할 용기를 내야 한다. 그것은 민족국가임을 공격적으로 단언하
는 시오니즘에 대항해서 정의와 이웃사랑이라는 순수한 유대
적 전통을 방어하는 문제가 더 이상 아니다. 그리고 동일한
논지에서 원리주의적 테러리스트들에 의해 오용된 이슬람에
반대하여 참된 이슬람의 위대함을 찬양하는 대신에, 또는 모든
위대한 종교들 중에서도 이슬람이 근대화에 가장 많이 저항하
는 종교라는 사실을 한탄하는 대신에, 우리는 오히려 이러한
저항을 열린 기회로서, "결정불가능한" 것으로서 인식해야 한
다. 이러한 저항은 필연적으로 "이슬람적 파시즘"으로 나아가
지 않으며, 사회주의적 기획으로 표현될 수도 있다. 이슬람이
우리의 현대적 곤경에 대해 파시즘적으로 응답할 수도 있는
"최악의" 잠재력을 품고 있다는 바로 그러한 이유에서, 그것은
또한 "최선"을 위한 장소로 판명날 수도 있다. 달리 말해, 그렇
다, 이슬람은 실상 여타의 종교와 같은 것이 아니다, 그것은
진정 더 강력한 사회적 연계를 함축한다, 그것은 진정 자본주의
의 세계 질서로 통합되는 것에 저항한다. 그리고 우리의 과업은
이러한 애매한 사실을 어떻게 정치적으로 이용하는가이다.
    이슬람의 경우에서와 마찬가지로 유대교의 경우에도, "구체
적 보편성"을 향한 헤겔적 단계를 성취하고, 적대와 비일관성

의 장소를 종교적 구축물의 바로 그 핵심으로 전화시킬 용기를
내야 한다. 그것을 단지 이차적인 원리주의의 오용에 속하는
것으로 기각해버릴 것이 아니라 말이다. 축출되어야 할 하나의
신화는 종교적 "원리주의자들"과 싸우는 이스라엘의 세속적
"자유주의자들"에 관한 신화이다. 간단히 말해, 예루살렘 공동
체와 싸우는 텔아비브 세계시민 사회. 그러한 단순한 대당은
어떤 핵심적인 사실들을 잊게 한다. 텔아비브는 그 모든 실천적
목적에도 불구하고 실상 팔레스타인 사람들이 없는 "유대인
자유지역*judenfrei*"이라는 사실, 이스라엘의 서안 지구 점령에
대한 가장 열렬한 반대자 중 몇몇은 초-"원리주의적" 유대인
단체라는 사실, "매파"인 네탄야후Netanyahu 정부에서보다 "비
둘기파"인 바락Barak 정부하에서 더 많은 정착촌이 건설되었다
는 사실 등등을 말이다.

역사는 들뢰즈가 "이접적 종합disjunctive synthesis"이라고 불
렀던 것, 근본적으로 배타적인 입장들의 상호의존이라는 예기
치 않은 사례와 대면하게 한다. 1937년 9월 26일은 반유대주의
의 역사에 관심이 있는 사람이라면 누구라도 기억해야 하는
날이다. 그 날, 아돌프 아이히만Adolf Eichmann과 그의 비서는
팔레스타인을 방문하기 위해 베를린에서 기차에 탑승했다. 하
이드리히Heydrich 자신은 아이히만에게 하가나Hagana(시오니
스트 비밀 조직)의 페이블 폴크스Feivel Polkes의 초청을 받아들
이도록, 텔아비브를 방문해서 거기에서 유대인의 팔레스타인
이주를 용이하게 하기 위한 독일과 유대인 조직의 협력방안을
논의하도록 허락했다. 독일인과 시오니스트들 모두는 가능한
한 많은 유대인들이 팔레스타인으로 이주하기를 원했다. 독일

인들은 서유럽에서 유대인이 떠나기를 원했고, 시오니스트 자신들은 팔레스타인에서 유대인들이 가능한 한 빨리 아랍인들의 수를 능가하기를 원했다. (폭력 소요로 인해 영국이 팔레스타인 진입을 막았기 때문에 방문은 실패했다. 그러나 아이히만과 폴크스는 며칠 뒤 카이로에서 만나 독일과 시오니스트의 협력 방안을 논의했다.)[18] 이러한 기묘한 사례는, 나치와 급진 시오니스트들이 공통의 이해관계를 공유하게 된 정황을 보여주는 최고의 사례가 아닌가? 양측 모두에게 있어, 목적은 일종의 "인종 청소", 즉 인종집단의 인구 내 비율을 폭력적으로 변화시키는 것이었다.

"조용한 혁명"

그렇다면 우리는 찬반의 이유들에 대해서 어떠한 입장에 서 있는가? 추상적 평화주의는 지적으로 어리석고 도덕적으로 잘못된 것이다. 우리는 위협에 맞서야 한다. 물론 사담의 몰락은 대다수의 이라크 민중들에게 안도가 되었을 것이다. 게다가 물론 전투적 이슬람은 공포스러운 반여성주의 등등의 이데올로기이다. 물론 모든 반대 이유에는 어떤 위선(반란은 이라크 민중들 자신들로부터 일어나야 한다, 우리는 우리의 가치들을 그들에게 부과해서는 안 된다, 전쟁은 결코 해결책이 될 수

---

18) Heinz Höhne, *The Order of the Death's Head. The Story of Hitler's SS*, Harmonsworth: Penguin, 2000, 336-337쪽을 볼 것.

없다 등등)이 있다. 그러나 이 모든 것이 옳다고 하더라도 공격
은 잘못된 것이다. 그것이 잘못된 이유는, 누가 그것을 행하는
가 하는 점 때문이다. 비난의 초점은 이렇다. 이것을 행하는
당신은 누구인가? 그것은 전쟁이냐 평화냐가 아니라, 이 전쟁
에는 무언가 잘못된 것이 있다는, 전쟁과 더불어 무언가가 돌이
킬 수 없을 정도로 변하고 있다는 정확한 "직감"이다.

자크 라캉의 충격적인 진술들 중 하나는, 질투에 사로잡힌
남편이 그의 아내에 대해 주장하는 바(그녀가 다른 남자들과
놀아났다)가 사실로 판명난다 하더라도, 그의 질투는 여전히
정념적[병리적]이라는 것이다. 동일한 논지에서 우리는 이렇게
말할 수 있을 것이다. 유대인에 대한 나치의 주장(그들은 독일
인들을 착취한다, 그들은 독일 소녀들을 유혹한다 등등) 대부
분이 사실이라 하더라도, 나치의 반유대주의는 여전히 정념적
일 것이다(정념적이었다). 그것은 나치가 그들의 이데올로기적
위치를 지탱하기 위해서 반유대주의를 왜 필요로 했는가에 대
한 진정한 원인을 억압하고 있으니 말이다. 그리고 오늘날 "사
담은 대량살상무기를 가지고 있다!"는 미국의 주장에 대해서도
동일하게 말해야 한다. 이러한 주장이 옳다고 하더라도(그리고
아마도 적어도 어느 정도까지는 그럴 것이다), 그것은 그것이
언표되는 위치와 관련해서 여전히 허위적이다.

2001년 9월 11일, 쌍둥이 빌딩이 명중되었다. 12년 전인 1989
년 11월 9일, 베를린 장벽이 무너졌다. 11월 9일은 "행복한 90년
대"를, 프란시스 후쿠야마Francis Fukuyama가 꿈 꾼 "역사의 종
말"을 선언했다. 자유민주주의가 원칙적으로 이겼다는, 탐색은
끝났다는, 세계적인 자유주의 세계 공동체의 도래가 문턱에

와 있다는, 이러한 초-할리우드적인 해피엔딩의 장애물은 단지 경험적이고 우연한 것(지도자들이 아직 자신들의 시대가 끝났다는 것을 깨닫지 못한 저항의 국소지역들)이라는 믿음을 말이다. 그것과는 반대로 9·11은 클린턴의 행복한 90년대의 종말에 대한 주요한 상징, 모든 곳에서, 즉 이스라엘과 서안 지구 사이에서, 유럽연합 주위에서, 미국-멕시코 국경에서 새로운 장벽들이 출현하고 있는 곧 닥쳐올 시대에 대한 주요한 상징이다. 새로운 세계적 위기의 전망이 도사리고 있다. 경제적 붕괴, 군사적인 그리고 여타의 재앙들, 긴급 사태들. 미국의 입장의 전적인 **윤리적** 비참함을 드러내는 것은, 조지 부시의 대중 연설에서 ("세계는 악에 대항해 행동할 용기를 가지고 있는가 그렇지 않은가" 유형의) 추상적인 윤리적 수사들이 남발된다는 바로 그러한 사실이다. 윤리적 지칭은 여기서 순전히 신비화하는 기능만을 한다. 그것은 단지 진정한 정치적 내기를 감추는 데 이바지할 뿐이다. 그리고 이를 식별하기는 어려운 일이 아니다.

따라서 진정한 위험은 장기적인 것이다. 우리가 "유연한 혁명"의 와중에 있다는 것을, 가장 기초적인 국제 논리를 규정하는 불문율이 변하고 있는 과정에 있다는 것을 우리는 자각하고 있는가? 미국은 독일 인구 대다수가 지지하는 (한 가지 더하자면, 2003년 2월 중순의 여론조사에 따르면 다름아닌 미국 인구의 약 59%―그들은 유엔의 지지 없는 공습에 반대한다―가 지지하는) 입장을 견지한다는 이유로 민주적으로 선출된 지도자인 게하르트 슈뢰더를 비난했다.[19] 도착적인 수사적 비틀림 속에서, 전쟁을 찬성하는 지도자들이 자신들의 정책이 인구

대다수와 불화를 빚고 있다는 냉엄한 사실에 직면할 때, 그들은 "진정한 지도자는 이끄는 것이지, 쫓아가지 않는다"는 상식적 지혜에 의존한다. 다른 경우라면 여론조사에 강박적으로 사로잡혀 있을 지도자들이 이런 말을 하고 있는 것이다.

2003년 3월 5일 NBC의 뉴스쇼 "뷰캐넌과 프레스Buchanan & Press"에서는 최근에 체포된 "알-카에다의 삼인자" 칼리드 샤이크 모하메드의 사진을 텔레비전 화면에 내보냈다. 그는 콧수염을 기른 초췌한 얼굴에다, 번호가 적히지 않은 반쯤 살이 드러난 죄수용 잠옷을 입고 있었으며, 언뜻 보기에 타박상 같은 것이 있었다(그가 이미 고문을 당했다는 암시?). 팻 뷰캐넌Pat Buchanan이 재빠른 목소리로 "모든 테러리스트 명단과 앞으로 있을 대미 테러 공격의 모든 세부 계획을 알고 있는 이 사람을 고문해서라도 그에게서 이 모두를 알아내야 할까요?"라고 묻고 있었을 때, 정작 끔찍한 것은 그 사진이 세부사항을 통해 이미 답을 암시하고 있다는 것이었다. 다른 논평자들과 시청자 전화응답이 압도적으로 "그렇다!"였다고 해서 결코 놀라울 것이 없다. 이것은 알제리 식민 전쟁의 좋았던 옛 시절에 대한 향수를 자아내는데, 그때 프랑스군이 고문을 자행했다는 것은 더러운 비밀이었다. 실상 이것은 오웰이 『1984년』에 나오는 "증오 주간hate sessions" 장면에서 상상한 것이 거의 실현된 것

---

19) 오늘날 독일의 곤경은 세계화의 한계와 위험을 분명하게 보여준다. 독일 연방 공화국에서 복지국가는 다소 손상되지 않은 채로 살아남았고, 경제는 덜 경쟁적이고 덜 유연하게 되었다. 필수적인 경제의 "재구조화"(복지국가의 해체)는 유권자 다수(노동자, 은퇴한 노인들 등)의 강한 저항에 직면하며, 따라서 그것은 비-민주적 수단에 의해서만 실행될 수 있다.

아닌가? 거기서 시민들은 반역자들이 등장하는 사진을 보게
되고, 그들에게 야유하고 고함치게 되어 있다. 그리고 이야기는
계속된다. 다음 날 폭스 TV에서 한 논평가는 이 죄수가 "어떠한
권리도 없는 인간 쓰레기"이기 때문에 그에게는 잠을 재우지
않는 것뿐만 아니라 손가락을 부러뜨리는 등의 어떠한 것이라
도 할 수 있도록 허용해야 한다고 주장했다. 이것이 진정한
재앙이다. 그러한 공적 진술이 오늘날 가능하다는 것이 말이다.
카톨릭 교회에서의 아동애호증paedophilia이라는 최근 사례와
의 동형성이 여기서 도움을 줄 것이다. 이러한 사례가 그토록
불편한 이유는 그것들이 단지 종교적 환경에서 일어났기 때문
만은 아니다. 이러한 환경은 그것의 일부였으며, 유혹의 도구로
서 직접적으로 동원되었던 것이다.

> /······/ 유혹의 기술은 종교를 이용한다. 거의 언제나 어떤 종류
> 의 기도가 전희前戲로서 이용되었다. 추행이 일어나는 바로 그
> 장소들—성물실, 고해실, 사제관, 벽에 성화가 걸린 카톨릭 학
> 교와 회관들—이 종교의 향취를 풍긴다. /······/ 성에 대한 교회
> 의 지나치게 엄격한 (예를 들어, 고해하지 않으면 심지어 한 번
> 의 행위로도 지옥에 갈 수 있는 자위의 치명적 죄과에 대한) 가
> 르침과 불가해할 정도로 신성한 예외를 통해 불가해할 정도로
> 어두운 가르침에서 해방시켜주는 안내자의 결합. [약탈자]는 자
> 신이 꾸미고 있는 일을 정당화하기 위해 종교를 이용하며, 심지
> 어 섹스를 자신의 성직의 일부라고 칭한다.[20]

따라서 종교는 단지 금지된 것의 전율을 제공하기 위해, 즉

---

20) Gary Wills, "Scandal", *The New York Review of Books*, 2002년 5월 23일, 6쪽.

섹스를 위반의 행위로 만듦으로써 쾌락을 높이기 위해 요청되
는 것이 아니다. 반대로 섹스 그 자체가 종교적 용어 속에서,
(자위라는) 죄의 종교적 치유로서 제시된다. 아동애호증 신부들
은, 게이 섹슈얼리티는 건전하며 허용되어 있는 것이라고 주장
함으로써 소년들을 유혹한 자유주의자들이 아니었다. 라캉이
정박점이라 부른 반전을 능수능란하게 사용하면서 그들은 우
선 소년이 고백한 죄(자위)는 정말로 대죄라고 주장했고, 그러
고 나서 그들은 게이 행위들(가령, 서로 자위해주기)— 즉, 훨씬
더 강력한 죄로 보일 수밖에 없는 것 — 을 "치료의" 절차로서
제안했다. 핵심은 이 신비한 "성변화聖變化transubstantiation"에
있는데, 그것에 의해 일상적인 죄에 대해 죄책감을 갖게 하는
금지의 법은 훨씬 더 강력한 죄의 외양 속에서 실행된다. 마치
도 일종의 헤겔적인 대립물의 일치 속에서, 법이 가장 강력한
위반과 일치하는 것인 양 말이다. G. K. 체스터튼은 정통의 진
정으로 전복적인, 심지어 혁명적인 성격을 단언했다. 그의 유명
한 「탐정소설의 옹호」에 따르면 탐정 소설은 "문명 그 자체가
이탈 중에서도 가장 선정적인 이탈이며 반역 중에서도 가장
낭만적인 반역이라는 사실을 지성 이전의 어떤 감각 속에 간직
한다. /……/ 그것은 도덕성이 음모 중에서도 가장 어둡고 대담
하다는 사실에 기반한다."21) 그리고 이것은 아동애호증 신부들
에게도 마찬가지가 아닌가? 그의 수사는 "도덕성은 음모 중에
서도 가장 어둡고 대담하다"는 것을 확증하지 않는가?

---

21) Gilbert Keith Chesterton, "A Defense of Detective Stories", H. Haycraft ed.,
   The Art of the Mystery Story, New York: The University Library, 1946, p. 6.

그리고 현재의 미국 정치는, 그것의 내속적 구조에 있어서, 카톨릭 아동애호증에 대한 일종의 정치적 등가물이 아닌가? 미국 정치의 새로운 도덕적 활력의 문제는 단지 도덕성이 조작적으로 이용된다는 것이 아니라, 그것이 직접적으로 동원된다는 것이다. 민주주의에 대한 미국 정치의 호소에 있어서의 문제는 그것이 단순히 위선이며 외적인 조작이라는 것이 아니라, 그것이 "진지한" 민주주의적 노력들을 직접적으로 동원하고 직접적으로 그것에 의존한다는 것이다.

관타나모에 감금된 "대테러 전쟁" 죄수들의 범례적 역할은, 그들의 지위가 직접적으로 호모 사체르*homo sacer*의 그것이라는 사실에 놓여 있다. 그것을 규제하는 어떠한 법적 규칙도 존재하지 않으며, 그들은 자신들이 벌거벗은 생명체로 환원되어 문자 그대로 법적 공백 속에 처해 있음을 깨닫게 된다. 그리고 체첸 "테러리스트들"보다 더 많은 자국 인민을 죽여가면서 러시아 경찰이 모스크바 극장으로 야만적으로 개입한 사건은 우리 모두가 잠재적으로 호모 사체르라는 사실을 명백히 보여주지 않는가? 우리 중 일부는 완전한 시민인 반면에 다른 사람들은 배제된다는 것이 아니다. 예기치 않은 긴급 사태는 우리 모두를 배제시킬 수 있다. 이러한 병치는 보기보다 더 많은 것을 드러낸다. 2003년 8월, 러시아 정부가 스탈린주의의 가장 사악한 특질들 중 하나였던 것을, 즉 인민을 감시하고 여하한 "수상한" 행동 또는 인물들을 보고하는 지역 위원회의 부활을 계획하고 있다고 보도되었다. 최근 미국의 몇몇 발의안들은 동일한 방향을 가리키고 있지 않은가? 미 국무부가 관장하고 여타의 몇몇 연방 기관들과의 공조 속에서 개발된 "TIPS 계획Operation TIPS"

(테러리스트 정보 예방 시스템Terrorist Information and Prevention System)—그것은 시민군단the Citizen Corps의 5개 구성 프로그램들 중 하나이다—을 상기하라. 그것은 의심스러운, 그리고 잠재적으로 테러리스트와 연계된 활동을 보고하는 전국적 시스템이다. 그 프로그램에는 공공장소에서의 잠재적으로 수상하거나 의심스러운 활동을 일상적 업무과정에서도 관찰할 수 있는 고유한 위치의 수백만 미국 노동자들이 참여할 것이다. 법무부는 몇몇 산업 단체들과 참여를 논의하고 있는데, 그 산업의 노동자들은 그들의 일상 업무 속에서 수상한 사건들을 인지할 수 있기 때문에 반-테러주의 운동을 돕는데 이상적으로 적합하며, 당국에 이러한 사건을 보고하는 메커니즘이 있어야 한다는 바람을 표현한 바 있다. 이러한 노동자들은 의심스럽거나 수상한 활동을 확인하기 위해 그들의 상식과 작업환경에 대한 지식을 사용할 것이다. 이 프로그램은 이들 노동자들이 공공장소나 운송 통로에서 목격한 바를 보고하는 방법을 제공한다. 이 내보內報tips는 무료 핫라인이나 온라인으로 보고할 수 있기 때문에 지원자들은 전화나 인터넷 접속을 이용하기만 하면 된다. 수신된 정보들은 각 주의 접속 지점으로 적합 정보로서 전송電送될 것이다. 이는 전국 911센터는 아니며, 따라서 긴급 지역 대처가 필요한 경우 신고자는 911에 연락하도록 되어 있다. 이 프로그램의 참여에 관심이 있는 기업들에게는 그 프로그램과 TIPS 보고 센터에 접속하는 방법 등이 인쇄된 안내 책자, 유인물, 팸플릿 등이 제공될 것이다. 이러한 정보는 노동자들에게 배포될 수 있고, 또는 공동 작업 구역에서 공지될 수 있다. "TIPS 계획"의 목표는 의심스럽고 잠재적으로 테러리스트와

연계된 활동을 보고할 수 있는, 믿을 만하고 포괄적인 전국적 시스템을 확립하는 것이다. TIPS 계획은, 점증하는 내보의 규모를 수용할 수 있는 능력을 시스템에 구축하기 위해 전국에 걸쳐 실행될 것이다. 그것은 "수백만의 미국 트럭 운전사, 우편배달부, 열차 기관사, 선장, 공공부문 고용인들과 여타의 사람들에게 의심스러운 테러리스트 활동을 보고하는 공식적 방법을 제공할" 것이라고 citizenship.gov 웹 사이트는 말하고 있다. 시험단계에서 10개 도시 백만 노동자들이 참여하면서, TIPS 계획은 "전국적 보고 체계가 될 것이다. /……/ 이 새로운 프로그램의 모든 참여자들에게는 TIPS 계획 정보 스티커가 제공될 것이다. 그것은 자동차 운전석에 부착되거나 몇몇 다른 공공장소에 비치되어 무료번호를 쉽게 이용하도록 할 것이다." 동일한 논지에서 지난 2002년 존 애시크로프트John Ashcroft는 이웃 감시 프로그램Neighborhood Watch Program에 대한 새롭고도 확장된 임무의 정체를 드러냈다. 지금까지 주민 감시는 가택침입과 절도에 초점을 맞춘 상당히 제한적인 범죄예방 수단이었다. 이제, 부시 행정부는 '낯선' 사람들 또는 '의심스럽거나' '정상적이지 않은' 방식으로 행동하는 사람들을 보고하도록 주민 단체에 요청하면서 그것에 더 광범위한 역할—"대테러 전쟁"에 복무하는 감시—을 할당했다.

그러나 그러한 조치들에 초점을 맞출 때 우리는 그러한 조치들이 원칙적으로 개인적 자유에 대한 위협이라고 비판하는 표준적인 자유주의적 태도를 철저히 거부해야 한다. 그러한 태도는 "테러리스트의 위협에 맞서 자유를 방어하기 위해 우리는 얼마나 많은 자유를 희생해야 하는가"와 같은 지겨운 양자택일의 논리를 따르고 있다. 이러한 층위에서 우리는 좋았던 옛 시절 자코뱅파의 "전체주의적" 모토를 완전하고도 부끄럼 없이 승인해야 한다. "자유의 적들에게는 어떠한 자유도 없다!" 근본적인 해방적 관점에서 "자유"는 실상 최고의 그리고 건드릴 수 없는 참조점인가? 반대로 자유의 관념은 구조적으로 필연적인 애매성에 깊이 사로잡혀 있어서 언제나 기본적인 의혹의 시선으로 바라봐야 하는 것이 아닌가? "순전히 형식적인" 자유를 "실제적" 자유에 대립시키려는 표준적인 마르크스주의의 시도가 야기하는 모든 혼동을 상기하라. 이에 대해서 자유주의자들이 어떻게 "실제적 자유"가 실상 결코 자유가 아닌가를, 어떻게 자유가 바로 그 개념에 있어 형식적인가를 증명하는 것은 손쉬운 일이었다. 에티엔 발리바르의 신조어 *égaliberté*("평등자유")를 상기해보라. 그것은 "더 많은 평등이냐 더 많은 자유냐"라는 자유주의의 낡고도 지겨운 딜레마를, 진정으로 프로이트적인 증상적 형성-응축formation-condensation을 통해 해결하고자 애쓰는 바, 이는 그 유명한 하인리히 하이네의 말장난 "famillionaire"에 필적하는 것이다. 그리고 실상 "평등자유"는 궁극적으로 "백만장자millionaire"가 "친근한familiar(친절하고 부드러운 사람)" 방식으로 우리를 대하는 꿈이 아닌가?

모든 구좌파는, 공산주의자들의 목표가 가족, 사유재산 등을 훼손시키는 것이라고 비난한 비판가들에 대해 마르크스가 『공산당 선언』에서 어떻게 응수했는가를 기억하고 있다. 즉 자본주의 그 자체의 경제적 동학이야말로 인구의 대다수를 수탈할 뿐만 아니라 전통적 가족 질서를 파괴하고 있다(부연하자면, 이는 마르크스의 시대보다 오늘날 더 타당한 사실이다)는 것이다. 동일한 맥락에서, 오늘날 민주주의에 대한 철저한 옹호자임을 내세우는 자들이야말로 실상 그것을 훼손하고 있는 것은 아닌가? 일년도 더 전에 조나단 알터Jonathan Alter와 앨런 데어쇼비츠Alan Derschowitz는 (테러리스트 용의자를) 고문할 권리가 인권에 포함되도록 인권을 "재고"하자고 제안했다. 『자유의 미래』*The Future of Freedom*[22])에서 부시가 좋아하는 칼럼니스트 파리드 자카리아Fareed Zakaria는 이미 좀 더 일반적인 결론을 끌어낸다. 그는 자유에 대한 위협을 "과도한 민주주의", 즉 "국내외의 비자유주의적 민주주의"(책의 부제) 속에 위치시킨다.

이와 같이 민주주의를 점진적으로 제한하는 것은 현재의 상황을 "재고"하려는 시도들 속에서 분명히 지각될 수 있다—물론 우리는 민주주의와 인권을 지지한다, 하지만 그것들은 "재고"되어야 하며 공적 논쟁에서의 최근의 일련의 개입들은 이러한 "재고"의 방향에 분명한 의미를 부여한다. 파리드 자카리아로 돌아가 보자. 이라크를 다룬 그의 책에서 직접적으로 도출되는 교훈은 분명하고도 명료하다. 그렇다, 미국은 이라크에 민주주의를 가져다주어야 한다, 그러나 직접적으로 그것을 부과해서는 안 된다—먼저 5년 가량의 기간이 주어져야 하는데, 그 기간에 호의적으로-권위주의적인 미국 지배체제는 민주주의가 유효하게 기능할 수 있는 적절한 조건을 창출하게 될 것이다. 이제 우리는 민주주의를 가져다주는 것이 무엇을 의미하는지 알게 된다. 즉 미국과 그 "의지의 동반자들"은 한 국가가 민주주의를 받아들일 준비가 되었는지의 여부를 결정하는 최

---

22) Fareed Zakaria, *The Future of Freedom*, New York: Norton, 2003.

종적 판관임을 자임한다. 이러한 논지에서 럼스펠드는 이미 2003년 4월에 이란은 "신정주의 국가"가 되어서는 안 되며, 모든 종교와 인종집단이 동일한 권리를 향유하는 관용적인 세속 국가가 되어야 한다고 진술했다. 여기서 우리는 이렇게 덧붙이고만 싶다. "이스라엘에게도 동일한 것을 요구하는 것이 어떤가?" 자카리아의 주장이 갖는 추가적 역설은, 그것의 완벽한 사례로 마땅히 이바지해야 할 하나의 사례, 즉 중국이라는 사례가 있다는 것이다. 중국과 구소련의 대립은 자본주의적 발전의 조건을 창출하도록 예정된 권위주의 체제와 너무 급속히 이동하여 불발로 끝나버린 민주주의 사이의 대립이 아닌가? 그렇다면 자카리아는 천안문 광장의 악명높은 강경진압을 지지해야 하는 것이 아닌가?

미국 자체에 대한 자카리아의 진단은 이렇다. "미국은 점점 어리석은 포퓰리즘을 포용하고 있는데, 그 포퓰리즘은 대중성과 개방성을 정당성의 핵심적 척도로 평가한다. /……/ 그 결과는 미국 시스템의 심대한 불균형이다. 민주주의는 늘지만 자유는 줄어드는 것이다." 따라서 처방은, 독립적인 중앙 은행들처럼 민주적 논쟁과는 절연된 공정한 전문가들에게 더 많은 권력을 위임함으로써, 이 과도한 "민주주의의 민주화"(또는 과민주주의deMOREcracy")를 상쇄하는 것이다. 그러한 진단은 아이러니한 웃음을 야기할 수밖에 없다. 오늘날 소위 "과잉민주화" 속에서도 미국와 영국은 국제 공동체는 말할 것도 없고 자국민 대다수의 의지에 반해 대이라크 전쟁을 시작했다. 또한 우리는 민주적 통제에서 면제된 "공정한" 기관들이 세계 경제에 관한 핵심적 결정들(무역 협정 등)이 부과하는 것을 줄곧 목도하고

있지 않는가? 우리의 후-이데올로기적 시대에, 경제는 탈정치
화되어야 하고 전문가들에 의해 운영되어야 한다는 관념은 오
늘날 모든 참여자들이 공유하는 상식이 아닌가? 훨씬 더 근본
적으로는, 주요한 경제적·지정학적 결정들이 일반적으로 선
거 쟁점이 되지도 않는 시대에 "과잉민주화"에 대해 불평하는
것은 웃기지 않은가? 적어도 삼십년 동안, 자카리아가 요구하
는 것은 이미 하나의 사실이다. 오늘날 실상 우리가 목도하는
것은, 격렬한 논쟁들이 분출하고 선택을 요구하는 이데올로기
적인 생활양식 쟁점들(낙태, 동성애 결혼 등등)과 탈정치화된
전문가의 결정 영역으로서 제시되는 기본적인 경제 정책 사이
의 분열이다. "과도"한 "과잉민주화"나 차별철폐조치affirmative
action의 번성, "불평의 문화", 그리고 희생자들의 재정적이거나
여타의 보상 요구들은, 궁극적으로, 경제적 논리가 배후에서
조용히 짜맞추어지고 있는 전선前線이다.

　"과민주주의"의 과잉을 상쇄하고자 하는 바로 그 경향의 이
면은 전쟁 행위를 유효하게 통제할 여하한 국제기구도 공공연
하게 거부하는 것이다. 여기서 케네스 앤더슨Kenneth Anderson
의 「누가 교전규칙을 소유하는가?」[23]는 범례적인데, 이 논문의
부제는 아주 분명하게 요점을 제시하고 있다. "이라크에서의
전쟁은 국제적 행위 규칙에 대한 재고를 요구한다. 그 결과는
중립적인 선의의 인권 집단에게는 더 적은 권력을, 무력 사용
국가들에게는 더 많은 권력을 의미할 수 있을 것이다. 그것은

---

23) Kenneth Anderson, "Who Owns the Rules of War?", *The New York Times Magazine*, 2003년 4월 13일, 38-43쪽.

좋은 일이 될 것이다." 이 논문의 주요한 불만은 "지난 20년 동안, 전쟁법을 확립하고 해석하고 형성하는 데 있어 무게중심이 점차 지도적 국가들의 군부로부터 멀어져 더 행동주의적인 인권 조직들로 이동했다"는 것이다. 이러한 경향은 다른 국가에 개입하는 거대 군부세력 쪽에 불공평하고 "부당하게" 것으로, 공격받는 국가 쪽에 편향되어 있는 것으로 지각된다. 그리고 "무력 사용 국가들"의 군부가 자신들의 행위를 판단할 표준을 결정해야 한다는 것이 이 논문의 분명한 결론이다. 이러한 결론은 미국이 자국민에 대한 전범 재판소의 권위를 거부하는 것과 완전히 일관된다. <반지의 제왕>이나 이와 유사한 신-고딕 서사에서 이야기되는 것처럼, 실상 새로운 암흑시대가 인류에게 도래하고 있다.

그렇다면 우리가 "대테러 전쟁"의 꿈을 꿀 때 보지 못하게 되는 것은 무엇인가? 아마도 여기서 첫 번째로 주목해야 할 것은, 9·11 이후 반세계화 운동이 그 근거를 상실한 정황을 확인하면서 미국의 논평가들이 깊은 만족을 느끼고 있다는 사실이다. 대테러 전쟁이 테러리스트의 공격 자체에 대한 대답이라기보다는 반세계화 운동의 고조에 대한 대답이라면, 즉 그것을 봉쇄하고 그것으로부터 주의를 돌리게 하는 방법이라면 어찌할 것인가? 대테러 전쟁의 이러한 "부수피해"가 그것의 진정한 목적이라면 어찌할 것인가? 여기서 우리는 스티븐 제이 굴드Stephen Jay Gould가 (이데올로기적) "ex-adaptation"[24]이라고

---

24) [굴드는 진화생물학이 당연히 적응(adaptation)의 결과라고 여겨 온 많은 예들이 실은 "exaptation"이라는 과정의 산물이라고 주장했다. 예를 들어 새의 날개 깃털은 나는 일에 결정적인 기여를 하지만 현재의 그 쓰임새

불렀을 법한 사례를 다루고 있다고 말하고만 싶다. 외견상의
부수적 효과나 이익(이제 반세계화 저항 또한 "테러리스트" 지
지자의 계열에 등록된다는 사실)이 핵심적인 것이다.

이러한 "조용한 혁명"의 위험은, 우리가 재앙에 적응하게 되
는 기이한 논리를 통해 가장 탁월하게 예증할 수 있다.『도덕과
종교의 두 가지 원천』에서 앙리 베르그송은, 프랑스와 독일
사이의 전쟁이 포고된 1914년 8월 4일 그가 경험한 낯선 지각을
기술한다. "나의 혼돈에도 불구하고, 그리고 전쟁, 심지어 승리
의 전쟁조차, 나에게는 재앙으로 보였음에도 불구하고, 나는
[윌리엄] 제임스가 말한 것, 추상적인 것에서 구체적인 것으로
의 이행의 용이성에 대한 경외감을 경험했다. 그처럼 끔찍한
사건이 별 소란도 없이 현실에서 일어날 수 있다고 누가 생각이
나 했겠는가?"25) 여기서 결정적인 것은 전과 후 사이의 단절의
양태이다. 발발 이전에 전쟁은 베르그송에게 "개연적인 동시에
불가능한 것—끝까지 지속된 복잡하고 모순된 관념—으로"26)
보였다. 발발 이후에 전쟁은 갑자기 현실적이고 가능한 것이
된다. 그리고 역설은 가능성의 이 소급적 출현에 놓여 있다.

때문에 진화한 것이 아니다. 이처럼 어떤 다른 기능과 관련하여 진화했거
나 혹은 애초엔 아무 쓰임새도 없이 (경우에 따라서는 그저 다른 발달의
부산물로) 진화한 형질이나 기관이 나중에 새로운 쓰임새를 지니게 된
것을 "adaptation"과 구분하여 "exaptation"이라고 부른다. "exaptation"은
"외적응", "굴절적응", "파생적합" 등으로 번역되고 있다.]
25) Henri Bergson, *Oeuvres*, Paris: PUF, 1991, pp. 1110~1111. [국역본: 베르그
송,『도덕과 종교의 두 원천』, 송영진 옮김, 서광사, 1998, 173쪽.]
26) 같은 글. [국역본: 172쪽.]

나는 결코 현실을 과거 속에 삽입하고 따라서 시간을 거슬러 진행할 수 있다고 주장하지 않았습니다. 그러나, 우리는 의심의 여지없이 거기에[과거에] 가능한 것을 삽입할 수 있으며, 또는 오히려 매 순간마다 가능한 것을 거기에 삽입합니다. 예측불가능하고 새로운 현실이 그 자신을 창조하는 한, 그것의 이미지는 자신의 뒤에 있는 무한한 과거 속에서 그 자신을 반영합니다. 이 새로운 현실은 그 자신이 언제나 가능했던 것으로 생각하게 되는 겁니다. 그러나, 그것이 언제나 있었던 것이 되기 시작하는 것은 그것의 실제적으로 출현하는 바로 그 순간에서일 뿐이며, 이러한 이유로 나는 그것의 가능성이 그것의 현실성에 선행하지는 않지만, 현실에 선행하지 않는 그것의 가능성이, 이러한 현실이 출현하자마자 그것에 선행했을 것이라 말하는 것입니다.[27]

따라서 불가능한 것으로서의 실재와의 조우는 언제나 빗나간다. 그것은 불가능하지만 실재적이지 않은 것으로 경험되거나(아무리 그 개연성을 우리가 알고 있더라도 실제로 발생할 것이라고 믿지 않으며 따라서 불가능한 것으로 거부하는 다가오는 재앙의 전망), 실재적이지만 더 이상 불가능하지 않은 것으로 경험된다(일단 재앙이 발생하면 그것은 "재정상화되고", 정상적 사태의 일부로, 언제나-이미 가능했던 것으로 지각된다). 이러한 역설들을 가능하게 하는 간극은 앎과 믿음 사이의 간극이다. 우리는 재앙이 가능하고, 심지어 개연적이라는 것을 **알지만** 실제로 일어날 것이라고 **믿지는** 않는다. 그리고 이것이 오늘날 바로 우리 눈앞에서 일어나고 있는 것이 아닌가? 십년

---

27) 같은 글, 1340쪽. [국역본: 베르그송, 『사유와 운동』, 이광래 옮김, 문예출판사, 122-123쪽.]

전만해도 고문, 또는 신-파시스트당이 서유럽 민주주의 정부
에 참여할 수 있는가의 문제를 다루는 공적 논쟁은 불가능한,
"실제로는 일어날 수 없는" 윤리적 재앙으로서 거부되었다. 그
러나 일단 그것이 발생하자, 그것은 소급적으로 그 자신의 가능
성에 근거를 주었고, 우리는 즉각적으로 그것에 익숙해진다.

*　　*　　*

그렇다면 미국의 이데올로기로부터 진정으로 해방된다는
것은 무엇이었을까? 보는 사람을 손가락으로 가리키며 "난 당
신을 원한다!I want you"라고 호명하는 악명높은 엉클 샘Uncle
Sam 포스터를 상기해보라. 프로이트가 「충동과 그 변화」에서
동성애적 진술 "나는 그를 사랑한다"의 다양한 변이 ─ "나는
(그를 사랑하는 것이 아니라) 그를 증오한다", "(다름아닌) 그가
나를 사랑한다" 등등 ─ 를 통해 편집증의 발생을 설명하는 것
과 같은 방식으로, 그 포스터 문구에 대한 변이들(부정, 전도)의
계열을 상상해본다면 어떨까? 먼저 우리는 단순히 메시지의
내용을 바꾸어서 예컨대 그것의 "친절한" 판본을 상상할 수
있다. 어떤 평화주의적 또는 생태주의적 메시지를 대변하는
한 친절한 여성이 보는 사람에게 말을 건네는 것과 같은 판본을
말이다("어머니 지구는 당신을 원합니다!"). 다음으로 우리는
히스테리적인 질문을 상상할 수 있다. 즉 엉클 샘 말이, "난
당신을 원한다!" 대신에, "내가 정말 당신을 원할까? 나는 무엇
때문에 당신을 원하는 거지?"였다면 어찌할 것인가? 카프카의
『심판』에서 법에 관하여 목사가 요제프 K에게 들려주는 그 유

명한 응답을 말바꿈해보는 것이 여기서 훨씬 더 전복적이었을 것이다. 즉 "엉클 샘은 당신에게 아무것도 원하지 않아! Uncle Sam wants nothing from you! 그것은 당신이 그에게 다가올 때 당신의 부름에 대답할 뿐이야!" 그리고 계열의 마지막으로, 단지 부정이 더해졌을 뿐인 정확히 동일한 메시지 "나는 당신을 원하지 않는다! I *don't* want you!"는 어떠한가? 결정적인 것은 이 마지막 두 판본 사이의 차이인데, 그것은 명백하게 니체의 "아무것도 의지하지 않음 willing nothing"과 "아무것도 아님 그 자체를 의지함 willing the nothing(ness) itself" 사이의 잘 알려진 차이를 가리킨다. "나는 아무것도 원하지 않는다 I don't want anything"와 "나는 아무것도 아닌 것을 **원한다** I *want* nothing"사이의 차이. 진실은 두 판본 사이의 시차視差parallax 긴장에 놓여 있다. 엉클 샘은 실상 두 층위에서 동시에 나에게 말을 건넨다. 즉 그의 수동적 무관심("나는 당신에게 아무것도 원하지 않아!")은 위장된 것이며, 능동적 악의와 거부("나는 당신을 원하지 않아!")를 은폐한다. 그리고 이러한 순환을 깨뜨리는 유일한 방법은 이 마지막 판본에 대한 가혹한 응답을 실연하는 것이다. "좋아, 그러면 꺼져버리고 그만 날 괴롭혀!"

✜　✜　✜

2003년 12월 사담 후세인 체포의 초상은 물론 잘 선택된 것이다. 의사가 그의 머리를 검사하고(이를 찾느라고?) 입 속을 들여다보는(숨겨진 WMD를 찾고 있는 것이 틀림없다!) 의료 검진의 이미지. 궁핍한 무거주 노인에 대한 검진 이상으로, 이러한 이미지들은 유대인 거주지 수색에서 유대인을 검사하는 나치를 환기시킨다. 이러한 조작의 목적은 분명한 것이지만(사담을 인간쓰레기로 제시함으로써 사담의 형상을 "탈승화"시키는 것), 미국이 이제 와서 탈승화시키는 것, 즉 과대한 **악**의 형상으로서의 악마 사담을 우선적으로 창조한 것은 바로 미국의 선전이었음을 잊어서는 안 된다. 이 불쌍한 동네 깡패 사담을 소름끼치는 **악**의 숭고한 형상으로 고양한 것은 바로 미국의 선전이었다. 나치가 그리는 유대인의 형상과의 병치는 여기서 다시 한 번 적절하다. 두 경우 모두, 동일한 형상은 사악한 괴물과 무능한 인간쓰레기 사이에서 동요한다. 일단 정체가 드러나면, 전능한 공포의 악마는 지워지길 기다리는 얼룩으로 변모된다.

그렇다면 우리는 교황청 정의평화 위원회 의장인 레나토 마르티노Renato Martino 추기경과 같이 반응해야 하는가? 그는 후세인에게 연민을 느꼈다고 진술했으며, 체포 후 의료 검진의 이미지는 세상에 알려지지 말았어야 했다고 진술했다. "치아 검사를 받으며 소처럼 다루어지는 이 파멸된 인간을 보면서 나는 애석함을 느낀다. 나는 이 사람이 자신의 비극 속에 있음을 보았으며 …… 연민을 느꼈다." 마르티노의 직관은 정확했다. 분노에 치민 자포자기의 이라크 군중이라면 사담을 그냥 죽일 수 있는 충분한 권리를 가질 것이다. 그러나 미국인들은 **그들이** 한 그 일에 대해 권리가 없다.

이란-이라크 전쟁 기간에 맺어진 이라크와 미국 사이의 위대한 우호관계를 기억해야 할 때가 있다면 그건 바로 **지금**이다. 그때 로널드 레이건은 미-이라크 협력의 세부사항을 결정하기 위해 도널드 럼스펠드를 바그다드로 보냈다. 1982년 국무부는

테러 지원 국가 명단에서 이라크를 삭제했다. 1986년 유엔 안전
보장이사회에서 미국은 이란 병사들에게 유독 가스를 사용한
것을 비난하는 대이라크 성명에 거부권을 행사했다. 미국은
다우 케미칼Dow Chemical사의 유독 가스를 운반하고 있었으며,
그것을 민간인들에게 사용하는 것은 받아들일 수 없지만 이라
크의 생존이 위태롭기 때문에 이란 병사들에게 사용하는 것은
정당화된다고 비공식적으로 주장했다. 그렇다면, 2002년 12월
이라크가 WMD에 대한 11,800 페이지의 보고서를 안전보장이
사회에 제출했을 때, 그 보고서가 미국에 의해 먼저 걸러지고
유엔에 도착한 판본에는 수천 페이지—미국과 이라크의 협력
을 기록한 페이지!—가 사라졌다는 것은 결코 놀랄 일이 아니
다. 자크 라캉이『세미나 11』에서 "그림은, 확실히, 나의 눈 속
에 있다. 그러나 그림 속에 있는 것은 바로 나다"[28]라고 했을
때 의미했던 바가 바로 이것이다. 나는 그림의 맹점이라는 가장
속에서, 그림으로부터 지워지는 것이라는 가장 속에서, 그림
속에 있다.
  9 · 11 이후 미국의 대테러 작전에 대한 최초의 암호명은 "무
한 정의Infinite Justice"였다(이후 오직 신만이 무한 정의를 행사
한다며 미국의 이슬람 성직자들이 비난함에 따라 변경되었다).
진지하게 받아들일 때, 이 명칭은 심오하게 애매하다. 철학적
용어로, 그것은 "칸트 또는 헤겔"이다. 한편으로 그것은 미국이
모든 테러리스트들뿐만 아니라 물질적, 도덕적, 이데올로기적

28) Jacques Lacan, *Les quatre concepts fondamentaux de la psychanalyse*, Paris: Editions du Seuil, 1973, p. 89.

등등의 지지를 제공한 모든 이들까지도 무자비하게 파멸시킬 권리를 가지고 있다는 것을 의미한다. 그리고 정의상 이러한 과정은 정확히 헤겔적 "악무한"의 의미에서 끝이 없을 것이며, 그 작업은 결코 실제로 성취되지 않을 것이며, 언제나 또 다른 테러리스트의 위협은 남아있을 것이다(그리고 사실상 2002년 4월 딕 체니Dick Cheney는 "대테러 전쟁"은 아마도 결코 끝나지 않을 것이며, 적어도 우리가 살아있을 동안에는 그러할 것이라고 직접적으로 진술했다). 또는 이 명칭은, 행사된 정의가 엄밀히 헤겔적인 의미에서 진정으로 무한해야 한다는 것을 의미한다. 즉 타자들과 관계할 때 그것이 자기 자신과 관계해야 한다는 것을 의미한다. 요컨대, 정의를 행사하는 우리 자신이 어떻게 우리가 맞서 싸우고 있는 것에 연루되어 있는가라는 질문을 던져야 한다는 것이다. 2002년 9월 22일, 데리다가 테오도르 아도르노 상을 수상했을 때, 그는 연설에서 세계무역센터 붕괴를 언급했다. "9·11의 희생자들에게 건네는 나의 무조건적 연민에도 불구하고 나는 소리 높여 말해야겠다. 이 범죄에 관해 나는 어느 누구도 정치적으로 무죄라고 믿지 않는다." 이러한 자기-관여, 그림 속에 스스로를 포함시키는 것이야말로 유일하게 진정한 "무한 정의"이다.

따라서 정의의 진정한 문제는 다음과 같다. 자, 사담이 심판대에 오른 이후에, 누가 대테러 전사들 자신들을 심판할 것인가?

2. 민주주의와 그 너머

자유주의적 날조

몇 번이고 재탕되곤 하는 잘 알려진 (진짜 사실인) 이야기를 떠올려보자. 100년 전 미국 연방대법원 판결은 아프리카계 미국인 피를 최소한이라도 가지고 있는 어느 누구건 "니그로"로 규정했으며, 겉모습이 설사 전적으로 백인처럼 보인다 해도 조상의 1/64이면 족했다고 하는 이야기 말이다. "봐라. 그건 나치보다도 훨씬 더 나빴다. 나치는 단지 조상의 1/4이나 그 이상이 유대인인 경우에만 유대인이라고 했다!"와 같은 외침이 통상 동반되는 이런 이야기를 열정적으로 재탕할 때, 무엇이 잘못

된 것일까? 과도함에 대한 바로 그 강조는 좀더 "온건한" 형식
의 인종주의적 배척을 자동적으로 용납가능한 것으로 만든다.
예컨대, "단지" 1/4이나 1/3만이 아프리카계 미국인 혈통인 경
우에만……

이 이야기는 프랑스의 르펜 같은 정치인의 진짜 문제를 완벽
하게 요약한다. 르펜이 2002년 프랑스 대선에서 어떻게 2차 투
표에 진출했는가를 면밀하게 들여다보면 르펜의 1차 투표 성공
이 수많은 민주주의 좌파들 가운데 일으킨 광범위한 "두려움"
과 "수치"의 감정이나 심지어 공황 상태에 진정 무엇이 걸려
있는 것인지는 분명해진다. 공황의 원인은 르펜의 득표율 자체
가 아니었으며, 후보들 가운데서 그가 2위 자리를 위한 "논리
적" 후보인 리오넬 조스팽 대신 그 자리를 차지했다는 사실이
었다. 정치의 장이 양극화되어 있고 두 개의 거대 정당이나
블록이 권력을 교환하는 다당제 국가의 민주주의적 상상력에
서 2위라는 자리는 후보의 **선출가능성**을 상징적으로 표시하고
있다는 사실이 공황을 격발했다. "르펜이 2위를 차지했다"는
것은 그가 선출가능한 사람으로 간주된다는 것을, 가능성 있는
권력의 후보라는 것을 의미했다. 그것은 유효하게 선출될 수
있는 자들의 범위를 일단의 암묵적 규칙들이 분명하게 제한한
다는 조건에서 모든 사람에게 정치적 자유를 허용하는 오늘
날의 자유민주주의 국가들의 무언의 협약을 교란하는 그 무
엇이다.

그렇다면, 르펜이 선출되기에 부적합한 자인 것은 단순히
그가 자유민주주의적 질서에 이질적이며 그 질서 안에 있는
외래적 신체라는 사실 때문이었던 것인가? 여기엔 그 이상이

있다. 르펜의 불운(과 역할)은 그가 어떤 논제들 (외부의 위협, 입국이민을 제한할 필요성 등등)을 도입하는 데 있었다. 그리고 나면 보수주의 정당들뿐 아니라 "사회주의" 정부의 사실상의 정치마저도 말없이 접수했던 논제들을 말이다. 프랑스에 르펜이 없다면 창조되었어야 했을 것이라고 거의 말하고만 싶다. 그는 사람들이 너무나도 증오하고 싶은 완벽한 인간인 바, 그에 대한 증오는 광범위한 자유주의적 "민주주의 협약"을 보증하며 관용과 다양성의 존중이라는 민주주의적 가치들과의 감상적 동일화를 보증한다. 그렇지만 "끔찍해! 저토록 음흉하고 미개할 수가! 도저히 받아들일 수가 없어! 우리의 기본적인 민주주의적 가치들에 대한 위협이야!"라고 외친 후에 격분한 자유주의자들은 나아가 "인간의 얼굴을 한 르펜"처럼 행동하며, 동일한 것을 더 "문명화된" 방식으로 행한다. "하지만 인종주의적 포퓰리스트들은 보통 사람들이 마땅히 걱정하는 일들을 교묘하게 조작하고 있지. 그러니까 우리는 실로 어떤 조치를 취해야만 해!" 등등의 노선을 따르면서 말이다.

이것은 일종의 도착된 헤겔적 "부정의 부정"이다. 첫 번째 부정에서 포퓰리즘 우파는 "외적 위협"에 대해 분명하게 반대하면서 열정적 이의에 목소리를 부여함으로써 무균적인aseptic 자유주의적 합의를 교란시킨다. 두 번째 부정에서 "예의 바른" 민주주의적 중도파는 이 포퓰리즘 우파를 감상적으로 거부하는 바로 그 제스처 속에서 그들의 메시지를 "문명화된" 방식으로 통합한다. 그 사이에, 배경이 되는 "불문율"의 전 영역은 이미 너무 많이 변해버려 아무도 알아채지 못할 정도가 되고, 모든 사람은 단지 반-민주주의적 위협이 이제 사라졌다고 안

도의 한숨을 내쉴 따름이다. 그리고 진짜 위험은 유사한 무언가
가 "테러에 대한 전쟁"과 더불어 일어날 것이라는 점이다: 존
애시크로프트John Ashcroft와 같은 "극단주의자들"은 폐기처분
될 것이지만 그들의 유산은 남아서 감지되지 않은 채 우리 사회
들의 비가시적인 윤리적 직물 속에 짜넣어질 것이다. 그들의
패배는 그들의 궁극적인 승리일 것이다. 그들은 더 이상 필요치
않을 것이다, 그들의 메시지가 주류 속에 병합될 테니까 말이
다. 그리고 이 패배는 동시에 민주주의 그 자체의 패배에 대한
신호가 될 것이다. 민주주의가 점차 그것 자체의 모조품으로
변해간다는 것에 대한, 우익 포퓰리즘의 위협에 직면한 민주주
의의 불능에 대한 신호가 말이다.

이와 같은 사실들은 지난 몇 십 년간 좌파가 무엇을 하고
있었던 것인가를 분명히 보여준다. 그들은 대립의 화해를 통해
서, 즉 그들 자신의 입장을 공언된 반대자의 입장과 화해시키는
것을 통해서 **양보**의 길을, 순응을 하고 공언된 적과 "필요한
타협"을 하는 길을 (교회가 현대의 세속적 사회에서 그 역할을
재정의하기 위해 본질적 요소들에서 타협해야 했던 것과 동일
한 방식으로) 무자비하게 추구해왔다. 그들은 사회주의의 편에
서 있지만, 경제적 대처리즘을 완전히 승인할 수 있다. 그들은
과학의 편에 서 있지만, 다수 의견이라는 규칙을 완전히 승인할
수 있다. 진정한 인민 민주주의의 편에 서 있지만, 볼거리와
요란한 선거 행사로서의 정치 게임을 벌일 수도 있다. 원칙에
의거한 충실함의 편에 서 있지만, 전적으로 실용주의적일 수
있다. 출판의 자유의 편에 서 있지만, 머독에게 아첨하고 그의
지지를 얻을 수 있다. …… 토니 블레어는 집권 초기에 비판가

를 반어법을 통해 무장해제하기 위해서 몬티 파이슨Monty Python의 『브라이언의 생애』*The Life of Brian*에 나오는 유명한 농담("다 좋습니다. 하지만 위생, 의료, 교육, 포도주, 공적 질서, 관개 시설, 도로, 상수도 시설, 공공 보건을 제외하면 로마인들이 우리를 위해 도대체 무엇을 해주었단 말입니까?")을 말바꿈하기를 즐겼다: "그들은 사회주의를 배반했습니다. 물론 그들은 사회 안전망을 확충했습니다. 그들은 보건과 교육 등등을 위해 많은 일을 했습니다. 하지만 그 모든 것에도 불구하고 그들은 사회주의를 배반했습니다." 오늘날 분명한 것처럼, 오히려 적용되는 것은 그 정반대다. "우리는 사회주의자로 남아 있다. 물론 우리는 경제 분야에서 대처리즘을 실천한다. 우리는 머독과 거래를 했다. 하지만 그럼에도 불구하고 우리는 사회주의자로 남아있다."

20세기의 옛 시절에 위대한 보수주의자들은 자유주의자들을 대신해 종종 거친 일을 하곤 했다. 결국 프랑스 공화국 자체의 전면적 위기로 끝나고 만 사회주의 정부의 우유부단한 태도 이후에, 알제리아의 독립을 인정함으로써 고르디우스 매듭을 자른 것은 바로 드골이었다. 또한 중국과의 외교 관계를 확립한 것은 닉슨이었다. 오늘날은 정반대 시나리오가 규칙에 가깝다. 새로운 제3의 길 좌파는 복지국가를 폐지하고 사유화를 끝까지 밀고 나아가는 등, 경제적 보수주의적 자유주의자들을 대신해 일을 하고 있다.

1848년 프랑스 혁명의 정치적 분규에 대한 뛰어난 분석에서 마르크스는 지배적인 질서파의 역설적 지위를 지적했다. 그것은 두 왕조파(부르봉파와 오를레앙파)의 연합이었다. 그렇지만

그 두 분파는 정의상 왕조주의의 층위에서는 공통 분모를 발견
할 수 없었다(어떤 특정한 왕조를 지지해야만 하기 때문에 왕
조파 일반이 될 수가 없다). 때문에 그 둘이 결합할 수 있는
유일한 길은 "명칭 없는 공화국 제국"이라는 기치하에 있는
것이었다. 왕조파 일반이 될 수 있는 유일한 길은 공화파가
되는 것이다.[1] 그리고, 필요한 변경을 가할 경우, 오늘날 이와
유사한 일이 진행되고 있지 않은가? 모두가 알고 있듯이, 오늘
날 자본은 두 분파(전통적 산업 자본과 "후근대적" 디지털, 정
보 등등의 자본)로 갈라져 있다. 그리고 그 두 분파가 공통의
명칭을 발견할 수 있는 유일한 길은 "명칭 없는 사회민주주의
자본주의"라는 기치하에 있는 것이다. 오늘날 자본주의 일반이
될 수 있는 유일한 길은 (제3의 길) 사회민주주의자가 되는 것
이다. 이것이 오늘날 좌우의 대립이 작동하는 방식이다. 자본주
의 그 자체, 총체로서의 (즉, 특수한 분파들로부터 상대적으로
독립된) 자본주의의 이익을 대표하는 것은 새로운 제3의 길
좌파이며, 반면에 오늘날의 우파는 일반적으로 어떤 특수한
자본 부문의 이익을 여타의 부문에 반대하여 옹호한다. 바로
그 때문에 역설적이게도 우파는 다수의 지지를 얻기 위해 노동
계급의 선발된 부문들에 직접 호소함으로써 선거 기반을 늘려
야만 한다. 그렇다면, 노동계급의 이익에 대한 명시적 지칭들
(값싼 외국 노동력과 값싼 수입품들에 대한 방어 조치들 등등)
을 대부분 현대의 우파 정당에서 발견한다는 것은 결코 놀랄

1) Karl Marx, "Class Struggles in France", in *Collected Works*, vol. 10, London: Lawrence and Wishart, 1978, p. 95를 볼 것. [국역본: 칼 마르크스 · 프리드리히 엥겔스, 『저작선집』, 제2권, 박종철출판사, 1992, 59-60쪽.]

일이 아니다.

그렇지만 후근대적 좌파의 타협을 비난하는 자세 또한 거짓 된 것인데, 왜냐하면 우리는 분명하고도 어려운 질문을 던져야 하기 때문이다: 사실상 대안은 무엇이었나? 오늘날의 "후-정 치"가 어떠한 원칙도 없는 기회주의적 실용주의라고 한다면, 이에 대한 지배적인 좌파적 반응에 대해서는 "원칙 있는 기회 주의"라고 하는 것이 적절할 것이다. 상황이 어떻게 바뀐 것인 지에 대한 상세한 분석도 없이 — 따라서 아름다운 영혼의 입장 을 유지하면서 — 단순히 옛 공식들(복지 국가 등등)을 고수하 면서 그것들을 "원칙들"이라고 부르고 있는 것이다. "원칙 있 는" 좌파의 내재적 어리석음은 어떻게 행위할 것인가에 대한 일체의 단순한 처방을 포기하면서 상황에 대한 좀더 복잡한 그림을 제안하는 일체의 분석에 대해 그들이 가하는 전형적 비난 속에서 분명하게 볼 수 있다. "당신의 이론에는 그 어떤 분명한 정치적 자세도 내포되어 있지 않다." "원칙 있는 기회주 의" 말고는 그 어떤 자세도 가지고 있지 않은 사람들이 이런 비난을 하는 것이다. 이러한 자세에 맞서서 우리는 오늘날과 같은 상황에서 혁명적 기회에 대해 열려 있는 상태로 유효하게 남아 있기 위한 유일한 길은 직접적 행동에의 손쉬운 요청들을 포기하는 것이라고 주장할 용기를 모아야 한다. 그러한 요청들 은 필연적으로 우리로 하여금 사태들이 바뀌기는 하지만 결국 총체성은 여전히 동일한 상태로 남아 있게 되는 어떤 활동에 연루되도록 한다. 오늘날의 곤궁은, 곧바로 "무언가를 행하라" 는 (반-세계화 투쟁에 참여하라는, 가난한 자들을 도우라는 등 등의) 재촉에 굴복하게 될 때 우리가 명백하고도 의심의 여지

없이 기존 질서의 재생산에 기여하게 될 것이라는 점이다. 진정한 근본적 변화를 위한 토대를 놓을 유일한 길은 행위에로의 강박에서 물러나는 것이며, "아무것도 하지 않는" 것이며, 그리하여 다른 종류의 활동을 위한 공간을 열어놓는 것이다.

오늘날의 반-세계화는 탈영토화와 재영토화의 이율배반에 사로잡혀 있는 것처럼 보인다. 한편으로 자본주의를 재영토화하려는 자들(생태론자들에서 민족국가나 지방적 뿌리/전통의 파당들에까지 이르는 보수주의자들)이 있다. 다른 한편으로 자본의 제약에서 해방된 한층 더 근본적인 탈영토화를 원하는 자들이 있다. 하지만 이러한 대립은 너무 단순하지 않은가? 그것은 궁극적으로 거짓 택일 아닌가? 자본주의적 "영토"(모든 것은 시장 교환의 격자를 통과해야만 한다)는 근본적 탈영토화의 바로 그 형식이자 가동부―이를테면 그것의 작동자―이지 않은가? (그리고, 지역적 전통을 말살하는 작동자인 민족국가의 경우도 마찬가지 아닌가?) 긍정성과 부정성은 여기서 풀 수 없도록 뒤엉켜 있으며, 바로 그 때문에 새로운 균형, 새로운 탈/재영토화의 **형식**이 진정한 목표인 것이다. 그리고 이로써 우리는 다시금 후기 자본주의의 중심적인 사회정치적 이율배반으로 되돌아온다: 영구적 탈영토화의 다중주의적 역학은 그것의 정반대, 즉 편집증적인 **일자**One의 논리와 공존하며, 이로써 들뢰즈적인 분열증과 편집증의 대립 속에서, 다중과 **일자**의 대립 속에서 아마도 우리가 동일한 동전의 양 면을 다루고 있는 것임을 확인해주는 것이다.

좌파는 옛 프로그램에 대한 "원칙 있는" 충실성의 태도를 선택하고자 한다면 단순히 그 자신을 주변화하게 될 것이다.

과제는 훨씬 더 어려운 것, 즉 "새로운 환경에의 적응"과 옛 태도의 고수라는 택일을 넘어 좌파적 기획을 철저하게 재사고하는 것이다. 20년 전 국가사회주의의 붕괴와 관련하여 우리는 그것과 거의 때를 같이하여 서구의 사회민주주의 복지국가 이데올로기 또한 치명타를 입었음을, 즉 그것 역시 집단적인 열정적 지지를 불러일으킬 수 있는 상상물로서 더 이상 기능하지 않았음을 잊지 말아야 한다. "복지국가의 시대는 지나갔다"라는 개념은 오늘날 일반적으로 받아들여지는 지혜의 한 조각이다. 이 두 패배한 이데올로기들이 공유하고 있는 것은 집단적 주체로서의 인류가 비인격적이며 익명적인 사회역사적 발전을 여하간 제한할 수 있는 능력을, 그것을 바람직한 방향으로 조종할 수 있는 능력을 가지고 있다는 생각이다. 오늘날 그와 같은 생각은 "이데올로기적"이고/이거나 "전체주의적"인 것으로 곧바로 기각당하고 만다. 다시금 사회적 과정은 사회적 통제 너머의 익명적 **운명**에 의해 지배되는 것으로서 지각된다. 세계적 자본주의의 등장은 우리에게 그와 같은 **운명**으로서 제시되는 바, 우리는 그것에 대항해서 싸울 수 없다. 그것에 순응하거나 아니면 역사와 보조를 맞추지 못하고 분쇄되거나이다. 우리가 할 수 있는 것이라고는 세계적 자본주의를 가능한 한 인간적인 것으로 만드는 것이며, "인간의 얼굴을 한 세계적 자본주의"를 위해 싸우는 것이다(궁극적으로 제3의 길이란 바로 그것에 관한 것이다―혹은 오히려, 그것에 관한 것이었다).

행위, 악, 그리고 안티고네

정치적 기획이 근본적인 전회를 할 때면 언제나 불가피한 공갈들이 터져 나온다. "물론 이러한 목표들은 그 자체로는 바람직스러운 것이다. 그렇지만 우리가 이 모두를 행한다면 국제적 자본이 우리를 보이콧할 것이고, 성장률은 떨어질 것이고 등등이다." 건전한 장벽은, 국지적 공동체들에서 (국가 그 자체에까지 이르는) 더 넓은 사회적 영역들로 양을 확장할 때 발생하는 질적 비약은 깨져야 할 것이며, 배제된 주변적 공동체들의 자기조직화의 노선들을 따라 점점 더 넓은 사회적 영역들을 조직화해야 하는 위험을 무릅써야만 할 것이다. 여기서 많은 물신들이 깨져야 할 것이다. 성장이 멎고 심지어 마이너스가 된다고 할 때 누가 걱정을 한단 말인가? 고도의 성장률이 가져오는 사회체 내에서의 효과를 주로 새로운 형태의 빈곤과 탈취의 현상에서 느끼게 되는 경우를 우리는 충분히 경험하지 않았는가? 더 광범위한 대중들의 지층을 위한, 질적으로 더 고급은 아니지만 그래도 더 나은 삶의 기준으로 전환될 마이너스 성장은 어떤가? 그것이라면 오늘날의 정치에 있어서 하나의 **행위**였을 것이다. 즉 기존의 틀을 자동적으로 승인하는 주문呪文을 분쇄하는 것이었을 것이며, "자유시장의 세계화를 곧바로 승인할 것인가, 아니면 어떻게 과자를 먹고서도 여전히 손에 쥐고 있기도 할 것인가how to have one's cake and eat it too에 관한, 어떻게 세계화를 사회적 연대와 결합시킬 것인가에 관한 마법적 공식들의 노선을 따라서 불가능한 약속을 할 것인가"라는 무기력한 양자택일을 깨고 나가는 것이었을 것이다.

오늘날 고유의 정치적 행위에 대한 저항이 **"근본악"**에 대한, 행위의 부정성에 대한 강박에서보다 더 뚜렷한 곳도 없다. 실제로 아무 일도 일어나지 말아야 한다는 것이 오늘날의 **최고선**인 것처럼 보인다. 그리고 바로 그 때문에 우리가 행위를 상상할 수 있는 유일한 길은 재앙적 혼란의 가장 속에서, **악**의 외상적 폭발의 가장 속에서다. 왜 9·11이 그토록 많은 좌파 사회비평가들을 급습했던 것인가를 강조한 수잔 니만Susan Neiman은 옳았다.[2] 그들에게 파시즘은 직접적으로 투명한 **악**의 마지막 모습이었다. 1945년 이후로 그들은 몇 십 년에 걸쳐 "증상적" 독해의 기술을 완성하고 있었다. **악**을 그 정반대의 가장 속에서 인지할 것을 우리에게 가르쳤던 독해 양식을 말이다. 이에 따르면 자유민주주의 자체는 종종 말살과 살육을 낳는 사회질서를 적법화하며, 오늘날 대규모 범죄는 익명적인 관료적 논리(촘스키가 보이지 않는 "비밀 공작원backroom boys"이라 불렀던 것)에서 비롯되는 것이다. 그렇지만 9·11과 더불어 그들은 갑자기 가장 소박한 할리우드 이미지에 들어맞는 **악**—수천 명의 시민 희생양들을 무작위로 죽이는 것이 목적인 테러 공격을 완전히 의도하면서 이를 면밀하게 계획하는 광신도들의 은밀한 조직—과 조우했다. 아렌트가 말하는 "악의 평범성"은 다시금 역전된 것처럼 보인다. 사실 알카에다 자살 공격대원들은 그 어떤 의미로도 "평범"하지 않았으며 사실상 "악마적"이었다. 그래서 좌파 지식인들이 보기에는 자신들이 이 공격을 곧바

---

2) Susan Neiman, *Evil in Modern Thought*, Princeton: Princeton University Press, 2002, p. 285.

로 비난할 경우 여하간 그들은 자신들의 복잡한 분석 결과를
취소하고 조지 부시의 할리우드-원리주의의 수준으로 역행하
게 될 것 같았던 것이다.

　추가적 세공작업으로서 우리는 다시금 일종의 그레마스의
기호학적 사각형을 형성하는 정치적 **악**의 네 가지 양태를 제안
하고만 싶다: 최선의 의도와 더불어 이루어지는 전체주의적인
"관념론적" **악**(혁명적 테러), 한낱 타락과 권력만을 목표로 하
는 (그리고 더 높은 목표는 전혀 없는) 권위주의적 **악**, 공포와
공황을 야기할 것이 뻔하며 무자비한 대량 살상을 가하는 것에
열중인 "테러리스트의" 원리주의적인 **악**, 익명적인 관료적 구
조들에 의해 자행되는 아렌트적인 "평범한" **악**. 그렇지만 여기
서 우선적으로 주목해야 할 것은 근대적 **악**의 요약판인 마르키
드 사드Marquis de Sade가 이 네 가지 양태 가운데 그 어느 것에
도 들어맞지 않는다는 것이다. 오늘날 그는 너무나도 매력적인
데, 그 이유는 그의 작품들에서 악한 인물들은 자신들이 행하고
있는 것을 반성하고 있는 그리고 전적으로 의도적인 방식으로
그것을 행하는, 과대한 악마적 인물이기 때문이다. 이는 아렌트
가 말하는 "**악**의 평범성"과는 정반대이다. 즉 전혀 그런 일을
저질렀을 것이라고는 상상이 가지 않는 창백하고 평균적인 (아
이히만Eichmann 같은) 소시민적 인물에 의해 조직된 **악**과는 정
반대이다. <소돔의 120일>*120 days in Sodom*에서 파솔리니Pasolini
의 잘못은 바로 여기 있다. "사드와 아우슈비츠는 공통점이 거
의 없다. 그 둘을 연결할 수 있는 어떤 일반 공식이 발견될
것 같지는 않다. 그리고 그렇게 하려는 그 어떤 시도도 그 각각
에서 도덕적으로 중요한 그 무엇을 흐려놓을지도 모른다."[3]

그리하여 **"악"**은 겉보기보다 훨씬 더 뒤틀린 범주다. 안젤리스 실레시우스Angelis Silesius의 유명하고도 신비적인 진술인 "장미한테는 '왜'가 없다"를 프리모 레비Primo Levi의 아우슈비츠 경험에 비교하는 것은 한낱 상식에서 벗어난 외설에 불과한 것이 아니다. 갈증이 나서 그가 막사의 창턱에 쌓인 눈으로 손을 뻗으려고 하자 바깥에 있던 보초병이 물러서라고 소리를 쳤다. 당혹스러운 레비의 "왜?"—누구를 해치거나 규칙을 위반한 것도 아닌 그 행위를 왜 막는가—에 대한 대답으로 보초병은 이렇게 말했다: "여기 아우슈비츠에 '왜'라는 건 없다." 아마도 이 두 "왜"의 일치는 20세기의 궁극적 "무한 판단"일 것이다. 즉 장미가 자신의 실존 자체를 즐긴다는 근거 없는 사실이, 순수한 향유에서 단지 그 자체만을 위해 행해진 보초병의 근거 없는 금지 속에서 그것의 "대립 규정"을 만난다. 다시 말해서 자연의 영역에서의 순수하고 선-윤리적인 무구함인 그 무엇이 순수한 **악**의 변덕이라는 가장 속에서 자연의 영역으로 앙갚음으로 (문자 그대로) 되돌아온다.

   악이라는 주제가 오늘날 존속하는 원인은 하버마스에 의해 간결하게 정식화되었다. "종교적 언어가 담고 있던 규범적 내용을 단순히 제거해버리기만 하는 세속적 언어는 혼란을 불러일으킵니다. 죄악이 법적인 책임으로 바뀌고 신의 명령에 대한 위반이 사람이 만든 법의 위반으로 변하게 되었을 때, 거기서 우리는 무언가를 잃어버렸습니다."[4] 바로 그 때문에 홀로코스

---

3) Neiman, 같은 글, pp. 280-281.

4) Juergen Habermas, *The Future of Human Nature*, Cambridge: Cambridge University Press, 2003, p. 110. [국역본: 위르겐 하버마스, 『인간이라는 자연

트나 굴락(그리고 그밖의 것들)과 같은 현상들에 대한 세속적-
인간주의적 반응들은 불충분한 것으로서 경험되는 것이다. 그
와 같은 수준에 다다르기 위해서는 훨씬 더 강력한 무언가가,
세계 그 자체가 "탈구된" 우주적 전도나 재앙이라는 예전의
종교적 주제에 가까운 무언가가 필요하다. 거기에 홀로코스트
의 신학적 의미가 갖는 역설이 놓여 있다. 그것은 통상 신학에
대한 궁극적 도전인 것으로서 간주되지만(신이 있다면, 그리고
신이 선하다면, 어떻게 그와 같은 끔찍한 일이 일어나는 것을
허락할 수 있었겠는가?), 동시에 오로지 신학이야말로 여하간
이 재앙의 범위에 접근할 틀을 제공할 수 있다. 신의 실패fiasco
는 여전히 **신**의 실패다.

바로 이러한 것을 배경으로 해서 우리는 오늘날의 **악**의 전형
적 형상을 배치할 수 있는데, 이는 브라이언 싱어Bryan Singer의
네오-느와르 <유주얼 서스펙트>*The Usual Suspect*의 대단원의
애매성에서 가장 잘 예시된다. 우리가 절름발이 약골인 버벌
클린트Verbal Klint가 보이지 않는 전능한 범죄 조직 두목 카이
저 소제Keyser Soeze라는 것을 확인하게 되고 그리하여 마침내
내러티브의 실마리들을 정리할 수 있게 되는 바로 그 (마지막)
순간에 바로 그 내러티브가 가짜인 것으로서, 즉 클린트에 대한
심문이 이루어졌던 바로 그 방에서 지각할 수 있는 파편들을
토대로 즉석에서 꾸며낸 거짓말로서 폐기처분된다(예컨대 소
제의 신비한 동양계 대리인의 이름인 "고바야시"는 경찰 심문
관의 머그 컵 바닥에 인쇄된 이름인 것으로 드러난다). 바로

의 미래』, 장은주 옮김, 나남, 2003, 172쪽.]

거기에 궁극적 애매성이 있다. 카이저 소제라는 이 비가시적이고 전능한 **악**의 작인은 도대체 존재하기는 하는가, 아니면 그는 가엾은 클린트의 환상적 발명품인 것인가? 혹은 좀더 복잡한 방식으로 말하자면, 소제는 자기 자신의 신화를 꾸며내는 자인 것인가? 고유하게 변증법적인 방식에서, 모든 비일관성들을 해결하는 진정한 내러티브를 확립하리라 약속해주는 바로 그 "누빔점"(*point de capiton*)이 근본적으로 우리의 내러티브적 안전성을 침식하며, 속임수들이 메아리치는 심연 속으로 우리를 던져넣는다.[5]

불쌍한 인간의 이데올로기인 음모 이론들에 관한 진부한 이야기들은 우리 모두가 알고 있다. 개인들이 사회적 총체성 내에서 자신의 자리를 찾을 수 있도록 해줄 기본적인 인지적 지도-그리기mapping의 능력이나 자원을 결여하고 있을 때, 그들은 사회적 삶의 복잡성 일체를 숨겨진 음모의 결과로 설명하면서, 지도-그리기 대체물을 제공하는 음모 이론들을 고안해낸다는 것이다. 하지만 프레드릭 제임슨이 즐겨 지적하듯, 이러한 이데올로기-비판적 기각으로는 충분치 않다. 오늘날의 세계적 자본주의에서 우리는 너무나도 빈번히 사실상의 "음모들"을 다루고 있다(예컨대, 로스앤젤레스 대중 교통망의 파괴는 어떤 "자본의 객관적 논리"의 표현인 것이 아니라 자동차 회사와 도로 건설 회사와 공공기관들의 명시적 "음모"의 결과이다. 그리고 오늘날의 도시 개발의 많은 "경향들" 역시 마찬가지다). 음모론의 "편집증적인" 이데올로기적 차원(신비하고 전능한

---

5) Ernest Larsen, *The Usual Suspect*, London: BFI, 2002의 마지막 몇 쪽을 볼 것.

주인의 가정 등등)의 기각은, 항상 진행 중인 **현실적 "음모들"**에 대한 경각심을 우리에게 일깨워야 한다. 음모들을 한낱 환상으로 자족적이고도 이데올로기-비판적으로 기각하는 것이야말로 오늘날의 궁극적 이데올로기일 것이다. 그렇다면 <유주얼 서스펙트>로 돌아가 보자. 이 영화에 대한 최악의 이데올로기적 독해는 그것을 보편화된 텍스트성textuality이라는 이데올로기에 대한 단언으로서 독해하는 것이다("어떠한 현실도 없다. 우리가 자신에 관하여 우리 자신에게 들려주는 다양한 우연적 이야기들이 있을 뿐이다").

따라서 근본적인 "재현불가능한" **악**이라는 개념은, 홀로코스트이건 굴락이건, 오늘날 지배적인 민주주의 개념의 구성적 한계이자 참조점이다. "민주주의"는 "전체주의적" 극단을 피하는 것을 의미한다. 민주주의는 틈새를 닫으려는, **사물** 자체를 위해 대신 행위하(는 척하)려는 "전체주의적" 유혹에 대항한 항구적 투쟁으로서 정의된다. 그리하여, 아이러니하게도, **악**은 그 자체로 어떠한 실정적 실체나 힘도 가지고 있지 않으며 한낱 **선**의 부재에 불과하다는 유명한 아우구스티누스적 개념을 역전시켜야 할 것만도 같다: **선** 그 자체는 **악**의 부재이며, **악한 사물**에 대한 거리이다.

우리가 전적으로 거부해야 하는 것은 모든 근본적인 정치적 행위를 악으로 기각하는 바로 이와 같은 자유주의적 공갈이다. 나의 『안티고네』 독서에 대한 야니스 스타브라카키스Yannis Stavrakakis의 최근의 비판적 응답의 경우처럼 심지어 그것에 라캉적 색채가 입혀져 있는 때라도 그러하다. 그 응답은, 결국 전체주의적 **재난**으로 귀결되고 마는 그가 사건의 "절대화"라

부르는 것의 위험에 초점을 맞춘다. 스타브라카키스가 "사건에의 충실성은 오로지 불충실한 충실성으로서만, 오로지 또 다른 충실성, 즉 정치적 공간의 개방성에 대한 그리고 사회적인 것의 최종적 봉합의 구성적 불가능성의 자각에 대한 충실성의 틀 내에서만 번창할 수 있으며 또한 절대화를 피할 수 있다"[6]라고 쓸 때, 그로써 그는 무조건적-윤리적인 것과 실용적-정치적인 것의 차이 ─ 이 차이에는 다양한 이름이 주어질 수 있다 ─ 를 은밀하게 끌어들인다: 기원적인 사실은 인간의 유한성에 속하는 결여와 개방성이며, 모든 실정적 행위들은 이 원초적 결여에 언제나 미치지 못한다. 그리하여 한편으로는 데리다가 무조건적 윤리적 명령이라고 부르는 성취하기 불가능한 그 무엇이 있고 다른 한편으로는 전략적 개입으로 머무는 실정적 행위와 개입들이 있게 된다. …… 우리는 이러한 입장에 반대하여 두 가지 논변을 제시해야 한다.

(1) 라캉적 의미에서 "행위"는 불가능한 명령과 실정적 개입 사이의 바로 이 틈새를 중지시킨다. 행위는 "발생하기가 불가능impossible to happen"("진정한 행위는 결코 일어날 수 없다")이라는 의미에서가 아니라 "발생한 불가능impossible that happened"이라는 의미에서 "불가능"하다. 행위 속에서 불가능한 것은 **발생한다.** 바로 이것이 안티고네가 내 관심을 끌었던 이유이다. 그녀의 행위는 불가능한 **공백**에 대한 틈새를 유지하는 전략적 개입이 아니다. 오히려 그것은 **불가능한 것**을 "절대적으로"

---

6) Yannis Stavrakakis, "The Lure of Antigone", *Umbr(a)*, 2003, p. 126.

실연하는 경향을 갖는다. 나는 그와 같은 행위의 "유혹"을 잘
알고 있다. 하지만 행위에 대한 라캉의 후기 판본에서 전략적
개입을 넘어선 "광기"의 이 계기가 남아 있다는 것을 나는 주장
한다. 바로 이러한 의미에서 행위라는 개념은 내가 소홀히 하고
있다고 스타브라카키스가 이야기하는 **"타자** 속의 결여"에 모
순되지 않을 뿐 아니라 그것을 직접적으로 전제하고 있기도
하다. 내가 큰 **타자**의 비존재를 사실상 떠맡는 것은, 다시 말해
서 내가 불가능한 것, 즉 기존의 사회-상징적 질서의 좌표 내부
에서 불가능한 것으로 보이는 것을 실연하는 것은 오로지 행위
를 통해서다.

(2) (또한) 정치적 행위들도 있다. 즉 정치는 전략적-실용적
개입의 층위로 환원될 수 없다. 근본적인 정치적 행위에서 "미
친" 파괴적 제스처와 전략적 정치적 결정 사이의 대립은 무너
진다. 그리고 바로 그렇기 때문에 (가능한 한 위험한 것일 수
있는) 전략적 정치적 행위들을 근본적이고 "자살적인" 안티고
네식의 제스처, 즉 겉보기에 어떠한 정치적 목표도 없는 듯한
순수한 자기-파괴적 윤리적 고집insistence의 제스처와 대립시
키는 것은 이론적으로도 정치적으로도 잘못이다. 일단 우리가
정치적 기획에 철저하게 참여하게 되면 우리는 그것을 위해
우리 목숨을 포함해서 모든 것을 걸 준비가 되어 있는 것이라는
것만이 요점이 아니다. 더 정확히 말하자면 요점은 그와 같은
"불가능한" 순수 소모의 제스처만이 역사적 배치 내부에서 전
략적으로 가능한 것의 바로 그 좌표를 변화시킬 수 있다는 것이
다. 이것이 핵심적 요점이다. 행위는 기존 질서 속으로의 전략

2. 민주주의와 그 너머 🍂 109

적 개입도 아니며, 그것에 대한 "미친" 파괴적 **부정**도 아니다.
행위는 기존 질서의 규칙과 윤곽을 재정의하는 "과도한" 초-
전략적 개입이다.

그렇다면, 안티고네는 죽음을 무릅쓰거나 상징적 질서를 중
지시키는 것(정치적 행위에 대한 나의 규정)뿐만 아니라 능동
적으로 죽음을 향해, 상징적이고 실재적인 죽음을 향해 분투하
며 그로써 그 어떤 사회-정치적 변형 활동도 넘어선 욕망의
순수성을 드러낸다고 하는 비난은 어떤가? 우선, 안티고네의
행위는 정말로 정치 바깥에 있으며 "비정치적"인가? 최고 권력
(공동선을 위해 행위하는 크레온)의 명령에 대한 안티고네의
도전은, 비록 부정적 방식으로긴 하지만, 정치적이지 않은가?
어떤 극단적 상황에서는, "품위"나 "옛 관습"을 편드는 그와
같은 "비정치적" 반항은 심지어 영웅적인 정치적 저항의 바로
그 모델이지 않은가? 둘째로, 그녀의 제스처는 죽음을 향한 순
수한 욕망에 불과한 것이 아니다. 이를 행하기 위한 것이었다면
그녀는 곧바로 자살해서 주변 사람들에게 공연한 법석을 일으
키지 않았을 수도 있었을 것이다. …… 그녀의 자살은 죽음을
향한 순수한 상징적 분투가 아니었으며 특수한 상징적 의례에
대한 무조건적 고집이었다.

바깥으로의 한 걸음을 무릅쓰기

그리고 이는 핵심적인 딜레마로 우리를 이끈다. 민주주의에

대한 참조는 "바깥으로의 한 걸음"을 내딛는 근본적 시도들에 대한 거부를 함축하며, 근본적 단절을 무릅쓰고 법 바깥에 있는 영역에서 자기조직화된 집단들의 흐름을 추구하려는 시도들에 대한 거부를 함축한다. 어쩌면 그와 같은 유토피아의 가장 위대한 문학적 기념비는 마리오 바르가스 요사Mario Vargas Llosa의 『세계 종말 전쟁』(1981)이라는 예기치 않은 원천에서 나오는 것일지도 모른다. 이 소설은 카누도스Canudos에 관한 소설이다. 카누도스는 브라질의 오지 깊숙한 곳에 있는 법 바깥의 공동체로서, 매춘부, 마약중독자, 거지, 강도를 비롯해 가난한 자들 가운데서도 가장 비천한 자들의 안식처였다. 한 묵시록적 선지자가 이끄는 카누도스는 돈도 재산도 세금도 결혼도 없는 유토피아적 공간이었다. 1987년에 그곳은 브라질 정부군에 의해 파괴되었다. 오늘날 라틴 아메리카의 거대도시에 있는 파벨라 *favela*에서 카누도스의 반향은 분명하게 식별가능하다. 그곳들은 어떤 의미에서 최초의 "해방된 영토들", 미래의 자기조직화된 사회들의 세포들이지 않은가? 공동체 취사장 같은 제도들은 "사회화된" 코뮌적인 지역적 삶의 모델이지 않은가? 바히아 Bahia에 있는 해방된 카누도스 영토는 해방된 공간의 모델로서, 기존의 국가 공간을 철저하게 부정하는 대안적 공동체의 모델로서 영원히 남게 될 것이다. 심지어 종교적 "광신"을 포함해서 모든 것이 여기서는 승인될 수 있다. 이러한 공동체에서는 벤야민이 말한 역사적 진보의 다른 측면이, 패퇴되었던 측면이 그것 자체의 공간을 획득하는 것만 같다. 유토피아는 잠깐 동안 여기서 실존했다. 이러한 공동체에 대한 "비합리적"이고도 과도한 파괴의 폭력은 이러한 방식으로밖에 설명될 수 없다(1897

년 브라질에서 어린 아이와 여자를 포함해서 카누도스의 **모든** 거주자들은 살육되었다. 자유의 가능성에 대한 바로 그 기억이 지워져야만 했던 것인 양 말이다. 그리고 이는 "진보적" 자유민주주의 공화국을 자처했던 정부에 의해 자행되었다……). 지금까지 그와 같은 공동체들은 지나가는 현상으로서, 시간적 진행의 흐름을 중단시켰던 영원성의 현장으로서 이따금씩 폭발했다. 우리는 (스페인과 포르투갈 연합군에 의해 야만적으로 파괴된) 18세기 파라과이의 예수회 레두시온*reducciones*에서 1990년대 페루에서 '빛나는 길'Sendero Luminoso에 의해 통제된 정착지들에 이르기까지 광범위한 영역에서 그것들을 인정할 용기를 가져야 한다. "신념의 도약"을 이루어내고 세계적 회로 **바깥으로의 한 걸음**을 내딛으려는 의지가 여기서 작동하고 있다. 그러한 의지의 극단적이고 공포스러운 표현은 베트남 전쟁에서 있었던 유명한 어떤 사건이다. 미군이 지역 마을을 장악한 이후에 미군 측 의사들은 인도주의적 배려를 보여주기 위해 아이들의 왼쪽 팔에 예방 주사를 놓아주었다. 나중에 베트콩이 마을을 다시 접수했을 때 그들은 예방 주사를 맞은 모든 아이들의 왼쪽 팔을 잘랐다. …… 뒤따를 만한 말 그대로의 모델로서 지지하기는 어렵겠지만 그럼에도 불구하고 바로 그 "인도주의적" 도움을 제공하는 지점에서 적에 대한 이처럼 철저한 거부는 그 대가가 어떠하건 간에 그 기본적 의도에서 승인되어야만 한다. 이와 유사하게 '빛나는 길'이 마을을 접수했을 때 그들은 그곳에 주둔하고 있는 병사나 경찰을 죽이는 데 초점을 두지 않았으며 오히려 지역 농부들을 도우려 했던 유엔이나 유엔의 농업 자문가나 보건 직원들에게 더 초점을 두었다. 즉 몇 시간 동안 그들에게 설교를 하고 나서 그들이 제국주의와 공모했다는 것을 대중 앞에서 자백하도록 강요한 후에 그들을 총살했다. 이러한 절차는 비록 야만적이긴 하지만 정확한 통찰에 의해 지탱되었다. 즉 경찰이나 군인이 아니라 바로 그들이 진정한 위험이었고, 가장 배반스러운 적이었던 것인데 왜냐하면 그들은 "진리의 가장 속에서 거짓말을 하고" 있었기 때문이다. 그들이 "무구한" 것일수록("실제로" 그들은 농부를 도우려고 했다) 더욱더 그들은 유엔의 도구로서 봉사했다. 적이 "실제로 우리를 돕는" 지점에서 가장 선량해 보이는 적에 대한 오로지 그와 같은 타격이야말로 진정한 혁명적 자율성과 (바타이유적인 의미에서의) "주권"을 드러내는 것이다. "적에게서도 좋은 것은 받아들이고 나쁜 것은 거부하거나 더 나아가 싸워 물리치자"는 태도를 채택한다면 "인도주의적 도움"이라는 자유주의적 덫에 이미 걸려든 것이다.

오늘날 자본주의는 인간 문명의 총체를 정의하고 구조화하기 때문에, 모든 "공산주의적" 영토는—다시금 그것의 공포와 실패에도 불구하고—프레드릭 제임슨이 쿠바와 관련하여 말하고 있는 것처럼 일종의 "해방된 영토"였으며 ["해방된 영토"]이다. 여기서 우리가 다루고 있는 것은 공간과 그곳을 채우는 실정적 내용 간의 틈새라는 예전의 구조주의적 개념이다. 공산주의 체제는 그 실정적 내용과 관련하여 대부분 테러와 비참을 낳는 음울한 실패였음에도 불구하고 동시에 어떤 공간을, 예컨대 현실 사회주의 자체의 실패를 측량할 수 있도록 해주었던 유토피아적 기대의 공간을 열어놓았다. (공산주의에 대한 반대파들이 일반적으로 간과하는 경향이 있는 것은 그 자신들이 일상적 테러와 비참을 비판하고 비난할 때 서있었던 바로 그 공간이 공산주의적 돌파에 의해, 자본의 논리에서 벗어나려는 공산주의의 시도에 의해 열렸으며 지탱되었다는 것이다.) 정확히 이러한 방식으로 우리는 자유주의적 감수성에는 그렇게도 충격적인 알랭 바디우의 *mieux vaut un désastre qu'un désêtre*[존재의 상실보다는 재앙이 낫다]를 이해해야 한다: 더 나쁜 스탈린주의적 테러가 가장 자유주의적인 자본주의적 민주주의보다는 더 낫다. 물론 우리가 그 둘의 실정적 내용을 비교하는 순간 복지국가 자본주의의 민주주의는 비교할 수 없이 더 낫다. 스탈린주의적 "전체주의"를 구제하는 것은 형식적 측면이며, 그것이 열어놓은 **공간**이다. 유토피아적인 **다른** 공간이라는 이 지하층위가 "정상적" 사회적 삶의 실정적 공간과 결합하게 될 유토피아적 지점을 상상할 수 있는가? 핵심적인 정치적 물음이 여기에 있다. 우리의 "후근대적" 시대에 그와 같은 공동체들을 위한 공간이 아직 있는가? 그것들은 미발달된 변두리(파벨라, 게토)에 제한되는가 아니면 그것들을 위한 공간이 "후산업적" 풍경의 바로 그 중심부 속에서 출현하고 있는 것인가? 새로운 탈중심적인 괴상한 공동체들이 부상하고 있는 "후근대" 자본주의의 역학이 여기서 새로운 기회를 제공한다는 무모한 내기를 걸 수 있는가? 어쩌면 역사상 처음으로 대안적 공동체들이 최신의 기술 상태에 접목될 수 있다는 것에 내기를 걸 수 있는가?

20세기에 그와 같은 대안적 공동체들의 주요한 형태는 이른바 평의회("소비에트")였다. 서구에서 (거의) 모든 사람들이 그것을 사랑했다. 평의회에서 폴리스라는 고대 그리스 삶의 반향을 보았던 한나 아렌트 같은 자유주의자에 이르기까지 말이다.
현실 사회주의Really Existing Socialism(RES)의 시대를 통틀어 "민
주주의적 사회주의자들"의 은밀한 희망은 "소비에트"라는 직
접민주주의였으며, 인민의 자기조직화 형태로서의 지역 평의
회였다. 그리고 RES의 몰락과 더불어 RES를 내내 따라다니던
이 해방적 그림자 또한 소멸했다는 점은 매우 증상적이다. 이는
"민주주의적 사회주의"의 평의회-판본이 단지 "관료주의적"
RES의 유령적 분신이며, 자체의 실질적인 실정적 내용이 전혀
없는, 즉 한 사회의 항구적인 기본적 조직화 원리로서 이바지할
수 없는 그것의 내속적 위반이었다는 사실에 대한 궁극적 확증
이 아닌가? RES와 평의회-민주주의가 공유했던 것은 정치적
"소외"(국가기구, 정치적 삶의 제도화된 규칙들, 법적 질서, 경
찰 등등)를 차단할 자기-투명한 사회 조직화의 가능성에 대한
믿음이다. 그리고, RES의 종말에 대한 경험은 바로 이 공유된
특징에 대한 거부이지 않은가? 즉 사회는 "하위-체계들"의 복
잡한 네트워크이며 그렇기 때문에 일정한 수준의 "소외"는 사
회적 삶에 대해 구성적인 것이며 따라서 전적으로 자기-투명
한 사회라는 것은 전체주의적 잠재성이 있는 유토피아라는 사
실에 대한 체념적인 "후근대적" 수용이지 않은가?[7] (이러한 의
미에서, 아도르노와 대조적으로 "후근대적"인 사람은 바로 하
버마스다. 아도르노는 그의 모든 정치적 타협들에도 불구하고
혁명적 구원에 대한 근본적으로 혁명적인 전망을 끝까지 고수

---

7) 이러한 입장에 대한 분명한 설명은 Martin Jay, "No Power to the Soviets",
in *Cultural Semantics*, Amherst: University of Massachusetts Press, 1998을 볼 것.

했다.)

그렇지만 실제로 일이 그렇게 단순한가? 첫째로, 직접민주주의는 파벨라 같은 여러 장소에서 여전히 살아있을 뿐만 아니라 심지어 "후산업" 디지털 문화의 등장으로 "재발명"되고 새로운 활력을 얻고 있다(컴퓨터 해커들의 새로운 "부족" 공동체들에 대한 묘사에는 종종 평의회 민주주의의 논리가 등장하지 않는가?). 둘째로, 정치라는 복잡한 게임 속에서 어떤 층위의 산업적 소외는 환원불가능하다는 것을 자각하고 있다고 해서, "안에" 있는 자들을 폴리스*polis* 공간에서 배제된 "밖에" 있는 자들과 나누는 분리선이 여전히 있다는 사실을 무시해서는 안 된다 — 시민들이 있으며, 그들 모두를 따라 다니며 출몰하는 호모 사체르*homo sacer*라는 유령이 있다. 다시 말해서 "복잡한" 현대 사회들조차도 여전히 포함된 자와 배제된 자라는 기본적 구분에 의존한다. "다중"이라는 유행하는 개념은 바로 이러한 분할을 초월하는 한에서 불충분하다. 체계 **내부의** 다중이 있으며, **배제된** 자들의 다중이 있다. 그들을 동일한 개념의 범주 내부에 단순히 포함시키는 것은 굶주림을 살빼기 다이어트와 등치시키는 것과 동일한 외설성에 해당하는 것이다. 그리고 배제된 자들은 단순히 정신증적인 비-구조화된 외부에 거주하는 것이 아니다. 그들은 자신들만의 자기-조직화를 가지고 있다(혹은, 오히려 그들은 스스로를 조직화하도록 강제받는다). 그리고 이 자기-조직화의 이름들(과 실천들) 가운데 하나는 바로 "평의회 민주주의"라 불렸다.

하지만 여전히 그것을 "민주주의"라 불러야 하는가? 이 지점에서, "민주주의적 덫"이라 부르지 않을 수 없는 어떤 것을 피하는 것이 핵심적이다. 많은 "급진적" 좌파들은 "초월적 보증물"의 법률주의적 논리를 받아들인다. 그들은 "민주주의"를 어떠한 보증물도 없다는 것을 자각하는 자들의 궁극적 보증물이라고 한다. 다시 말해서, 그 어떤 정치적 행위도 ("우리는 더 고귀한 필연성이나 의지의 한낱 도구다" 같은 식으로) 큰 **타자**라는 어떤 초월적 형상에서 직접적 토대를 주장할 수 없으므로, 모든 그러한 행위는 우연적 결단의 위험을 내포하고 있으므로, 어느 누구도 자신의 선택을 타자들에게 부과할 권리를 갖지 않는다. 그리고 이는 모든 집단적 선택이 민주주의적으로 적법화되어야 한다는 것을 의미한다. 이러한 관점에서 볼 때 민주주의는 올바른 선택의 보증물이라기보다는 실패의 가능성에 대비한 일종의 기회주의적 보험이다: 만약 일이 잘못된 것으로 판명이 날 때 나는 언제나 우리 모두가 책임이 있다고 말할 수 있다. …… 결론적으로 이 최후의 피난처는 버려야 한다. 우리는 위험을 완전히 떠맡아야 한다. 유일하게 타당한 입장은 이미 루카치에 의해 『역사와 계급의식』에서 옹호된 입장이다. 즉 민주주의적 투쟁은 물신화되지 않아야 한다. 그것은 투쟁 형태들 가운데 하나이며, 그것에 대한 선택은 상황에 대한 전반적인 전략적 평가에 의해 결정되어야 하는 것이지 표면상 우월해 보이는 그것 고유의 가치에 의해 결정되어야 하는 것이 아니다. 라캉적 분석가처럼 정치적 행위자는 오로지 행위 자체에 의해서만 권위가 부여될 수 있는 행위, 즉 어떠한 외적 보증물도 없는 행위를 감행해야 한다.

본래적인 정치적 행위는, 그것의 형식과 관련해서, 민주주의적인 것인 동시에 비민주주의적인 것일 수 있다. "불가능한 것

이 발생하는" 어떤 선거나 국민투표가 있다. 몇 십 년 전에
이탈리아에서 있었던 이혼에 관한 국민투표를 기억해보자. 결
과는 인민을 불신했던 좌파에게도 대단히 놀라운 것이었다.
수긍가능한 정도로 이혼을 지지하는 편이 승리했으며, 따라서
내심 회의적이었던 좌파조차도 자신들의 불신을 부끄러워했
다. (심지어 미테랑의 예기치 못한 일차 투표 승리에서도 사건
적 요소가 있었다.) 한낱 수적인 다수 너머에서 그리고 한낱
수적인 다수 이상으로 인민이 '인민'이라는 용어가 갖는 실질
적 의미에서 발언을 한 것이라고 말하는 것이 정당한 것은 오로
지 그와 같은 경우들에서다. 다른 한편 대중적 의지의 본래적
행위는 폭력적 혁명이나 진보적 군부 독재 등의 형식에서 발생
할 수도 있다. 바로 이런 의미에서 스탈린의 범죄를 비난하는
후르시초프의 1956년 연설은 진정한 정치적 행위였다. 윌리엄
타우만William Taubman의 말처럼 이 연설 이후에 "소비에트
체제는 더 이상 완전히 회복되지 못했으며, 그 자신조차도 그러
하였다."[8] 이 대담한 조치의 기회주의적 동기들은 뻔한 것이지
만, 여기엔 분명 단순한 계산 이상의 것이 있었으며, 전략적
추론에 의해 설명될 수 없는 일종의 무모한 과잉이 있었다.
이 연설 이후에 사태는 다시는 전과 같지 않았으며, 지도자의
무오류성이라는 근본적 도그마는 침식되었고 따라서 연설에
대한 반응으로서 노멘클라투라 전체가 잠시 마비 상태에 빠진
것도 놀랄 일이 아니었다.

---

8) William Taubman, *Khrushchev: The Man and His Era*, London: Free Press, 2003, p. 493.

민주주의를 위해선 너무나도 근본적인?

바로 여기서 우리는 에르네스토 라클라우와 샹탈 무페가 말하는 차이와 적대의 대립을 라클라우 자신에 대해 비판적인 방식으로 적용해야 한다. 라클라우/무페와 네그리/하트 각각의 이론적 장은 칸트 대 스피노자라는 노선을 따라 분명하게 대립된다: 환원불가능한 부재, 틈새, 자기-동일성에 도달하는 것의 실패 대 순수 내재성의 긍정성. 진정한 보편성은 적대와 차이라는 라클라우의 대립을 통해서 가장 잘 포착될 수 있다. 즉 차이들의 어떤 체계(어떤 구조화된 사회체)를 다룰 때 그 체계의 "보편성"은 모든 부분들을 포함하는 포괄적 총체라든가 부분들 모두가 공유하는 어떤 특징인 것이 아니라 차이의 체계(사회체)의 모든 부분을 대각선으로 가로지르는 어떤 차이로서의 그 체계의 "적대"이다. 바로 이것이 바디우가, 바울의 위대한 발명이라고 하면서 바울에게 귀속시키고 있는 것, 즉 "투쟁적 보편주의"의 발명이다. 보편성의 자리는 차이들을 매개하거나 포괄하면서 차이들 위에 있는 자리에 불과한 것이 아니라, 추가적인 더 근본적인 차이를 가지고서, 개개의 특수한 부분을 내부로부터 자르는 차이를 가지고서 장을 가로지르는 방법을 알고 있는 자리이다. 기독교의 "보편성"은 바울에게서 바로 이러한 방식으로 기능한다. 바울이 "유대인도 그리스인도, 남자도 여자도 없다"라고 썼을 때 이와 같은 차이의 중지는 모든 것을 포괄하는 공유된 보편적 특징("그들은 모두 인간이다")을 통해서 성취되는 것이 아니다. 이를 이와 같은 방식으로 생각할 경우, 바울이 이 포함의 범위를 제한하여 예수를 구세주로서 받아들이는 자만을 포함시키고 예수를 받아들이지 않는 자를 배제시킨다고 그를 비판하는 것은 손쉬운 일이다. 하지만 오히려 바울의 요점은 바로 이러한 대립들은 문제가 되지 않는다는 것이며, 문제가 되는 것은 **생**과 **사**의, **구원**과 **상실**의 **투쟁**이라는 것이다. 그렇다면 이는 어떻게 민주주의와 관련이 있는가? 민주주의가 어떻게 적대antagonism에서 대항agonism으로의 번역에 의존하고 있는가에 대한 라클라우/무페의 기본적 통찰에서 시작하자.

다원주의적 민주주의 질서는 반대측을 파괴되어야 할 적으로서가 아니라 적법하게 존재하는 관용되어야 하는 대항자adversary로서 본다는 것을 가정한다. 우리는 그/녀의 관념들에 대항해서 싸울 것이다. 하지만 우리는 그 관념들을 방어할 그/녀의 권리를 문제시하지는 않을 것이다. 그렇지만 이 대항자라는 범주는 적대를 제거하지 않는다. 그리고 그것은 종종 그것과 동일시되곤 하는 경쟁자라는 자유주의적 개념과 구분되어야 한다. 대항자는 적법한 적이며, 민주주의의 윤리-정치적 원칙들에 대한 고수를 공유하는 적이다. 하지만 그 원칙들의 의미와 실행에 관련된 불일치는 합리적 동의를 통해 해소될 수 있는 것이 아니며, 따라서 그 관계에는 적대적 요소가 있는 것이다. 대항자의 입장을 받아들이게 되는 것은 정치적 정체성의 근본적 변화를 겪는 것이다. 확실히 타협은 가능하다. 타협은 정치 과정의 일부다. 하지만 타협은 계속되는 대결에서의 일시적 유예로 보아야 한다.9)

---

9) Chantal Mouffe, "Religion, Liberal Democracy and Citizenship", in *ASCA Report 2001*, Amsterdam: Asca Press, 2002, p. 110.

여기서 문제는 적대에서 대항(정치적 경쟁의 규제된 게임)으로의 이러한 번역이 정의상 구성적 배제를 내포하고 있으며 이 배제가 라클라우에 의해 주제화되지 않는다는 점이다. 그의 분석은, 차이와 적대를 모든 사회정치적 현상들에 공평하게 적용가능한 극한적 개념으로서 이용하는 한, 너무 불충분한 것이다. 라클라우가 되풀이해서 반복하고 있는 것처럼, 모든 정치적 행위자는 그 두 개의 극한들 사이에 위치해 있다. 즉 (모든 차이들의 말소를 함축하게 될, 사회적 장 전체가 두 개의 대립되는 힘들로 전적으로 균등화되는 것을 함의하게 될, 즉 일체의 가면들이 벗겨지고 단지 우리 대 그들만이 있는 "순수한" 계급 투쟁의 최종 순간에 대한 통속적 마르크스주의자의 꿈 속에서처럼 일체의 복잡한 "과잉결정"과 헤게모니 투쟁의 종말을 함축하게 될) 순수한 적대도 없으며, (모든 행위자들이 사회적 총체성 내부에 있는 어떤 구조적 자리에 의해 완전히 동일화되어 다시금 헤게모니 투쟁이 종결될 전적으로 상징화된 위계적 사회체를 함축하게 될) 순수한 차이도 없다. 그렇지만 상황을 이런 식으로 개념화할 때 흐려지게 되는 것은 모든 사회 내부에서 "적법한" 사회체로부터 일련의 행위자들을 배제하는 원리로서도 적대가 작용한다는 사실, 즉 배제된 자들의 자기-조직화는 "적법한" 사회체 내로의 입장이 허용되는 정체성을 갖는 자들과는 근본적으로 다르다는 사실이다.

그리고 따분한 오해를 피하기 위해서 하는 말인데, 이는 배제된 자들이 "전적으로 외부에" 있다는 주장을 함축하지 않는다. 좀더 자세히 살펴보면 물론 우리는 어떻게 그 두 층위가 서로를 상호침투하고 있으며 서로를 반향하고 있는가를 즉각 확인할 수 있다. 예컨대 어떻게 배제된 자들의 공간이 종종 국가의 가장 야만적인 권위주의적 특징들을 재생하고 있으며, 혹은 다른 한편으로 어떻게 적법한 국가가 종종 "배제된" (공적으로 부인되는) 실천들에 의해 지탱되는가 하는 것을 말이다. 그렇지만 이러한 반향들과 상호침투들은 두 개의 상이한 구조적 자리들을 메우는 실정적 내용에 관계한다. 카누도스 공동체의 사례로 되돌아가 보자. 물론 그 공동체의 많은 특징들은 전근대적 체제로부터 차용되었다(그들은 실로 스스로를 왕조파로서 규정하며, 브라질 국가의 현대화를 위한 공화주의적 충동에 반대하는 교회의 공적 역할에 대한 옹호자로서 규정한다). 하지만 진정으로 문제가 되는 것은 이 모든 요소들이 그들이 (재)등장했던 그 공간에 의해 변형되었다는(심지어 실체변환되었다는) 점이다. 그리하여 주류 브라질 사회와 카누도스 대안 공동체 사이의 간극이 절대적이지 않았다거나 두 경우 모두 차이와 적대의 요소들이 있었다는 것을 지적하는 것은 따분하고 비생산적인 것이다. 문제가 되는 것은, 주류 사회에서 카누도스로의 이행 속에서 우리가 핵심적인 "양에서 질로의 도약"을, 차이들에 종속된 적대에서 적대의 지배적 역할로의 도약을 성취한다는 것이다.

이러한 이유 때문에 "민주주의"를 적대에서 대항으로의 번역에 한정하는 것이 정치적으로 훨씬 더 생산적이며 이론적으로 훨씬 더 적합한 것처럼 보인다. 민주주의는 이해관계, 이데올로기, 내러티브 등의 환원불가능한 복수성을 인정하지만, 우리식으로 말해보자면 민주주의적인 게임의 규칙을 거부하는 자들을 배제한다. 자유민주주의자들은 포퓰리즘이 본래 "반민

주주의적"인 것이라고 주장함에 있어서 확실히 옳다. (포퓰리
즘에 대한 최근의 저술들에서 라클라우는 실로 이러한 전회를
수행한다. 포퓰리즘 대 민주주의는 이제 존재론적인ontological
것 대 존재적인ontic 것이다. 즉 민주주의는 포퓰리즘적 적대를
규제된 대항으로 번역하는 것이다. 그렇지만 이런 방식으로
문제는 단지 위치만 바뀔 뿐이다. 왜냐하면 라클라우는 포퓰리
즘이 또한 원-파시즘적 현상들도 포괄할 수 있어서 포퓰리즘
에 대한 참조로는 어떤 정치적 운동의 "진보적" 성격을 어떻게
식별할 것인가에 대한 방향설정을 결코 제공하지 못한다는 것
을 잘 알고 있기 때문이다.) 이로써 우리는 라클라우의 헤게모
니 이론의 이른바 "규범적 결함"에 이르게 된다:

『헤게모니와 사회주의 전략』에서 샹탈 무페와 함께 내가 세공했
던 헤게모니 이론에는 규범적 결함이 있는 것 아니냐는 질문을
여러 차례 받았다. 헤게모니에 대한 이론화는 세계에서 진행되
고 있는 것에 대한 객관적이고 중립적인 기술description인 반면
에 그 책은 또한 그러한 이론화로부터 필연적으로 도출되는 것
이 아닌 규범적 선택(근본적 민주주의)을 한다는 것이 논지다.
이에 대한 나의 대답은 이중적이다. 첫째로 내가 이전에도 계속
주장했던 것처럼, 중립적인 사실적 기술이라는 것은 없다. 기술
적이라 가정되는 우리가 사용해온 범주들의 체계가 "사실들"에
일치한다고 할 때, 그 사실들은 사회주의 전통 내에서 살아가고
있고 또한 우리가 암암리에 끌어들이는 일단의 패배들, 사회 변
화, 그리고 희망의 르네상스를 경험했던 누군가에게만 사실인
것이다. 두 번째로, 규범적/기술적 복합체 내에서 "근본적 민주
주의"라는 개념에 내포된 규범적 전치를 옹호하는 것은 전적으
로 말이 되는 것이다. 그 개념은 현대 자본주의의 새로운 구조들

에 정박된 사회 투쟁들이 복수화된 결과이다.[10]

이러한 대답은 순전히 형식적이라는 성격 때문에 명백히 불충분하다. 라클라우가 그의 헤게모니 이론과 "근본적 민주주의"에 대한 그의 정치적 선택 사이에 놓인 틈새를 어떻게 메우고 있는가에 대한 (우연히도 나 역시 했던) 비난에 대한 라클라우의 응답은, 우리는 추상적 세계 속에 살고 있는 것이 아니라 퇴적된 실천들의 구체적 우주 속에 내던져진 유한한 연루된 행위자들인 것이어서 우리의 가장 중립적이고도 이해관계에서 벗어난 기술들조차도 우리가 그 안으로 내던져져 있었던 그 우주에 속하는 어떤 규범적 전제들에 의해 표식되어 있다는 것이다. …… 그렇지만 이는 사회에 대한 일반적 이론을 제안하고 나서는 이 이론과 그의 구체적인 사회적 연루들 사이의 연관을 제공하지 않는다고 비난을 당하자 우리의 모든 이론적 기술들은 우리가 그 안으로 내던져져 있는 규범적/기술적 복합체에 의해 과잉결정되어 있으며 이는 물론 자신의 이론에도 해당되는 것이라고 조용히 답변하는 누군가를 이상하게도 닮지 않았는가? 여기서 누락된 것은 단순히 이러한 연관에 대한 구체적 세공이다. 헤게모니 이론이 정치적 과정 전체에 대한 기술로서 작동하는 것이라고 해보자(헤게모니 투쟁에 대한 라클라우의 가장 효과적인 사례들은 종종 파시즘이나 다른 반민주주의적 운동들에서 가져온 것이다). 그럴 경우 근본적 민주주의의 규범성은 그 어떤 구체적 방식에서 헤게모니 이론에서 이미 작동

---

10) Ernesto Laclau, "Ethics, Normativity and the Heteronomy of the Law", 미출간 원고.

하고 있는 것인가? (그리고 우연히도 이러한 논지를 한층 더
기묘한 것으로 만드는 것은 그것이 하이데거에 의존하고 있다
는 점인데, 하이데거는 우리가 연루된 행위자로서 그 안으로
내던져져 있는 유한한 역사적 우주를 동일하게 참조함으로써
상당히 비민주주의적인 정치적 태도를 이끌어냈다.) 그 비난은
또한 다음과 같이 표현될 수도 있다. 즉 근본적 민주주의 기획
은 "현대 자본주의의 새로운 구조들에 정박된 사회 투쟁들이
복수화된 결과"라고 단언하는 인용구절의 마지막 문장에서 어
느 특수한 역사적 계기에 대한 참조의 정확한 지위는 어떠한
것인가? 이는 "근본적 민주주의"가 단지 오늘날의 복수화된
pluralized 투쟁들의 배치에 들어맞는 정치적 기획에 불과한 것
이며 반면에 이전의 상황들에서는 이와는 다른 보다 "본질주의
적인" 불균등한 민주주의적 기획들이 적합했다는 것을 의미하
는 것인가? 이 경우 우리는 보편적 이론과 특수한 연루 사이의
분열로 다시 돌아가게 된다. 헤게모니 이론은 왜 오늘날 근본적
민주주의가 올바른 선택인가를 설명하는 보편적 추상적 이론
으로 머물면서도 또한 왜 다른 상황에서는 또 다른 선택이 더
적합한 것인가를 설명한다. 그렇지만 보편적인 헤게모니 이론
그 자체가 일종의 탯줄에 의해 "근본적 민주주의"에 연계되는
것이라면, 이는 보편적 통찰을 가능하게 해주는 특권적인 역사
적 계기들이 있다는 유사-헤겔적인 역사주의적 테제를 필연적
으로 내포하는 것이다. 즉 복수화된 민주주의적 투쟁들이라는
오늘날의 상황은 정치적인 것의 보편적 논리에 대한 통찰을
획득할 수 있도록 해주는 그와 같은 특권적 계기가 되는 것이
다. 「헤게모니 이론에는 규범적 결함이 있는가?」에서 사이몬

2. 민주주의와 그 너머 ☜ 125

크리칠리Simon Critchley는 이와 동일한 문제를 다룬다.

헤게모니 범주가 비록 한 가지 층위에서는 사회적 · 정치적 삶에
대한 단순한 기술인 것처럼 보이고 일종의 가치중립적인 푸코적
권력분석학인 것처럼 보이지만, 다량의 정치가 그것의 우연성
및 권력과 힘의 작용을 부인하거나 비가시적인 것으로 만들기
위해서 노력하는 한 그것은 정치로 통용되는 많은 것에 대한 **규
범적 비판이다**(그리고 내가 보기에는 그러한 비판이어야 한다).
 이를 좀더 밀고 나아가면 우리는, 자신의 정치적 지위에 대해
─그 자체의 우연성과 권력 작용에 대해─자기-의식적인 저
사회들만이 민주주의적이라고 말할 수도 있을 것이다. 나는 시
민의 층위에서의 자기-의식을 말하는 것이다. 플라톤이 말하는
수호자들, 군주, 혹은 군주의 철학적 조언자의 층위에서가 아니
라 말이다. 내가 보기에 마키아벨리와 홉스는 사회적인 것의 우
연성과 정치적 구성에 대해 완벽하게 잘 알고 있었지만 이 새소
식이 인민들에게 퍼지는 것을 정확히 원하지는 않았다. 그러므
로 모든 사회들이 암묵적으로 헤게모니적인 것이라면, 민주적
사회의 변별적 특징은 그것이 명시적으로 헤게모니적인 사회라
는 것이다. 그리하여 민주주의는 자신의 토대들의 우연성을 명
시적으로 만드는 사회의 정치 형태에 대한 이름이다. 민주주의
에서 정치 권력은 클로드 르포르의 표현을 사용하자면 인민이라
는 '텅 빈 공간'의 헤게모니화에 기초한 경쟁과 설득과 선거의
작용을 통해 확보된다. 민주주의는 자신의 권력 작용의 우연성
에 대한 자기-의식에 의해─극한적 경우들에서는, 권력의 바로
그 메커니즘들에 대한 자기-의식에 의해서─변별된다.[11]

---

11) Simon Critchley, "Is there a normative deficit in the theory of hegemony?",
 http://www.essex.ac.uk/centres/TheoStud/papers/Laclau에서 인용.

크리칠리가 이러한 곤궁에서 **빠져나가는** 방법은 라클라우
를 데리다/레비나스적인 **타자성**의 윤리학과 결합하는 것이다.
그렇지만 "봉합하기"나 "본질주의적인" 환영은 모든 헤게모니
작용의 구성적이고 환원불가능한 부분이지 않은가? "헤게모
니"는 그것의 자기-말소라는 조건에서만 **유효한** 것 아닌가?
"스스로를 의식하는 헤게모니"는 불가능한 것 아닌가? 즉 (어
떻게 일체의 본질주의적 참조들이 이미 우연적 결정들의 "퇴적
된" 결과물인가를 보여주는) 통상적인 해체주의적 논변의 노선
은 그 반대물에 의해 보충되어야 한다: 최소한의 "자연화"는
헤게모니적 작용의 유효성의 조건이다. 이는 "봉합"에 대한 라
클라우의 비라캉적 용법을 볼 때, 즉 그 개념을 궁극적으로
실패할 운명인 단순한 폐쇄/고정으로 환원하는 것을 볼 때 분
명하다. 그리하여 "민주주의적" 헤게모니는 "말소되는 헤게모
니"이며 자신의 제한된/실패한 지위를 자각하는 헤게모니다—
je sais bien, mais quand même …… [나는 잘 알고 있다. 하지만 그럼
에도 불구하고 ……]. 이는 라클라우의 헤게모니 이론이 궁극적
으로 "반성적" 이론이라는 것을, 즉 정치적 활동에 관한 이론이
아니라 왜 모든 활동에는 내적인 불가능성이 달라붙는 것이며
궁극적으로 실패해야만 하는 것인가에 관한 이론이라는 것을
가리키지 않는가? 바로 이러한 것을 배경으로 해서 우리는 서
구 민주주의에서의 정치적 투쟁의 좌표들에 대한 라클라우의
최근 진단의 약점을 분명하게 지각할 수 있다.

/……/ 우파와 좌파는 동일한 층위에서 싸우는 것이 아니다. 한
편으로 사람들이 안고 있는 다양한 문제들을 정치적 상상물의

일종으로 절합하려는 우파의 시도가 있으며, 다른 한편으로 헤
게모니적 게임으로 진입하지 않는 순전히 도덕적인 담론으로 퇴
행하는 좌파가 있다. /……/ 좌파의 주된 곤란은 오늘날의 싸움
이 정치적 상상물의 층위에서 발생하지 않는다는 것이다. 그리
고 좌파는 저 헤게모니적 장에 진입함 없이 순전히 추상적인 방
식으로 구상되는, 권리들에 대한 합리주의적 담론에 의존한다.
그리고 이러한 연루됨 없이는 진보적 정치적 대안의 가능성은
결코 없는 것이다.[12]

여기서 우리는 예전의 들뢰즈적인 모티프를 그 일체의 소박
함 속에서 발견한다. 좌파의 주된 문제는 변화에 대한 열정적인
세계적 전망을 소유하지 못하는 그 무능력인 것인 양 말이다.
문제는 실로 그처럼 간단한 것인가? 좌파를 위한 해결책은 "순
전히 도덕적인" 합리주의적 담론을 버리고 정치적 상상물을
상대하는 보다 연루된 전망, 즉 신보수주의적 기획들 및 과거의
좌파적 전망들과 겨룰 수 있을 전망을 제안하는 것인가? 이러
한 진단은 근심하는 환자에게 의사가 들려주는 다음과 같은
전설적인 대답과 유사하지 않은가? "당신에게 필요한 것은 훌
륭한 의사의 조언입니다!" 기본적인 물음을 던지는 것이 어떤
가? 즉 그 새로운 좌파적 전망이라고 하는 것은 그 내용에서
보았을 때 구체적으로 무엇인가? 전통적 좌파의 몰락은, 그것
이 더 이상 헤게모니 게임에 진입하지 않는 도덕적 합리주의적
담론으로 퇴행하는 것은, 지난 수십 년간의 세계적 경제에서의
거대한 변화에 의해 조건지워진 것 아닌가? 따라서 우리의 현

---

12) Ernesto Laclau, in *Hope*, ed. by Mary Zournazi, London: Lawrence and Wishart,
    2002, p. 145.

곤궁에 대한 좌파의 더 나은 세계적 해결책은 어디에 있는가?
적어도 제3의 길은 이러한 변화들을 실로 고려에 넣는 전망을
제안하고자 노력했다. …… 이러한 효력 없음의 이유는 같은
대담에서 샹탈 무페에 의해 인정되지 않는가?

> 내가 생각하기에 민주주의의 근본화에 대한 이와 같은 물음은,
> 민주주의는 결코 완전하게 실현되지 않을 것이며 언제나 우리가
> 달성하기 위해 싸우고 있지만 결코 도달할 수 없음을 알고 있는
> 기획일 필요가 있는 어떤 것이라고 하는 이해를 내포한다. 그것
> 을 위해서는 사람들이 자신들의 정치적 활동에 대한 이해를 변
> 경하는 것이 필요하다고 생각한다. 사람들은 정치적 투쟁에 대
> 해 실로 열심일 필요가 있으며 동시에 궁극적 목표란 결코 없다
> 는 것을 알고 있을 필요가 있다. 민주주의는 우리가 그것을 향해
> 지속적으로 작업하고 있는 하나의 과정이다. 따라서 우리는 열
> 정이 동원될 수 있는 방식에 있어서 분명 곤란에 직면하고 있는
> 것이다.13)

> 사회주의에 대한 이러한 물음과 관련하여 나는 오늘날의 상황이
> 어떤 의미에서 우리가 『헤게모니와 사회주의 전략』을 썼을 때의
> 상황의 반전이라는 것에 주목하는 것은 흥미롭다. 그 책이 출판
> 되었을 때 /……/ 우리는 좌파의 문제는 계급 투쟁 및 생산관계
> 변형이라는 사회주의적 측면에만 배타적으로 관심을 두고 있는
> 것이라고 주장하고 있었다. 우리는 좌파가 '새로운 사회운동들'
> 이라 불렸던 다른 쟁점들이나 억압의 다른 형식들에 충분히 민
> 감하지 않다고 했다. /……/ 나는 인종주의와 성차별을 비롯해
> 그와 같은 모든 쟁점들에 대항해 싸우는 것이 확실히 좋다고 생

---

13) Chantal Mouffe, in *Hope*, p. 129.

각한다. 하지만 우리는 계급이라는 측면을 시야에서 놓치지 말
아야 한다.14)

이러한 정식화의 문제는, 투쟁의 다중성에 관한 후근대적
"반본질주의적" 담론 속에서 "사회주의적인" 반자본주의 투쟁
이 일련의 투쟁들(계급, 성과 성별, 민족적 정체성 등등의 투쟁)
가운데 하나로서 정립된다는 것이다. 오늘날 발생하고 있는
것은 반자본주의 투쟁이 점점 더 강력해지고 있는 것에 불과한
것이 아니라 다시금 중심적인 구조화하는 역할을 맡고 있다는
것이다. 후근대적 정치의 옛 내러티브는 '계급 본질주의로부터
정체성을 위한 다중적 투쟁으로'였다. 오늘날 추세는 궁극적으
로 반전되었다. 첫 번째 단계는, '인정을 위한 다중적 투쟁들로
부터 반자본주의로'는 이미 성취되었다. 앞에 놓인 것은 그 다
음번의 단계, 즉 정치적으로 조직화된 반자본주의로라는 "레닌
주의적" 단계이다. 라클라우가 (예컨대 최근에 포퓰리즘에 대
한 이론화에서) 존재론적인 것과 존재적인 것의 구분에 아무
문제도 없다는 듯이 의존하고 있는 것은 바로 이러한 약점에
연결되어 있다. 이러한 구분의 한계를 드러내는 것은 바로 정치
적 영역이다. 포퓰리즘을 그것의 (존재적) 내용의 층위에서, 즉
포퓰리즘적 담론이 참조하는 실정적 항목들의 내용("인민" 그
자체)과 관련하여 규정하려 하는 자들을 비판하면서 라클라우
는 포퓰리즘이 오로지 순수하게 형식적 존재론적 층위에서,
일련의 실정적 항목들을 특수한 등가연쇄로 절합하는 원리로
서만 온전하게 파악될 수 있다고 단언한다. 우리는 이러한 형식

14) 같은 글, p. 133.

주의에 반대하면서 환원불가능한 "내용"을 단언해야 한다. 어떤 개념의 통일성을 보증할 소박한 실정적 내용이 아니라, "형식적" 존재론적 구조 그 자체가 일종의 탯줄에 의해 부착되어 있는 어떤 최소한의 존재적이고 순수하게 우연적인 잔여라는 정확한 의미에서의 "내용"을 말이다.

더 나아가, 파시즘과 공산주의의 차이 또한 한낱 존재적인 것이 아니라 "형식적-존재론적"인 것이다. (에른스트 놀테 Ernst Nolte 같은 저자의 주장처럼) 두 경우 모두 동일한 형식적 적대적 구조를 가지고 있고 거기서 단지 **적**의 자리가 상이한 실정적 요소(계급, 인종)로 채워지는 것이 아니다. 인종의 경우 우리는 실정적인 자연화된 요소를 다루고 있는 것이다(**사회**의 전제된 유기적 통일성은 외래적 신체의 침입에 의해 교란된다). 반면에 계급적대는 사회적 장에 절대적으로 내재하면서 그것에 대해 구성적인 것이다. 그리하여 파시즘은 적대를 흐려놓으며, 적대를 실정적인 대립항들의 갈등으로 번역한다. 이와 마찬가지로 정신분석에서 성적 차이 자체는 "존재론적" 지위로 고양된다. 그것은 한낱 존재적 차이에 불과한 것이 아니며 상징적 지평 속의 형식적-구조적 차이이다(이러한 측면은 「이성의 안락사」[15]에서 조안 콥젝Joan Copjec에 의해 설명되었다). 그리고 마르크스적인 "정치경제 비판"에서 상품물신주의의 지위 역시 마찬가지다. 젊은 루카치는 그것을 근대성의 "존재론적" 구조로 고양시킨 최초의 인물이었다.

---

15) [Joan Copjec, *Read My Desire*, Cambridge, MA.: The MIT Press의 제8장 "Sex and the Euthanasia of Reason"을 볼 것.]

계급투쟁은 존재적인 "이항대립"이 아니라 순수하게 "형식적인" 초월적 틈새라는 것에 대한 증거는, **실정적 항목들로 번역될 때** 그것이 언제나 단지 두 가지가 아닌 세 가지 요소를 내포한다는 사실이다. 왜 그런가? 왜냐하면 적대로서의 계급투쟁은 말하자면 그것 자체의 장애물이며, 그것 자체의 직접적 표현을, 명백한 상징적 혹은 실정적 항들로의 번역을 영원히 가로막는 것이기 때문이다. 바로 그렇기 때문에 "전체주의"를 식별할 수 있는 표지는 전체주의가 **셋**을 둘로 강제적으로 번역하려고 한다는 점에 있다. 파시스트와 나치는 대자본과 공산주의자들을, 이 두 대립자를 (물론 유대인으로 체현된) **하나의 적**으로 묶는 "금권정치-볼셰비키 음모"에 대해 이야기했다. 자유주의자들은 공산주의와 파시즘을 "전체주의"의 두 양태로 본다. 스탈린주의자들 자신도 궁극적으로 우파적 편향과 좌파적 편향을 확인한다. 이 모든 시도들에서 고유의 적대는 두 실정적 항의 대립으로 번역된다.

"현대화"라는 용어가 최근의 이데올로기적 공세에서 이용되는 방식은 이러한 구조적으로 필연적인 "복잡화"와 관련하여 예시적이다. 우선 하나의 추상적 대립이 "현대화론자들"(경제적인 부문이건 문화적 부문이건 모든 부문에서 세계적 자본주의에 찬성하는 자들)과 "전통주의자들"(세계화에 저항하는 자들) 사이에 설정된다. 그런 다음에 전통적 보수주의자들이나 포퓰리즘적 우파에서 "구좌파"(복지국가, 노동조합 등을 계속해서 지지하는 자들)에 이르는 모두가 이 [세계화에] 저항하는 자라는 범주 속에 내던져진다. 이러한 범주화는 사회적 현실의 한 부문을 실로 분명하게 포섭한다. 예컨대 2003년 초 독일에서, 일요일에도 상점을 여는 것의 법률적 인가를 막았던 교회와 노동조합의 연합을 생각해볼 수 있을 것이다. 그렇지만 이러한 "문화적 차이"가 사회적 장 전체를 횡단하며 상이한 지층과 계급을 가로지른다고 말하는 것으로는 충분치 않다. 이러한 대립이 다른 대립들과 상이한 방식으로 결합될 수 있다고 (따라서 세계적 자본주의의 "현대화"에 대한 보수적인 "전통적 가치들"의 저항이 있을 수도 있고, 자본주의적 세계화에 전적으로 찬성하는 도덕적 보수주의자들이 있을 수도 있다고) 말하는 것으로는 충분치 않다. 요컨대 이러한 "문화적 차이"가 오늘날의 사회 과정에서 작동하는 일련의 적대들 가운데 하나라고 말하는 것으로는 충분치 않다. 이러한 대립이 사회적 총체성의 열쇠로서 기능하는 데 실패한다는 것은 그것이 다른 차이들과 함께 절합되어야 한다는 것만을 의미하는 것이 아니다. 이는 또한 그것이 "추상적"이라는 것을 의미하는 것이며, 마르크스주의의 내기는 다른 모든 적대를 과잉결정하며 또한 그러한 것으로서 전 영역의 "구체적 보편자"인 하나의 대립("계급투쟁")이 있다는 것이다. 여기서 "과잉결정"이라는 용어는 정확히 알튀세르적인 의미에서 사용되는 것이다. 그 용어는 계급투쟁이 다른 모든 투쟁들의 궁극적 참조항이거나 의미지평이라는 것을 의미하지 않는다. 그것은 계급투쟁이 여타의 적대들이 "등가연쇄"로 절합될 수 있는 상이한 방식들의 "비일관적인" 복수성 그 자체를 설명할 수 있도록 해주는 구조화 원리라는 것을 의미한다. 예를 들어 여성주의적 투쟁은 진보적 해방 투쟁과 하나의 사슬 속에 절합될 수 있으며, 아니면 상층-중간 계급들이 "가부장적이고 편협한" 하층 계급에 대한 자신들의 우월

성을 주장하기 위한 이데올로기적 도구로서 기능할 수 있다(그
리고 그것은 분명 실제로 그렇게 기능한다). 그리고 여기서 요
점은 여성주의적 투쟁이 계급적대와 상이한 방식들로 절합될
수 있다는 것뿐만이 아니며, 계급적대가 말하자면 여기서 이중
으로 기입되어 있다는 것이다. 여성주의적 투쟁이 왜 상층 계급
들에 의해 전유되었는가를 설명해주는 것은 바로 계급투쟁 그
자체의 특수한 배치인 것이다. (인종주의도 마찬가지다. 노골
적인 인종주의가 하층 계급 백인 노동자들 사이에서 왜 강력한
지를 설명해 주는 것은 바로 계급투쟁 그 자체의 역학이다.)
여기서 계급투쟁은 엄밀히 헤겔적인 의미에서 "구체적 보편
성"이다. 그것은, 그것의 타자성(다른 적대들)에 관계하면서, 그
자신에게 관계한다. 즉 그것은 그것이 다른 투쟁들과 관계하는
방식을 (과잉)결정한다.
　라클라우는 왜 이러한 단계를 회피하는가? 여기서 라클라우
의 라캉에 대한 참조가 어떻게 제약되어 있는가를, 그것도 구조
적인 이유에서 제약되어 있는가를 주목하는 것이 핵심적이다.
우선 라클라우는 "봉합"이라는 용어를 단지 불가능한 총체적
패쇄를 신호하는 것으로 소박한 방식으로 사용한다. 라캉적
이론에서 "봉합"은 훨씬 더 복잡한 개념으로서, 어떤 주어진
장 내에서 그것의 구성적 **외부**를 붙잡고 있는 역설적 요소를
가리킨다. 이러한 라캉적 노선을 따라서 바디우는 어떤 상황의
"무" 혹은 "공백"을 어떤 상황의 "존재에로의 감산적 봉합"이
라고 지칭한다.[16] 봉합은, 상황의 패쇄를 실연하기는커녕, 상황

16) Alain Badiou, *L'etre et l'evenement*, Paris: Editions du Seuil, 1988, p. 68.

의 패쇄를 방해하는 틈새를, 즉 그 상황의 일부이면서도 그
안에 아무런 자리도 없는 "정원외적" 요소 속에서 체현되는
"증상적 뒤틀림"을 도입한다. 보다 근본적으로는 라클라우가
"욕망의 대상"에 대해 말할 때 그는 완전하게 실현된 **사회**를,
모든 탈구들이 취소되어진 불가능한 완전성을 지칭할 뿐이다.
여기서 욕망의 대상과 욕망의 대상-원인에 대한 라캉의 정확한
구분을 끌어들인다면 훨씬 더 생산적이었을 것이다. "대상"은
사물이며 **사회**의 불가능한 완전성이며 정치적 행위자들이 욕
망하는 것인 반면에 욕망의 원인은 잔여물이며 "부분 대상"—
정확히 말하자면, 돌출하며 균형을 교란하는 것 — 이다. 민주
주의에서 욕망의 원인 — 그것의 대상 a — 은 우연적인 의미작
용의 게임 속에서 지양(aufgehoben)되는 것에 저항하는 "불가분의
잔여", "정념적" 부분 대상 — 예컨대, 자연화된 "민족"— 이다.

"무의식은 정치다" 17)

이는 우리를 "라캉과 정치"라는 복잡한 문제로 이끈다. 최근
에 일련의 개입들은 라캉의 이론의 정치적 함축들을 새로운
방식으로 접근했다. (오늘날 만연하는 나르시시즘의 파괴적 잠
재력에 대항한 유일한 방어책으로서 "강력한" 부성적 법의 회
복을 요청하는 것과 같은) 곧바로 보수적인 몇몇 지적들을 제
쳐놓을 때 두 가지 주요한 사례는 자크-알랭 밀레의 "도시에서

---

17) Jacques Lacan, *La logique du fantasme* (seminar 1966-67), 10 May, 1967.

의 정신분석"으로의 전회와 라클라우와 무폐의 근본적 민주주
의 기획을 라캉과 연계하려는 야니스 스타브라카키스의 시도
이다.

이 지점에서, 밀레가 정통적 마오주의 알튀세르주의자로서
출발했다는 것을 기억하는 것이 좋다. 1960년대 말의 그의 입장
을 오늘날의 그의 자유주의 중도파적 평범함으로부터 분리시
키는 틈새는 놀랄 만한 것이다. 기본적인 태도는, 상식적인 "현
실주의적" 지혜의 태도인데, 이는 물론 가장 순수한 지점에서
의 이데올로기다(그러한 요소들은 이미 라캉에게서도 식별가
능하다). 즉 순수성을 위한 지나친 분투는 단지 테러리즘으로
귀착될 뿐이며 따라서 어느 정도의 부패를 현명하게 받아들이
도록 하자는 것이다. 밀레에게 있어 본연의 정치적 고려들의
출발점이 정신분석 자체의 법적 · 사회적 생존 조건들에 있어
서 정신분석의 이익이라는 것은—따라서 정신분석이 독립적
인 시민 사회와 정치적 다원론과 공식적 이념들에 대한 반대파
와 회의적 태도가 용인되는 사회적 삶을 지지한다는 것은—결
코 놀랄 일이 아니다. 정신분석은 전복적이다. 즉 정신분석은
모든 공식적 이념들과 제도들에 대한 불신을 낳는다. 하지만
혁명적이지는 않은데, 왜냐하면 정신분석은 혁명 이후의 밝은
미래에 관한 이상들 또한 불신하기 때문이다. …… 여기서 우리
가 조우하는 것은, 정치는 동일화와 이상과 주인-기표의 영역
이며 이에 대해서 우리는 회의론적 거리를 유지해야 한다고
하는 낡은 주문이다. 정치적 연루는 우리를 무뢰한knaves으로
만들거나 아니면 바보fools로 만든다는 것이다. 그 기저에 깔린
진보에 대한 회의론은 리비도적 경제의 폐쇄에 대한 다소 초보

적인 참조에 의해 지탱된다: 충동들과 충동들의 향유의 층위에
는 그 어떤 이득도 없는데, 왜냐하면 한쪽 층위에서의 소득은
언제나 다른 쪽 층위에서의 손실에 의해 상환되기 때문이다.
…… 정치적 혁명들에 대한 라캉이 애호하는 위트를 밀레가
참조하는 것은 결코 놀라운 일이 아니다: 하루가 끝날 때, 언제
나 그것들은 원래의 천문학적 의미에서 revolution[18]— 즉 우리
를 출발점으로 다시 데리고 오는 순환운동 — 임이 판명난다.
(그렇지만, 천체에 관한 은유를 계속해보자면, 이따금씩 행성
들이 공전하는 바로 그 순환 경로에서 실로 변동이, 즉 그것의
좌표를 재정의하고 새로운 균형을, 혹은 오히려 새로운 균형의
척도를 확립하는 단절이 발생하지 않는가?) 이러한 것을 배경
으로 할 때 밀레가 "도시에서의 정신분석"이라고 부르는 것이
무엇에 해당하는 것인가를 추측하는 것은 어렵지 않다. 최근의
라디오 대담을 다음과 같이 발췌하는 것으로도 이를 충분히
엿볼 수 있다.

자크-알랭 밀레: 현대의 사회적 삶은 너무나도 복잡하고 추상
적이고 비인격적인 네트워크 속에 포장되어 있어서 자기 자신
속으로의 철회, 즉 미셸 푸코가 자기에 대한 배려le souci de soi라
불렀던 것으로의 철회라는 효과를 낳습니다. 그렇다면 사람들은
이렇게 말하지요. "그건 개인주의다. 그건 나르시시즘이다." 그
건 현대의 주체가, 현대의 프랑스인이 내적인 안전 영역을 자신
안에서 발견하고 자신 안에서 추구하고 있기 때문입니다. 내가

---

18) ["혁명"을 뜻하는 "revolution"은 천문학에서는 공전이나 자전과 같은
회전을 가리킨다.]

말하려고 하는 것은, 당신이 외부에서 찾을 수 없는 신뢰를 당신 자신 안에서 찾으려고 한다는 것입니다. 그리고 오늘날을 대표하는 질병이 울증인 것은 바로 그 때문입니다. 그것은 자기확신의 상실입니다. /……/ 오늘날 프랑스에는 불안전의 느낌이 있습니다. 그리고 이미 우리가 19세기에 수많은 혁명을 초래했던 프랑스적인 신경과민과 더불어서 위험 사회에 살고 있다는 것을 알고 있어야 합니다. 그렇지 않습니까? 그건 쉽사리 두려움의 사회로 바뀝니다. 그리고 공황의 물결이 프랑스 사회를 휩쓸고 지나갑니다. 그 뒤에 우리가 남겨지지요.

장-피에르 엘카바: 정신분석가님, 치유책은 무엇입니까?

자크-알랭 밀레: 따라서 결론을 내리는 것은 손쉬운 일입니다. 그 뒤에 우리가 돌팔이의 손에 남겨지지요. /……/

장-피에르 엘카바: 치료를 하는 사람들과 다 망쳐놓는 사람들은 구별되어야 한다고 믿지 않습니까? 개인들에게, 저와 같은 프랑스인에게 좋은 일을 하는 사람들과 나쁜 일을 하는 사람들은 말입니다.

자크-알랭 밀레: 물론입니다.

장-피에르 엘카바: 왜냐하면 그들은 능력이 없으니까, 왜냐하면 그들은 자격이 없으니까, 왜냐하면 그들은 면허장이 없으니까, 왜냐하면 그들은 경험이 없으니까 말입니다.

자크-알랭 밀레: 엘카바 씨. 공황을 일으키려고 노력하지 마십

시오. 미디어는 여기서 커다란 책임이 있습니다. 당신이 문제들
에 대해 반대하면서 하지만 무엇보다도, 무엇보다도 공황을 만
들어내지 않으면서 어떻게 대중들에게 경고를 할 것인가에 대한
올바른 수단을 찾기는 아주 어려울 것입니다. /⋯⋯/ 오늘날 분
석가들은, 정신분석가들은 고등법원을 포함해서 법원에 가치있
는 사람들을 보내는 국가에게, /⋯⋯/ 국가의 대리인들에게 자신
들이 가지고 있는 일정한 양의 지식을, 주기적으로 터져나오는
이 공황의 물결을 실로 치유할 수 있는 일정한 양의 지식을 전
달할 수 있어야 합니다. 그리고 나는 이제부터라도 계속해서 담
론의 어떤 종류가 변화하기를 기대합니다.[19]

"물신주의"를 다루는 짧은 논문에서 프로이트가 여자아이에
게 음경이 없음을 발견한 아이의 공황에 대해 쓰면서 이렇게
덧붙인다: "나중에 어른도 왕좌와 제단이 위험에 처해 있다는
외침이 있을 때 유사한 공황을 경험하게 될 것이며, 이 공황은
유사한 비논리적인 결론들로 이어질 것이다."[20] 물론 이러한
결론들은 물신주의적 부인에 해당하는 "나는 잘 알고 있다. 하
지만 ⋯⋯."이다. 정신분석의 주된 사회적 기능이 정말로 권력

---

19) 2003년 10월 31일 Europe 1에서 전화연결로 진행된, 밀레와 아쿠아이에
    M. Accoyer와 함께 한 엘카바JP Elkabbach의 방송 내용 기록. http://www.
    lacan.com/europe1.htm에서 구할 수 있다.

20) Sigmund Freud, *Studienausgabe*, Band III, Frankfurt: Fischer Verlag, 2000, p.
    384. [국역본: 프로이트, 『성욕에 관한 세 편의 에세이』, 열린책들, 김정일
    옮김, 2003, 320쪽. 김정일은 이 부분을 "나중에 성장해서 성인이 되었을
    때도 거세 불안을 느낄 만한 비슷한 상황이 벌어지면, 공포감을 경험하고
    비슷한 논리적 결과가 생긴다"라고 번역하고 있다. 이 번역은 프로이트가
    왕좌와 제단을 언급하는 내용을 빠뜨리고 있다.]

을 가진 사람들과의 협동을 통해서 대중들을 안심시킴으로써
"공황을 방지하는" 것인가? 기저에 깔려 있는 사유 노선은 극히
단순한 저속성으로 인해 두 눈을 의심하지 않을 수 없다. 그것
은 어떤 깜짝 놀랄 진기함이 뒤섞인(19세기의 프랑스 혁명들이
"프랑스적인 신경과민"에 의해 야기되었다?!) 저널리즘적 상투
어의 수준에서 움직이고 있다. 현대의 사회적 삶은 침투불가능
하고 예측불가능한 것으로서 경험되며, 개인들은 기초적인 인
지적 지도를 결여하고 있으며, 그렇기 때문에 그들은 자기 자신
속으로, 그들의 내적 삶 속으로 방향을 돌려야 하고, 그러지
못하면 이러한 방어 전략이 실패할 경우 공황 상태에 빠지게
된다. 그리고 분석가의 의무는 권력을 가진 사람들이 (**타자** 속
의 결여를 가면씌우는 외양들을 안정적으로 유지하는 것을 통
해서) 이러한 공황의 분출을 방지하는 데 도움을 주는 것이다.
이와 같은 밀레의 견해에 대비하여 우리가 스타브라카키스에
대해서 말할 수 있는 최소한의 것은 그가 이론적으로 훨씬 더
정교하다는 것이다. 하지만 바로 그렇기 때문에 그는 밀레가
숙고하고 있는 것들의 기저에 놓인 개념틀을 보다 분명하게
드러낸다. 존재론적 개방성-우연성-결정불가능성에 대한 단
언과 이 존재론적 개방성의 정치적 형태로서의 민주주의 사이
의 단락을 말이다. 그리하여 일종의 정치-존재론적 단락 속에
서 민주주의는 "환상 통과의 정치"로서 직접적인 라캉적 정당
화를 얻게 된다. 여기 야니스 스타브라카키스의 최근 논문에
이러한 추리의 모델이 있다.

/······/ 근대적 유토피아 환상들(두드러진 것으로는, 아리아인의
나치 질서라는 이상과 미래의 공산주의 사회로 이어지는 프롤레
타리아 혁명이라는 이상)을 실현하려는 정치적 시도들은 혁명적
천년왕국설 같은 전근대적인 종말론적 담론들의 전형적 패턴을
재생했을 뿐이다. 이 모든 담론들이 부정성을 다루는 방식은 많
건 적건 다음과 같은 것이다: 유토피아 환상들은 부정성이 취하
는 그 어떠한 사회-정치적 형태에서건 부정성을 영원히 제거할
것이라는 약속을 한다. 이 불가능한 목표를 성취하기 위해 유토
피아적 담론들은 부정성의 원인을 하나의 특수한 사회집단이나
정치행위자에게로 **국지화시킨다**. /······/ 이러한 역사적 논증은
정치에서의 환상의 기능에 관한 **정신분석적 논증**에 의해 지지될
수 있다. 라캉적 존재론의 관점에서 볼 때 환상은 /······/ 교란도
탈구도 없는 상태에 대한, 상징계에 진입할 때 희생된 향유를 되
찾을 것으로 가정된 상태에 대한 꿈을 내포하는 동시에 우리의
결여에 책임이 있는 자로서 비난받아야 할 "희생양", 즉 우리의
귀중한 향유를 훔친 악한 세력을 만들어내는 것에 의존하고 있
다. **부정성**을 제거하겠다는 약속을 신뢰할 만한 이야기처럼 들
리게 하기 위해서 그것은 부정성에 대해 국지화되고 "통제가능
한" 원인(유대인, 쿨락kulaks 등등)을 부여해야만 한다.
　사실이 그러하다면 분명 우리 시대의 가장 화급한 정치적 과
제 중 하나는 유토피아 환상을 횡단하는 것이며 후-환상적 방향
으로 변혁적 정치를 재발명하는 것이다. /······/ 다행히도 그것은
바퀴의 재발명과도 같은 엄청난 일을 함축하지는 않을 것이며,
헤라클레스가 필요할 만큼의 변동을 요구하지는 않을 것이다.
우리는 통상 민주주의적 발명 혹은 민주주의적 혁명이라 불리는
것에서 그와 같은 정치적 기획의 요소들을 만날 수 있다. /······/
여기엔 그 어떤 최종적 해결에 대한 약속도 없으며, 그 어떤 정
치적 지양Aufhebung에 대한 약속도 없다. 적대는 구성적이며, 구

성적인 것으로서 남아 있다. /……/ 근본적 민주주의가 부정성을
다루는 방식은 그것의 구성적 특성을 인정하고 그것의 개방된
적대적인 관리에 대해 책임을 떠맡는 동시에 그것이 영구적으로
해결되는 환상이나 화려한 광고 쇼로 전락하는 환상에 저항하는
것이다. 라캉적 용어로 우리는 민주주의 혁명을 심화시키는 근
본적 민주주의가 조화의 환상을 넘어서는 윤리적 입장을 채택하
고 있다고 단언할 수 있다. 바로 여기서 라캉적 정신분석의 윤리
는 근본적 민주주의의 기획에 버팀목을 제공할 수 있는 것이
다.[21)]

이 구절은 상세하게 인용할 가치가 있다. 즉 이 구절은 우리
가 의문을 던져 보아야 할 일체의 추리 노선을 명백하고도 간명
한 방식으로 제공하고 있다. 나치즘과 에른스트 놀테식 공산주
의에 이르기까지, 모든 것이 여기 있다. 우선적으로 인상적인
것은 스타브라카키스가 의존하고 있는 그 "이항 논리"이다. 한
편으로, 하나의 커다란 아치 속에 전근대적인 천년왕국식 유토
피아와 공산주의와 나치즘이 있는데 이 모두는 **악**의 기원을
특수한 사회적 행위자(유대인, 쿨락 등등)에 국지화하는 것을
함축한다. 이 "(우리의) 향유의 도둑들"이 제거된 후에는 사회
적 조화와 투명성은 재확립될 것이다. 그리고 다른 한편으로
권력, 불투명성, 사회적 삶의 환원불가능한 우연성 등의 텅 빈
자리라는 개념을 내포하는 "민주주의적 발명"이 있다. 더 나아
가, 조화로운 사회의 유토피아가 구조적인 **"타자** 속의 결여"(환

---

21) Yannis Stavrakakis, "Re-Activating the Democratic Revolution", *Parallax* No.
   2, Vol. 9 (2003), p. 58 and 62.

원불가능한 사회적 적대)를 은폐하는 환상의 일종인 한, 그리고 정신분석 치료의 목표가 환상을 통과하는, 즉 분석자 analysand로 하여금 큰 **타자**의 비존재를 받아들이도록 하는 것인 한, "사회는 존재하지 않는다"(라클라우)를 전제로 하는 근본적 민주주의의 정치는, 바로 그로써, 후-환상적 정치이지 않겠는가?

이러한 추리 노선에는 일련의 문제가 있다. 우선 유토피아를 확고히 거부함으로써 그것은 오늘날의 주된 유토피아, 즉 자본주의 그 자체의 유토피아를 그림에서 빠뜨리고 만다. 우리의 진정한 유토피아인은 바로 프란시스 후쿠야마Francis Fukuyama다. 둘째로, 그것은 사회적 삶의 우연성과 침투불가능성을 "자연적으로" 자격이 주어진 그 어떤 행위자도 없는 권력의 텅 빈 자리에 관한 민주주의적 논리와 구분하는 데 실패한다. 이 두 현상이 어떻게 서로 독립되어 있는가를 지각하는 것은 손쉬운 일이다. 기능하는 민주주의는 사회적 삶의 기본적 안정성과 신뢰성을 가정하는 쪽일 것이다. 셋째로, 이러한 단순화된 이항 대립은 또한 한편으로 "자연화된" 권위에 기반한 전통적인 권력 작용과 다른 한편으로 근본적 파열을 이루려고 애쓰는 천년왕국식 급진적 유토피아 사이에 있는 구분을 무시한다. 천년왕국식 급진주의에 대한 스타브라카키스의 거부는 너무 성급하지 않은가? 천년왕국식 급진주의자들과 그들이 가진 혁명적 부정성의 폭발이 갖는 엄청난 해방적 잠재력을 무시하고 있는 것 아닌가? 여기서 최소한 우리는 두 개의 대립쌍을 도입함으로써 이미지를 복잡하게 만들어야 한다. 첫째는 권력의 충만한 자리와 텅 빈 자리의 대립이며, 그 다음으로는 (라클라우 자신

의 용어를 쓰자면) 근본적인 구조화 원리로서의 차이/적대의
대립이다. 전통적인 위계적 권력은 "자연적인" 권력 담지자를
전제하면서도, 사회적 삶의 기본적인 구조적 원리로서 차이(위
계적 사회질서)를 주장한다. 적대를 주장하는 천년왕국식 "원
리주의"와는 대조적으로 말이다. 다른 한편으로 민주주의는 우
연성(권력의 텅 빈 자리)에 대한 주장을 차이와 결합시킨다.
민주주의는 사회적 적대들의 환원불가능한 성격을 인정하면서
도, 적대들을 규제된 대항적 경쟁으로 번역하는 것이 목표다.
그렇다면 네 번째 선택항, 즉 우연성과 적대의 결합은 어떤가?
다시 말해서 "사회적인 것의 완전한 충만함과 투명성"이라는
따분한 허수아비와는 관련이 없는 근본적인 사회적 변형의 전
망은 어떤가? 왜 모든 근본적인 사회적 혁명의 기획은 "전적인
투명성"이라는 불가능한 꿈을 목표로 하는 덫에 자동적으로
빠져야 하는가?

　스타브라카키스가 말하는 근본적인 작용, 즉 비-동일성 자
체와의 동일화라는 작용("민주주의"는 비-동일성 자체의 역설
적 주인-기표라는, 즉 민주주의적 투쟁은 궁극적으로 어떤 특
정한 실정적 내용을 위한 투쟁이 아니라 우연성과 개방성 자체
를 통합하는 사회질서를 위한 투쟁이라는 관념)[22]과 관련하여

22) 물론 여기서 함정은 민주주의적 원리주의의 가능성이다. 이미 자코뱅
　　당원들은 자신들의 공포정치를 혁명적 권력의 자연적 체화로서가 아니
　　라 권력의 텅 빈 자리의 파수꾼으로서 부과했다. (첨언하자면, 구조의
　　결여가 그 자체로 결여를 실정화하는 구조로 반전되는 것 등등에 관한
　　다양한 이야기를 내가 끊임없이 제출했음에도 불구하고, 어떻게 민주주
　　의가 결여의 제도화인지를, 정치적 삶의 궁극적 우연성을 고려에 넣는

여기서 그는 밀레와 재결합하는데, 밀레는 동일한 모티프를 클로드 르포르를 직접적으로 참조함으로써 세공한다. "'민주주의'는 주인-기표인가? 틀림없이 그렇다. 그것은 그 어떤 주인-기표도 없다고 말하는, 혹은 적어도 홀로 서 있을 주인-기표는 없다고 말하는, 모든 주인-기표는 다른 기표들 가운데 스스로를 현명하게 삽입해야 한다고 말하는 주인-기표다. 민주주의는 라캉이 말하는 빗금쳐진 A의 대문자 S[23])이다. 그것은 다음과 같이 말한다: 나는 **타자**에 구멍이 있다는, **타자**는 존재하지 않는다는 사실의 기표이다."[24]

물론 밀레는 그 어떤 주인-기표도 없으며 그 어떤 **타자**의 **타자**도 없으며 **타자** 안에는 결여가 있다는 등의 사실을 모든 주인-기표가 증언하고 있다는 것을 알고 있다. S_1과 S_2 사이의 바로 그 틈새는 이 결여 때문에 발생한다(스피노자에게 있어서의 신이 그러한 것처럼, 주인-기표는 정의상 "일상적" 기표들의 계열 속에 있는 틈새를 메운다). 차이는 이런 것이다. 즉 민주주의의 경우 이 결여는 사회적 건축물 속으로 곧바로 기입되며, 일단의 절차들과 규제들로 제도화된다. 그렇다면 어떻게 민주주의에서 진리는 단지 "분열과 해체 속에서"만 드러나는 것인가와 관련해 밀레가 마르셀 고쉐Marcel Gauchet를 긍정적으로 인용하고 있는 것은 전혀 놀라운 일이 아니다. 그렇지만 분석가로서 밀레는 스타브라카키스가 빠뜨리고 있는 어떤 것

정치적 질서인지를 내가 "보지 못한다do not see"고 — 라클라우와 스타브라카키스에 의해 — 비난을 받는 것은 조금은 성가신 일이다!)

23) [S(A).]

24) Jacques-Alain Miller, *Le Neveu de Lacan*, Verdier, 2003, p. 270.

을 지각한다. 그는 근본적 민주주의자들이 사실상 "보지 못하는do not see" 그 무엇을 알고 있다. 자신의 모든 특수한 뿌리와 규정들로부터의 폭력적인 추상을 통해 출현하는 민주주의적 주체는 라캉적인 빗금쳐진 주체 $인데, 이 주체는 그 자체로서 향유에 대해 낯설어 하며, 향유와 양립불가능하다.

텅 빈 자리로서의 민주주의는 우리에게 다음을 의미한다. 즉 민주주의의 주체는 빗금쳐진 주체라는 것을 말이다. 우리의 작은 대수algebra는 그것이 소문자 a를 빠뜨린다는 것을 즉각 파악할 수 있도록 해준다. 다시 말해서, 향유의 특수성에 걸려 있는 모든 것을 빠뜨린다는 것을 말이다. 민주주의의 텅 빈 빗금쳐진 주체는 이 편안한 소문자 a로써 지칭되는 일체의 것 속에서 진행되고 스스로 형성되고 진동하는 그 모든 것에 자신을 연결시키기가 어렵다는 것을 발견한다. 일단 텅 빈 자리가 있으면 법을 존중하는 한 누구라도 자신의 전통과 자신의 가치들을 가지고 들어올 수 있다는 이야기를 우리는 듣는다. /······/ 그렇지만 우리가 알고 있는 것은, 사실상 민주주의가 더 비어 있는 것일수록 더더욱 향유의 사막이 되며 이와 상관하여 더더욱 많은 향유가 어떤 요소들 속으로 응축된다는 것이다. /······/ 또 어떤 사람들이 이야기하기를, 기표가 더 "냉정"해질수록, 기표가 더 순수화될수록, 기표가 법과 평등주의적 민주주의와 시장 세계화의 순수 형식 속에 더 스스로를 부과할수록 /······/ 열정이 더욱더 증대되고, 증오가 더 강렬해지며, 완전주의integralism가 증식하고, 파괴가 확장되며, 전례 없는 대량 학살이 이루어지고 들은 바 없는 재앙이 발생한다.[25]

---

25) Jacques-Alain Miller, 같은 글, pp. 146-147.

이것이 의미하는 바는 민주주의적인 텅 빈 자리와 전체주의적 충만함의 담론이 엄밀히 상관적이라는 것이며, 동전의 양면이라는 것이다. 한쪽에 반대해서 다른 한쪽 편을 드는 것은, 그리고 이 불유쾌한 보충물들을 피해갈 "근본적" 민주주의를 옹호하는 것은 무의미한 일이다. 따라서 라클라우와 무페가 우파만이 열정을 가지고 있으며 새로운 동원의 상상물을 제안할 수 있으며 좌파는 단지 행정적 관리만을 할 뿐이라고 불평을 할 때, 그들이 보지 못하는 것은 그들이 한낱 좌파의 전술적 약점이라고 지각하는 것이 지닌 구조적 필연성이다. 오늘날 광범위한 논쟁을 불러일으키는 유럽적 기획이라는 것이 참여를 촉구하고 열정을 끌어들이고 불러일으키는 데 실패하는 것은 결코 놀라운 일이 아니다. 그것은 궁극적으로 이데올로기적 열정의 기획이 아니라 행정의 기획이다. 유일한 열정은 유럽에 대한 우파적 방어의 기획이다. (2003년 여름의 하버마스-데리다가 발의한 것과 같은) 통합 유럽 개념에 정치적 열정을 불어넣으려는 모든 좌파의 시도들은 힘을 얻는 데 실패한다. 이러한 실패의 원인은 바로 "정치경제 비판"의 부재이다. 스타브라카키스가 기술하는 변화들(최근의 민주주의 위기 등등)을 설명할 유일한 방법은 그것들을 현대 자본주의에서 진행되고 있는 것과 연계시키는 것뿐이다. 라클라우와 스타브라카키스 모두는 물론 "민주주의적 발명"과 전체주의의 연계를 알고 있다. 즉 그들은 현대의 전체주의를 위한 공간이 민주주의적 발명 그 자체에 의해 열렸다는 것을 알고 있다. 그렇지만 ("민주주의적 발명은 새로운 위험과 도전을 야기하지만 또한 민주주의적 해방의 힘을 동원할 새로운 길들을 열어놓는다"와 같은 식의)

그들의 표준적인 정식화는 핵심적 요점 — 향유에 대한 "원리주의적" 애착은 민주주의 그 자체의 이면이며, **환상적 보충물**이다 — 을 놓친다.

정신분석의 "전복적이지만 혁명적이지는 않은" 자세에 대한 밀레의 옹호에는 더 깊은 역사적 문제가 있다. 정치의 문제가 점점 더 직접적으로 향유의 양태, 향유의 분배와 규제(낙태, 동성애자 결혼, 가부장제 등등)가 되어가는 오늘날의 "후-이데올로기적" 시대에 정신분석은 공적-정치적 영역에 대해 예전의 프로이트적인 회의론적 거리를 더 이상 유지할 수 없다는 밀레 자신의 주장을 상기해보자.[26] 공적인 것과 사적인 것의 틈새는 점진적으로 폐지되며, 향유는 직접적으로 정치화된다. 이는 사회적 이상과 동일화를 진지하게 취급하지 않는 회의론적 자세 또한, 그러한 의심이 오늘날 이미 더 이상 이상과 동일화의 층위에서 작동하지 않고 곧바로 향유를 규제하는 층위에서 작동하는 헤게모니적 이데올로기 그 자체의 기본적 특징이기 때문에, 더 이상 작동하지 않는다는 것을 함의하지 않는가?

유토피아와 온화한 살인 기술

그리하여 현재의 위기는 오늘날의 **주인-기표**로서의 민주주의 그 자체에 대해 다시 생각하지 않을 수 없도록 한다. 이데올로기로서의 민주주의는 일차적으로는 잠재적virtual 대안의 공

---

26) "Lacan et la politique", 같은 글, p. 122.

간으로서 기능한다. 권력 변화의 가망성 그 자체가, 권력 변화
의 어렴풋한 가능성이 기존의 권력 관계를 인내할 수 있게 해준
다. 즉 이 기존 관계들은 거짓 개방성에 의해 안정화되며 용인
할 만한 것이 된다. (이와 엄밀히 유사하게도 주체들은 변화
가능성의 자각―"좋은 때가 임박했다"―이 동반하는 경우 자
신들의 경제적 상황을 받아들인다.) 자본주의의 세계화를 반대
하는 사람들은 꿈을 살아있는 꿈으로 유지하는 것의 중요성을
즐겨 강조한다. 세계적 자본주의는 역사의 종말이 아니며 다르
게 생각하고 행동하는 것이 가능하다는 것이다. 그렇지만 이러
한 변화 가능성이 갖는 매혹이야말로, 사실상 아무 일도 일어나
지 않을 것임을 보증하는 것이라면 어찌할 것인가? 현재의 세
계적 상황의 절망적 패쇄성에 대한 전적인 수용만이 우리를
진정한 변화로 나아가도록 밀어줄 수 있는 것이라면 어찌할
것인가? 바로 이러한 방식으로 잠재적 대안은 그것 자체의 현
실성actuality을 드러낸다. 즉 그것은 기존 질서의 실정적인 존
재론적 구성성분이다.
　"민주주의"는 "국민의, 국민에 의한, 국민을 위한 권력"에
불과한 것이 아니다. 민주주의에서 대다수의 의지와 이익(이
둘은 결코 자동적으로 일치하는 것이 아니다)이 국가 결정을
좌우한다고 주장하는 것으로는 충분치 않다. 민주주의는―오
늘날 이 용어가 사용되는 방식으로는―무엇보다도 형식적 법
치주의와 관계가 있다. 민주주의에 대한 최소한의 정의는, 적대
들이 대항의 게임에 완전히 흡수되는 것을 보증하는 일단의
형식적 규칙들에 대한 무조건적 고수이다. "민주주의"는 그 어
떤 선거 조작이 있다 하더라도 모든 정치적 행위자들이 결과를

무조건적으로 존중할 것임을 의미한다. 이러한 의미에서 2000
년 미국 대선은 실로 "민주주의적"이었다. 명백한 선거 조작에
도 불구하고, 몇 백 명의 플로리다 유권자들이 당선자를 결정하
게 될 것이라는 사실이 지닌 그 뻔한 무의미성에도 불구하고,
민주당 후보는 패배를 인정했다. 선거 후의 불확실한 몇 주간의
시기에 빌 클린턴은 적절하고도 신랄한 논평을 했다: "미국
국민은 말했습니다. 단지 무엇을 말했는지 우리는 모를 뿐입니
다." 이러한 논평은 원래의 의미보다 더 진지하게 취급되어야
한다. 즉, 지금도 우리는 알지 못한다. 그리고 그것은 그 결과
배후에 그 어떤 실질적 "메시지"도 없었기 때문인지도 모른다.
　　나이가 든 사람들은 비참한 "현실 사회주의"에 진정한 사회
주의의 전망을 대립시키려고 했던 "민주주의적 사회주의자들"
의 따분한 시도들을 아직 기억하고 있다. 그와 같은 시도들에
대해서는 표준적인 헤겔적 응답으로 충분한 것이다. 즉 현실이
그것의 개념을 따라가는 데 실패하는 것은 언제나 이 개념 자체
의 내재적 약점을 증언하는 것이다. 하지만 민주주의 그 자체에
대해서도 왜 마찬가지면 안 되겠는가? "현실" 자유주의 자본-
민주주의에 보다 진정한 "근본적" 민주주의를 대립시키는 것
역시 너무나도 단순한 것 아닌가?
　　흥미롭게도 형식적 민주주의자 자신들(혹은 적어도 그들의
실질적인 부분)이 민주주의의 중단을 묵인할 적어도 한 가지
경우가 있다. 형식적으로 자유로운 선거에서 형식적 민주주의
의 폐지를 가져올 강령을 가지고 있는 반민주주의적 정당이
승리한다면 어찌할 것인가? (이러한 일은 예컨대 몇 년 전에
알제리에서 실제로 발생했다.) 이러한 경우 많은 민주주의자들

은 국민이 아직 민주주의를 누릴 만큼 "성숙하지" 않으며 일종의 계몽적 독재를 통해서 다수를 진정한 민주주의자로 교육시키는 것이 좋다는 것을 승인할 것이다. 포퓰리즘의 핵심적 요소 또한 형식적 민주주의 절차를 버리는 것이다. 그러한 규칙들이 여전히 존중된다 하더라도 그것들이 정치적 행위자들에게 결정적 적법성을 제공하지 않는다는 것이 언제나 분명해진다. 오히려 포퓰리즘은 국민투표와 군중집회를 통한 카리스마적 리더십과 군중의 직접적인 감정적 연계에 호소한다. 결론적으로, "민주주의"를 적대에서 대항으로의 번역에 한정하는 것이 정치적으로 훨씬 더 생산적이며 이론적으로 훨씬 더 적합한 것처럼 보인다. 민주주의는 이해관계, 이데올로기, 내러티브 등의 환원불가능한 복수성을 인정하지만, 우리식으로 말해보자면 민주주의적인 게임의 규칙을 거부하는 자들을 배제한다. 자유민주주의자들은 포퓰리즘이 본래 "반민주주의적"인 것이라고 주장함에 있어서 확실히 옳다.

바로 이러한 의미에서 우리는 민주주의를 문제삼아야 한다. 왜 좌파는 형식민주주의적인 "게임의 규칙"을 언제나 무조건 존중해야 하는가? 왜 적어도 어떤 상황에서는 형식민주주의적 절차의 결과가 갖는 적법성을 의문시해서는 안 되는가? 모든 민주주의적 좌파들은 "자유는 다르게 생각하는 자들을 위한 자유다"라는 로자 룩셈부르크의 유명한 말에 존경을 표한다. 어쩌면 강세를 "다르게"에서 "생각하는"으로 옮겨야 할 때가 온 것인지도 모른다. "자유는 다르게 생각하는 자들을 위한 자유다"—하지만 자신들의 의견을 단지 맹목적으로 (생각 없이) 행동으로 옮기는 자들을 위한 것이 아니라, 아무리 다르게라도 오로지 진짜로 생각하는 자들만을 위한. …… 1953년에 쓴 (1956년 발표된)「해결」이라는 유명한 짧은 시에서 브레히트는 노동자의 반란에 직면한 공산주의 노멘클라투라의 오만을 조롱한다:

> 6월 17일의 봉기가 끝난 후
> 작가 연맹 비서는
> 스탈린 거리에 유인물을 뿌리게 했는데
> 거기에 씌어 있기를, 국민이
> 정부의 신임을 잃었으니
> 두 배의 노력을 통해서만 이를
> 되찾을 수 있다고 한다. 차라리
> 정부가 국민을 해산하고
> 다른 국민을 선출하는 것이
> 쉽지 않을까?[27)]

그렇지만 이 시는 단지 정치적으로 기회주의적인 것에 불과한 것이, 그와 동독 공산주의 체제의 유대를 보여주는『신독일』 *Neues Deutschland*에 공개된 편지의 이면에 불과한 것이 아니다 (모질게 말하자면 브레히트는 양쪽 측면을 동시에 지원하길 원했다. 그는 체제에 대한 지지를 선언하는 동시에 노동자들과의 연대를 암시하길 원했다. 따라서 누가 이기든 그는 이기는 쪽에 있을 것이다). 이 시는 또한 이론-정치적 의미에서 단순히 잘못된 것이다. 우리는 "국민을 해산하고 다른 국민을 선출하

27) Bertolt Brecht, *Gedichte in einem Band*, Frankfurt: Suhrkamp, 1982, pp. 1009-1010.

는 것"이, 즉 "낡은" 기회주의적 국민(비활성적인 "군중")을 역
사적 과제를 자각하는 혁명적 집단으로 실체변환하는 것이 사
실상 혁명적 당에 주어진 하나의 의무—심지어 유일무이한
의무—이다라는 것을 용기있게 인정해야 한다. "국민을 해산
하고 다른 국민을 선출하는 것"은, 손쉬운 일이기는커녕, 가장
어려운 일이다. …… 이것은 우리가 오늘날의 지배적인 태도인
반권위주의적 관용의 태도에 근본적인 의문을 던질 용기를 모
아야 한다는 것을 의미한다. 데이비드 마멧David Mamet의 『올
리아나』Oleanna에 대한 명쾌한 독서를 통해 이러한 태도의 한계
를 개괄한 것은 놀랍게도 버나드 윌리엄스Bernard Williams였다.

> 그 여성 캐릭터의 끊임없는 불평은 그녀가 대학에 오기 위해서,
> 무언가를 배우기 위해서, 알지 못하는 것을 듣기 위해서 희생을
> 했지만 그녀에겐 단지 빈약한 것만이 허용되었다는 것이다. 그
> 녀는 그녀의 선생이 /……/ 그녀를 충분히 통제하거나 지도하지
> 않는다고 불평한다. 무엇을 믿어야 하는지, 혹은 더 나아가 무엇
> 을 질문해야 하는지를 그녀에게 말해주지 않는다고 말이다. 그
> 는 권위를 행사하지 않는 것이다. 동시에 그녀는 그가 그녀에게
> 권력을 행사한다고 불평한다. 어쩌면 이는 그녀의 혼란이거나
> 희곡작가의 혼란인 것처럼 보일지도 모른다. 하지만 그렇지가
> 않다. 그 남성 캐릭터는 그녀에 대한 권력을 가지고 있다(그는
> 그녀에게 어떤 점수를 줄지 결정할 수 있다). 하지만 바로 그에
> 게 권위가 없기 때문에 이 권력은 한낱 권력이며, 부분적으로는
> 성 권력이다.[28]

---

28) Bernard Williams, *Truth and Truthfulness*, Princeton: Princeton University Press, 2002, pp. 7-8.

권력은 더 이상 "권위"에 덮여 있지 않는 지점에서 "그 자체로서" 나타난다(경험된다). 그렇지만 윌리엄스의 견해에는 좀 더 복잡한 것이 있다. 우선 "권위"는 단순히 주인-형상의 직접적 속성에 불과한 것이 아니라 주인과 그의 하인 사이의 사회적 관계의 효과이기도 하다. 주인이 동일하게 남아 있을지라도, 사회-상징적 장에서의 변화 때문에 주인의 자리가 더 이상 적법한 권위로 지각되지 않고 한낱 불법적 권력으로 지각되는 일이 일어날 수 있다(그와 같은 변동은 여성주의의 가장 초보적인 제스처—남성적 권위는 갑자기 한낱 권력에 불과한 것으로 가면이 벗겨진다—이지 않은가?). 1789년에서 1989년에 이르는 모든 혁명들의 교훈은 그와 같은 권위의 붕괴가, 즉 권위의 임의적 권력으로의 변형이 혁명적 분출에 언제나 선행한다는 것이다. 윌리엄스는 권력-형상의 바로 그 허용성이, 즉 권력-형상이 그의 하인subject을 감독·통제하고 권위를 행사하는 것을 억제하는 것이 어떻게 권위를 불법적 권력으로 보이게 만드는가를 올바르게 강조하고 있다. 오늘날 학계의 악순환은 바로 여기 있다. 교수들이 "권위주의적인" 능동적 가르침을 포기하고 지식과 가치를 부과하는 일을 포기하면 할수록 더욱 더 그들은 권력의 형상으로 경험된다. 그리고, 모든 부모가 알고 있듯이, 가정교육 역시 마찬가지다. 진정으로 전이적인 transferential 권위를 행사하는 아버지는 "억압적인" 아버지로 경험되지 않을 것이다. 반대로 허용적이려고 하는 아버지는, 자신의 견해와 가치를 아이들에게 부과하려고 하지 않고 아이들이 자신들의 길을 스스로 발견하는 것을 허용하는 아버지는 권력을 행사하는 "억압적인" 아버지로서 비난을 당한다.

여기서 완전히 승인되어야 할 역설은 권력 관계를 사실상 폐
지할 수 있는 유일한 길은 권위 관계의 자유로운 수용을 통하는
길이라는 것이다. 자유로운 집단의 모델은 자신들의 쾌락에 몰
두하는 자유분방가들libertines의 집단이 아니라 극도로 규율화된
혁명적 집단이다. 그러한 집단을 묶어주는 명령을 가장 잘 요약
하는 것은 이중 부정(금지)이라는 논리적 형식이다. 정확히 말해
서 그것은 직접적인 긍정과 동일한 것이 아니다. 브레히트의『조
처』의 말미에서 네 명의 선동가는 다음과 같이 선언한다:

> 사람을 죽인다는 것은 끔찍한 일입니다.
> 하지만 어쩔 수 없는 경우라면, 남뿐 아니라 우리는 우리
> 자신도 죽일 것입니다
> 살아있는 사람이라면 누구나 알 듯이
> 사람 죽이는 이런 세상은 오로지
> 폭력에 의해서만 변화시킬 수 있기 때문입니다.
> 우린 말했습니다, 아직은 우리에게
> 살인하지 않는 것이 허용되지 않았노라고.[29]

이 구절은 "우리에게 살인하는 것이 허용되어 있노라"고 말
하지 않고 "아직은 우리에게 살인하지 않는 것이 허용되지 않
았노라"고 말한다. 혹은 단순히, 아직은 우리에게 살인하지 않
는 것이 금지되어 있다는 것이다. 여기서 브레히트의 정확성은
경탄스럽다. 이중 부정은 결정적이다. "살인하는 것이 허용되
어 있다"는 단순한 비도덕적 허용에 해당하는 것이 될 것이다.

---

29) Bertolt Brecht, *Collected Plays: Three*, London: Methuen, 1997, p. 87. [국역본:
브레히트, 『브레히트의 교육극』, 한마당, 1993, 376-7쪽.]

"살인하는 것이 명령되었다"는 살인을 앞 판본[30]의 진리로서
의 외설적-도착적 초자아 명령으로 변형시킬 것이다(라캉의
말처럼, 허용된 향유는 냉혹하게도 명령된 향유로 화하고 만
다). 그리하여 유일하게 정확한 방식은 성경의 금지, 즉 살인하
지 말라는 금지의 역전인데, 이는 끝까지 가며, 적절한 장례식
을 치르는 것에 대한 반-안티고네적 금지로까지 간다. 젊은
동지는 "소멸해야, 전적으로 소멸해야" 한다. 즉 그의 소멸(죽
음) 그 자체가 소멸해야 하며, 그 어떤 (상징적) 흔적도 남기지
말아야 한다. 이러한 급진적 자세는 공적 인정도 부인되고 심지
어 사후의 인정조차도 부인되는 혁명적 행위자의 자기-말소의
논리적 결론이다. 「불법 사업 예찬」에서 감독 합창단은 이렇게
노래한다:

> 연설하라, 하지만
> 연설자는 감추어라.
> 이겨라, 하지만
> 승리자는 감추어라.
> 죽어라, 하지만
> 죽음은 감추어라.
> 명성을 위해서라면 누군들 많은 일을 하지 않으랴, 그러나
> 입다물기 위해서 누가 그렇게 하는가?[31]

바로 이것이 "주체적 궁핍"의 자세에서 수행되는 혁명적 행
동이다. 즉 "자신의 언표행위 자리를 진정으로 내보이는" 것이

---

30) [즉, "살인하는 것이 허용되어 있다".]
31) 같은 글, p. 68. [국역본: 354쪽.]

아니라 언표된 것 뒤에서, 주체 없는 행위 속에서 스스로를 말소시키는 것. 불멸의 마르타 아르헤리치Martha Argerich가 그녀의 피아노 연주에 대해서 했던 말("나는 피아노 연주를 사랑합니다. 난 단지 피아니스트임을 혐오할 뿐입니다.")은 또한 혁명가에게도 적용된다: 그는 혁명을 사랑하지만 혁명가임을 혐오한다.

버나드 윌리엄스가 여기서 다시 얼마간 도움이 될 것이다. 그는 해야만 한다*must*를 하는 것이 옳다*ought*와 영원히 분리시키는 틈새를 세공한다. "하는 것이 옳다와 해야만 한다의 관계는 최선*best*과 오로지*only*의 관계와 같다."[32] 우리는 여러 대안들을 장시간 마음 조이며 숙고한 이후에 해야만 하는 것에 도달한다. 그리고 "그러한 믿음에 대해 여전히 불확실해 하면서도, 대안적 길들의 강력한 장점들을 여전히 매우 분명하게 보면서도, 그러한 믿음을 가질 수 있다."[33] 해야만 한다와 하는 것이 옳다의 이 차이는 또한 시간성에도 의존한다. 우리는 "했어야 옳았던ought to have done" 어떤 것을 하지 않은 것에 대해 누군가를 비난할 수 있다. 하지만 어떤 일을 하지 않았다고 해서 "넌 그것을 했어야만 했다you must have done it"라고 말할 수는 없다. 우리는 "넌 그것을 했어야만 했다"라는 표현을, ("자책하지 마라. 네가 그를 사랑했다고 하더라도 너는 그를 처벌했어야만 했다!"의 경우처럼) 혐오스러운 어떤 일을 정말로 한 누군가를 위로하기 위해 사용한다. 반면에 "너는 그것을 했어야 옳았

32) Bernard Williams, 같은 글, p. 125.
33) 같은 글, p. 126.

다"는 표현의 표준적 용법은 네가 그것을 하지 **않았다**는 것을
함축한다.

"해야만 한다"에 대한 이와 같은 참조는 또한 조작의 공간을
열어놓기도 한다. 예컨대 거래의 상대방이나 노골적인 공갈을
하는 사람이 "한탄할 일이지만" 하면서 그 표현을 사용한다면,
그 덕분에 그에게는 불유쾌한 조치를 취하는 것 말고는 다른
어떤 대안도 없었던 것이 되는 것이다. 여기에 테러를 감행"하
지 않을 수 없는" 무자비한 스탈린주의자의 사례를 덧붙일 수
도 있을 것이다. 이러한 입장은 거짓된 것이다. 왜냐하면 우리
가 어떤 것을 "해야만 할" 때 우리의 상황으로 인한 숙고의
한계 내에서 우리는 "이것 말고는 달리 할 수가 없다"고 하는
것이 전부는 아니니까 말이다. 어떤 사람의 인성은 그가 해야만
하는 것을 한다는 것에서만 드러나는 것이 아니다. 사람의 인성
은 또한 "그러한 한계들의 소재所在에서도, 그리고 어떤 것들을
할 수가 없으며 다른 것들을 해야만 한다는 것을 때때로 숙고
그 자체를 통해서 결정할 수 있다는 바로 그 사실에서도" 드러
나는 것이다.34) 그리고 우리는 우리의 인성에 대해서, 즉 내가
어떤 것들을 하지 못하게 하고 다른 것들을 하도록 강요하는
좌표들의 선택에 대해서 책임이 있다. 여기서 우리는 라캉의
행위 개념에 이르게 된다. 행위 속에서 나는 내가 할 수 없는
것과 해야만 하는 것의 바로 그 좌표들을 재정의하는 것이다.

그리하여 "해야만 한다"와 "하는 것이 옳다"는 실재와 상징
계로서 관계한다. 명령을 회피할 수 없는 충동의 실재(그렇기

---

34) 같은 글, p. 130.

때문에 라캉은 충동의 지위가 윤리적이라고 말한다), 그리고
욕망의 변증법에 붙잡힌 상징적 이상으로서의 "하는 것이 옳
다"(어떤 것을 하지 않는 것이 옳다고 한다면, 바로 이러한 금지
가 그것을 하고 싶은 욕망을 산출한다). 당신이 어떤 것을 "해야
만 한다"면, 그것이 의미하는 바는 아무리 끔찍하더라도 당신
에게는 그것을 하는 것 말고는 그 어떤 선택도 없다는 것이다.
바그너의 <발퀴레>*Die Walküre*에서 보탄Wotan은 프리카Fricka
에 의해 궁지에 빠진다. 그리고 그는 지그문트Siegmund의 살해
를 허락"해야만 한다"("하지 않을 수 없다"). 비록 그의 가슴은
지그문트 때문에 피를 토하지만 말이다. 또한 그는 브룬힐데
Brunhilde를 처벌"해야만 한다"("하지 않을 수 없다"). 그가 가장
사랑하는 자식이며 그 자신의 가장 내밀한 곳에 있는 갈구를
체현하고 있는 브룬힐데를 말이다. 그리고 우연히도 바그너의
<트리스탄과 이졸데>*Tristan und Isolde*의 경우도 마찬가지인데,
바이로이트Bayreuth에서의 무대는 뮐러Müller의 마지막 위대한
연출이었다. 거기서도 트리스탄과 이졸데는 자신들의 열정에
몰두해야만 하며, 하지 않을 수 없다. 비록 그것이 그들의 당위
*Sollen*에, 그들의 사회적 책무에 반하는 것이기는 하지만 말이다.
  보탄이 처벌의 시행을 강요당한 것에서 바그너는 "자비심을
가지고서 죽이기"라는 역설과 조우한다. 이 역설은 (사랑으로
정의를 행할 것을 요청하는) 탈무드에서 시작해서 브레히트의
두 핵심적인 교육극인 『예스맨』*Der Jasager*과 『조처』*Die Massnahme*
에 이르기까지 작동하고 있다. 브레히트의 두 작품에서는 젊은
동지가 동료들에 의해 온정으로써 살해된다. 폭력에 대한 추상
적이고 인도주의적인 거부에 그것의 외설적 분신, 즉 자비심

없는 익명적 살해가 동반되는 오늘날 우리의 시대에 우리가
그 어느 때보다도 더 필요로 하는 것은 바로 이것이다. 왜인가?
　1990년은, 즉 공산주의의 붕괴는, 통상 정치적 유토피아의
붕괴로서 지각된다. 고귀한 정치적 유토피아가 어떻게 전체주
의적 공포로 끝나고 마는가에 대한 혹독한 교훈을 배운 오늘날
우리는 후-유토피아적인 실용주의적 행정의 시대에 살고 있다
는 것이다. 그렇지만 여기서 우선 주목할 것은 이른바 유토피아
의 붕괴라는 것에 뒤이어서 최후의 거대한 유토피아, 즉 "역사
의 종말"인 세계적 자본주의의 자유민주주의라는 유토피아가
10년간 지배했다는 사실이다. 그리고 9 · 11은, 바로 이 유토피
아의 종말을 가리킨다. 베를린 장벽의 붕괴에 뒤이어 새로운
갈등의 장벽들이 실재적 역사로 회귀했음을 말이다. "유토피아
의 종말"이 어떻게 자기-반성적 제스처 속에서 스스로를 되풀
이했던가를 지각하는 것이 핵심적이다. 궁극적 유토피아는 유
토피아의 종말 이후에 우리가 "역사의 종말"에 있다고 하는
바로 그 개념이었다.
　우선적으로 우리는 여기서 유토피아라는 말의 의미를 특화
해야만 한다. 가장 내밀한 곳에서 유토피아는 불가능한 이상적
사회를 상상하는 것과는 아무런 상관도 없다. 유토피아를 특징
짓는 것은 문자 그대로 자리가 없는u-topic 공간의 건설이다.
즉 기존의 매개변항들―기존의 사회 세계에서 무엇이 "가능
한" 것으로 나타나는가를 규정하는 매개변항들―바깥에 있는
사회적 공간의 건설이다. "유토피아적인" 것은 가능한 것의 좌
표를 바꾸는 제스처이다. 제2인터내셔널 정통을 청산하는 과정
에서, 1914년 재앙의 잿더미로부터 등장한 레닌주의적 "유토피

아"의 핵심은 바로 거기에 있다. 국가 그 자체를 뜻하는 부르주
아 국가를 분쇄하고, 상설적인 군대나 경찰이나 관료가 없이
만인이 사회적 문제들의 관리에 참여할 수 있는 새로운 코뮨적
사회 형태를 발명하라는 근본적 명령. 레닌에게 그것은 어떤
머나먼 미래를 위한 이론적 기획이 결코 아니었다. 1917년 10월
에 레닌은 "이천만 인민이 아니라면, 열명으로 구성되는 국가
기구를 즉시 작동시킬 수 있다"고 주장했다.[35] 이와 같은 그
순간의 절박함이 진정한 유토피아다. 우리는 바로 이러한 레닌
주의적 유토피아의 (엄밀히 키에르케고르적 의미에서의) 광기
를 고수해야 한다. 그리고 스탈린주의는, 어느 쪽인가를 따져본
다면, 현실주의적 "상식"으로의 회귀를 나타낸다.『국가와 혁
명』의 폭발적 잠재력은 아무리 높이 평가해도 지나치지 않다.
이 책에서 "서구적 정치 전통의 어휘와 문법은 돌연 불필요한
것이 되었다."[36]

　다시금 이것이 의미하는 바는, 유토피아가 실제 삶을 추상한
이상적 사회에 관한 꿈꾸기와 아무 상관도 없다는 것이다. "유
토피아"는 가장 내밀한 곳에 있는 절박함의 문제이며, "가능
한" 것의 매개변항들 내에서는 더 이상 지속할 수 없을 때 생존
의 문제로서 우리가 떠밀려 들어가게 되는 어떤 것이다. 이
유토피아는 정치적 유토피아들에 대한 표준적 개념, 즉 실현되
어야 한다는 의도조차 기본적으로 없었던 기획들을 포함하는
책들(최초이자 최고의 사례인 플라톤의『국가』에서 시작해서

---

35) Neil Harding, *Leninism*, Durham: Duke University Press, 1996, p. 309에서 인용.
36) Harding, 같은 글, p. 152.

토마스 모어의 『유토피아』, 그리고 잊지 말아야 할 것으로 사드의 『규방 철학』에 이르기까지)에도 분명 대립되는 것이며 또한 우리가 자본주의 자체의 유토피아적 실천으로서 통상 언급하는 것(유토피아적 쾌락을 유발하는 상품들, 시체 성애에 이르기까지 점점 더 새로운 위반적 욕망들을 자극하는 역학에 의존하는 리비도적 경제: 자신들의 만족을 위해 시체를 필요로 하는 사람들에게 시체를 구할 수 있게 하자는 최근의 제안을 상기할 것)에도 분명 대립되는 것이다.

그리고 오늘날 유토피아 전략들 가운데 하나는 심미적 차원에 놓여있다. 종종 제기되는 주장에 따르면 자크 랑시에르 Jacques Rancier는, 심미적 차원을 정치에 내재한 것으로서 열정적으로 지지하는 가운데, 이미 그 시대가 확실히 가버린 19세기의 포퓰리즘적 반란들을 회향적으로 동경하고 있다고 한다. 그렇지만 정말로 그런가? 피어싱 body-piercing이나 옷바꿔입기 cross-dressing에서 공개적 스펙터클에 이르기까지 "후근대적인" 저항의 정치야말로 심미적 현상들로 물들어 있지 않은가? "플래시 몹 flash mob"이라는 진기한 현상은, 최소한의 뼈대로 환원된 가장 순수한 심미-정치적 항의를 나타내지 않는가? 사람들은 정해진 시각에 지정된 장소에 나타나서 어떤 짧은 (그리고 보통은 사소하거나 우스꽝스러운) 행위를 수행하고 그런 다음에 다시 흩어진다. 플래시 몹이 아무런 실제 목적도 없는 도시의 시詩로서 묘사되는 것은 결코 놀랄 일이 아니다. 이 플래시 몹은 일종의 "정치의 말레비치 Malevitch of politics" 아닌가? 그것은 최소한의 차이의 표식인 그 유명한 "흰 표면 위의 검은 사각형"에 대한 정치적 대응물 아닌가?

3. 지배와 그 너머

윤리적 폭력? 좋아요!

타자에 의한 "학대harassment"에 과민성을 보이는 시대인 오늘날 "윤리적 폭력"에 대해 불평하는 것은, 즉 보편성을 잔인하게 부과함으로써 우리를 "위협하는" 윤리적 명령들을 비판에 회부하는 것은 점점 더 다반사가 되고 있다. 여기에 숨겨진 (것이라고 보기 어려운) 모델은 자유롭게 (재)협정되는 "폭력 없는 윤리"이다. 최고의 문화 비평은 여기서 뜻밖에도 최하의 대중 심리학과 만난다. 『화성에서 온 남자, 금성에서 온 여자』 *Men are from Mars, Women are from Venus*의 저자인 존 그레이John

Gray는 몇 차례의 오프라 윈프리 쇼Oprah Winfrey show에서 서사주의적narrativist-해체주의적 정신분석의 속화된 판본을 펼쳐 놓았다. 궁극적으로 우리는 우리가 자신에 관해 자신에게 말해주는 이야기"이기에" 심적 교착에 대한 해결책은 우리의 과거에 대한 서사narrative를 창조적이고 "긍정적"으로 다시 쓰는 데 있다는 것이다. 그가 염두에 둔 것은 단지 우리 자신에 대한 부정적인 "가짜 믿음"을 좀 더 긍정적인 태도로, 우리는 타인에게 사랑받고 있으며 창조적인 성취를 이룰 수 있다고 확신하는 태도로 변화시키는 표준적인 인지요법에 불과한 것은 아니다. 그것은 원초적인 외상적 상처의 장면으로 퇴행해 되돌아간다는 보다 더 "근본적"이고 유사-프로이트적인 개념이기도 하다. 다시 말해 그레이는, 주체의 이후 발달 과정에 정념적인 비틀림을 가해 그 과정에 영원한 표식을 남긴 어느 이른 유년기 외상적 경험의 견고한 중핵이라는 정신분석적 개념을 받아들이는 것이다. 그가 제안하는 바는 다음과 같다. 주체는 자신의 원초적인 외상적 장면으로 퇴행하여 그 중핵과 직접 대면한 후에 치료사의 인도하에 이 장면을, 자신의 주체성의 이 궁극적인 환상적 뼈대를 보다 더 "긍정적"이며 자애롭고 생산적인 서사로 "다시 써야" 한다는 것. 가령 당신의 무의식 속에서 집요하게 유지된 채 당신의 창조적 태도를 훼손하고 억제하는 원초적인 외상적 장면이 아버지가 당신에게 "몹쓸 자식 같으니! 꼴도 보기 싫다! 너 같은 걸 어디다 쓰겠냐!"라고 소리치는 장면이라고 가정해보자. 그러면 당신은 그 장면을 호의적인 아버지가 친절하게 당신에게 미소지으며 "좋아! 넌 정말 믿음직스럽구나!"라고 말하는 등등의 새로운 장면으로 다

시 써야 한다는 것이다. (오프라 윈프리 쇼에서 한 번은 그레이
가 한 여자를 데리고 이러한 과거-다시-쓰기 경험을 직접 상
연했다. 그녀는 마침내 그를 우아하게 껴안고서 행복에 겨워
소리쳤다. 이제 더 이상 아버지가 경멸적 태도로 자신을 대한다
는 생각에 사로잡히지 않는다고.) 이 게임을 끝까지 해보자.
늑대 인간이 자신의 이후의 심적 발달을 결정한 외상적 장면—
부모의 후방 성교*coitus a tergo*를 목격함—으로 "퇴행했을" 때
해결책은 늑대 인간이 실상 본 것은 부모들이 침대에 누워서
아버지는 신문을, 어머니는 감상 소설을 읽고 있는 것에 불과했
다고 이 장면을 다시 쓰는 것이었을까? 이 절차가 우스꽝스럽
게 보일지라도 거기에는 또한 PC[Politically Correct: 정치적으로
올바른] 판본이, 인종적, 성적 등등의 소수자들이 자신들의 과
거를 보다 더 긍정적이고 자신에 찬 어조로 다시 쓴다는 판본이
있다는 것을 잊지 말자(아프리카계 미국인은 유럽의 근대성
훨씬 이전에 고대 아프리카 제국에는 이미 고도로 발전된 과학
과 테크놀로지 등등이 있었다고 주장한다). 동일한 논지를 따
라 우리는 십계 자체를 다시 쓰는 것까지도 상상해볼 수 있다.
너무 가혹한 명령이 있는가? 시나이 산 장면으로 퇴행하여 그
것을 다시 써보자. 간음? 좋다. 그것이 진실하고 당신의 심오한
자기-실현의 목표에 기여하는 조건에서라면. 기타 등등. 이처
럼 과거를 차후에 소급적으로 완전히 다시 쓸 수 있다는 것
속에서 사라지는 것은 무엇보다 "확고한 사실들"이 아니라 외
상적 조우의 **실재이다**. 왜냐하면 외상적 조우의 **실재**가 주체
의 심적 경제 속에서 맡는 구조화하는 역할은 그것을 상징적으
로 다시 쓰는 것에 영원히 저항하기 때문이다.

궁극적인 아이러니는 이 "윤리적 폭력에 대한 비판"이 약자
가 강자에게 부과하여 강자의 삶의 단호함을 좌절시키는 도덕
규범이라는 니체적 모티프와 간혹 연관되기까지 한다는 점이
다. **삶**을 영웅적으로 단언하는 것에 대한 저항이 내면화된 바
로서의 "도덕적 감수성", 양심의 가책, 죄책감이라는 모티프
말이다. 니체에게 그런 "도덕적 감수성"은 현대의 **최후의 인간**
에서 절정에 이른다. 그런 인간은 삶의 과도한 강렬함을 스트레
스 없는 "행복" 추구를 저해할 수 있는 그 무엇이라고 두려워하
며 바로 그 때문에 "잔인한" 도덕 규범의 부과를 자신의 연약한
균형을 위협하는 것이라고 거부한다. …… 이 "윤리적 폭력에
대한 비판"에서 상실되는 것은 바로 유대교 유산의 가장 소중
하고 혁명적인 측면이다. 유대교 전통에서 신성한 모세의 법은
외부에서 폭력적으로 부과되는, 우연적이고 외상적인 무엇인
가로 경험된다. 요컨대 "법을 이루는" 불가능한/실재적인 **사물**
로서 말이다. 아마도 분명 궁극적인 종교적-이데올로기적 호
명의 장면일 법한 것 ― 시나이 산에서 십계를 공표한 것 ― 은
자기-인식과 자기-실현의 경로의 결과로서 "유기적으로" 출
현하는 그 무엇과 정반대이다. 말하자면 십계의 공표는 **가장
순수한 지점**에서의 윤리적 폭력이다. 따라서 유대-기독교 전
통은 자기-실현이나 자기-충족이라는 뉴 에이지 그노시즘적
문제틀과 엄격하게 대립되어야 한다. 구약이 당신에게 이웃을
사랑하고 존중하라고 명할 때 이는 당신의 상상적인 동류
semblable/분신을 가리키는 것이 아니라 외상적인 **사물**로서의 이
웃을 가리킨다. (내 주변의 타인들을 궁극적으로 나의 인성의
부인된 다각적 측면들의 외화/투사로 환원시키는 융적 심리학

처럼) 나의 **타자/이웃**을 궁극적으로 나의 거울-이미지나 나의 자기-실현 경로의 수단으로 환원시키는 뉴 에이지적 태도와 대조적으로 유대교는 내 **이웃** 안에 영원히 낯선 외상적 중핵이 존속하는— **이웃**이 여전히 나를 히스테리화하는 불활성의, 헤아릴 수 없는, 불가해한 현존으로 남아 있는— 전통을 열어제친다.

신의 우상 금지라는 유대교 율법은, 이웃과 관계맺는 것이 종교적 실천의 **유일한** 지대, 즉 우리의 삶에 신성한 차원이 깃들어 있는 **유일한** 지대라는 진술의 이면이다. "신의 우상 금지"는 우리의 현실 너머에 있는 그노시스적인 신성함의 경험을, 여하한 우상도 넘어선 신성한 것을 가리키는 것이 아니다. 반대로 그것은 일종의 윤리적인 "여기가 로도스다, 여기서 뛰어라*hic Rhodus, hic salta*"를 지칭한다. 이런 식으로 말이다. 종교적이고 싶다구? 좋아, 그럼 여기서, "사랑의 작업들"에서, 네가 네 이웃과 관계맺는 방식에서 그걸 증명해봐. …… 여기에 반성적 규정에서 규정적 반성으로의 반전이라는 헤겔적 반전의 훌륭한 사례가 있다. "신은 사랑이다"라고 말하는 대신 "사랑은 신적이다"고 말해야 한다는 것이다. 그리고 물론 요점은 이 반전을 표준적인 인간주의적 상투어로 파악하지 않는 것이다. (바로 이런 이유에서 기독교는 신의 우상으로의 퇴행을 나타내기는 커녕 신과 인간의 동일성을 단언함으로써 유대교적 성상파괴주의의 귀결을 이끌어낼 뿐이다.)

이때 인권이라는 근대적 화제가 궁극적으로 **타자성**의 심연으로서의 **이웃**이라는 이 유대교적 개념에 정초되어 있다면 어떻게 우리는 십계(외상적으로 부과된 신성한 율법들)와 인권 사이에 형성된 현대의 기이한 부정적 연결에 이르렀는가? 다시 말해 우리의 후-정치적 자유주의적-관용주의적 사회 내에서 인권이란 궁극적으로 그 최심중에 있어서는 단지 십계를 위반할 권리일 뿐인 것이다. "사생활의 권리"는 아무도 나를 보지 않거나 내 생활을 조사할 권리가 없는 한 은밀하게 간음할 권리이다. "행복추구권과 사유재산권"은 도둑질할(타자를 착취할) 권리이다. "언론의 자유와 표현의 자유"는 거짓말할 권리이다. "자유 시민이 무기를 소유할 권리"는 살인할 권리이다. 그리고 마지막으로 "종교적 믿음의 자유"는 가짜 신들을 찬양할 권리이다.[1] 물론 인권은 율법의 위반을 직접적으로 눈감아주지는 않는다. 요점은 바로 인권이 (종교적이거나 세속적인) 권력이 미치지 않는 곳에 남아 있어야 하는 주변적인 "회색 지대"를 열어놓는다는 것이다. 말하자면 이 음영 지대에서 나는 율법을 위반할 수 있으며 권력이 조사에 착수해 허를 찔러 나를 붙잡고서 위반을 가로막고자 한다면 나는 "기본적 인권 침해야!"라고 외칠 수 있다는 것이다. 따라서 요점은 권력이 분명한 구분선을 그어 권리의 "남용"만을 방지하고 적절한 행사는, 즉 율법 등에 위배되지 않는 행사는 침해하지 않는다는 것이 구조적으로 불가능하다는 것이다. …… 이런 방향으로의 첫걸음은 은총이라는 기독교적 개념에 의해 성취되었다. 모차르트의 <티투스 황제의 자비>La Clemenza di Tito에서 최후의 용서 직전에 티투스 자신은 반역이 확산되는 것에 대해 격분한다. 이로 말미암아 그는 자비로운 행위를 확산시켜야만 하는 것이다.

---

1) 이러한 논점은 UCLA의 켄 라인하드Ken Rinehard 덕택에 가능했다.

한 명의 범죄자를 면죄하는 바로 그 순간 나는 또 다른 범죄자를 발견한다. /……/ 나도 모르는 사이에 내가 잔인해질 수밖에 없도록 별들이 음모를 꾸미고 있음에 틀림없다. 안 돼. 그것들이 이런 만족을 얻지 못하게 하리라. 이미 나의 덕행은 싸움을 계속하기로 맹세했다. 타인들의 반역이냐 아니면 나의 자비냐, 무엇이 더 변치 않는지 두고 보자. /……/ 나는 한결같다고, 나는 전부 다 알고 있으며 모두를 면죄하고 모든 것을 잊어버린다고 로마에 알려라.

우리는 티투스가 다음과 같이 불평하는 것을 거의 들을 수 있다. "Uno per volta, per carita!"[제발 한 번에 한 명씩]―"제발 서두르지 말고 차례대로 자비를 기다려라." 티투스는 자신의 임무에 따라 살면서 모든 사람을 망각하지만 그가 용서한 사람들은 그것을 영원히 기억하도록 선고받는다.

> 섹스투스Sextus: 폐하, 당신이 저를 용서한 것은 사실입니다. 하지만 제 마음은 저를 면죄하려고 하질 않습니다. 제 마음은 더 이상 기억이 남아 있지 않을 때까지 그 실수를 한탄할 것입니다.
>
> 티투스Titus: 네가 할 수 있는 진정한 회개가 변치 않는 충성보다 더 가치 있느니라.

피날레에 있는 이 쿠플레couplet는 자비의 외설적 비밀을 은연중에 누설한다. 용서는 진정으로 빚을 말소하지는 않으며 오히려 그것을 무한한 것으로 만든다는 것이다. 말하자면 우리는 우리를 용서한 사람에게 **영원히** 빚을 지게 된다. 티투스가 충성보다 회개를 선호하는 것은 결코 놀랄 일이 아니다. **주인**

에게 충성할 때는 존경심에서 그를 따르지만 회개할 때 **주인**에
게 애착을 갖는 것은 지울 수 없는 무한한 죄 때문이다. 이
점에서 티투스는 철저한 기독교적 주인, 즉 오늘날 새로운 자본
주의적 윤리에서 절정에 이른 논리의 실행가이다. 여기서 무자
비한 이익 추구는 박애에 의해 상쇄된다. 말하자면 오늘날 박애
는 기저에 깔린 경제적 착취를 감추는 인도주의적 가면으로서
게임의 일부가 되어 있다. 선진국들은 엄청날 정도로 초자아적
인 협박을 하면서도 변함없이 (원조, 신용 대부 등등으로) 후진
국을 "돕고 있다." 그럼으로써 그들은 핵심적인 문제를, 즉 그
들이 후진국의 참상에 공모하고 있고 거기에 공동 책임이 있다
는 사실을 회피하는 것이다. 이 새로운 지배 형식의 기저에
깔려있는 것은 담론상의 어떤 변동인가?

네 가지 담론

라캉은 네 가지 담론에 관한 세미나 XVII(1969-1970), 『정신
분석의 이면』*L'envers de la psychanalyse*에서 그 답변을 마련한다.
이 세미나는 1968년 사건들에 대한 그의 응답이기도 하며 그
전제는 1968년 파리의 벽에 있던 유명한 반-구조주의적 낙서,
"구조는 거리를 걸어다니지 않는다"에 대한 반전이라는 말로
가장 잘 포착된다. 말하자면 이 세미나는 어떻게 구조가 거리를
진정 걸어다니는지를, 즉 구조적인 변동이 어떻게 1968년에 있
던 것과 같은 사회적 분출을 설명**할 수 있는지**를 입증하려고
애쓴다. 우리는 사회적 응집을 보증하는 일군의 선험적 규칙을

갖는 하나의 상징적 **질서** 대신 하나의 담론에서 또 다른 담론
으로의 이행의 모체를 얻게 된다. 라캉의 관심은 현대 사회에서
헤게모니적 담론이 **주인** 담론에서 대학 담론으로 이행한다는
것에 집중되어 있다. 봉기의 지역이 대학들이었던 것은 결코
놀랄 일이 아니다. 그것 자체는 단지 새로운 지배 형식으로의
변동을 나타내는 징표였을 뿐이다. 과학적 담론이 지배 관계를
합법화하는 데 이바지하는 형식으로의 변동 말이다. 라캉의
기본적 전제는 회의적-보수적이다. 학생 혁명가들에 대한 다
음과 같은 유명한 응수는 라캉의 진단을 가장 잘 포착한다.
"히스테리증자로서 여러분은 새로운 주인을 요구하고 있습니
다. 여러분은 그것을 얻을 것입니다!" 이 이행은 좀 더 일반적인
용어로는, 전혁명적 구체제에서 후혁명적 새 **주인**으로의 이행
으로 파악할 수도 있다. 이 **주인**은 자신이 **주인**이라고 인정하
길 원치 않고 스스로를 한낱 **인민**의 "하인"에 불과한 것으로
제시한다. 니체식으로 말하자면 그것은 **주인**의 윤리에서 노예
도덕으로의 이행이며 아마도 이 사실 덕택에 우리는 니체에
새롭게 접근할 수도 있을 것이다. 말하자면 니체가 "노예 도덕"
을 비꼬면서 폐기할 때 그가 공격하는 것은 하층 계급 그 자체
가 아니라 오히려 더 이상 **주인**이란 칭호를 떠맡으려 하지 않
는 새 주인들이다. "노예"는 가짜 주인에 대한 니체식의 용어인
것이다.

네 가지 담론에 입문하기 위한 출발점은 기표에 대한 라캉의
유명한 정의이다. 하나의 기표는 "또 다른 기표를 위해 주체를
표상하는" 것이라는 정의 말이다. 분명 순환적인 이런 정의를
어떻게 읽어야 할까? 구식 병원의 침대 다리에는 환자에겐 보

이지 않는 작은 표지판이 달려있고 거기 붙어있는 차트와 서류에는 환자의 체온, 혈압, 약제 등등이 명기되어 있다. 이 표지는 환자를 표상하고 있다. 그런데 누구를 위해서? 단지 곧장 다른 주체들(가령 이 판을 정기적으로 체크하는 간호사와 의사)을 위한 것은 아니며 일차적으로는 다른 기표들을, 즉 의학 지식의 상징적 네트워크를 위한 것이다. 판에 있는 자료는 의미를 얻기 위해 거기에 삽입되어야 하기 때문이다. 우리는 컴퓨터화된 체계를 쉽게 상상할 수 있다. 여기서는 판에 있는 자료들이 자동적으로 처리되어 의사는 이 자료들이 아니라 의학 지식 체계에 따라 이런 저런 자료들로부터 도출되는 결론을 직접 받아 읽게 된다. 기표의 이런 정의로부터 끌어낼 수 있는 결론은 내가 말하는 것 속에는, 내 상징적 표상 속에는 내 언표의 구체적이며 피와 살을 가진 수신자(들)에 대해 항상 일종의 잉여가 있다는 것이다. 그 때문에 구체적인 수신자에 도달하지 못하는 편지조차도 어떤 식으로는 "다른 기표들"의 상징적 체계인 큰 **타자**라는 그 진정한 목적지에 단연코 도착하는 것이다. 이 잉여가 직접적으로 물질화된 것 중 하나는 증상이다. 수신자가 또 다른 인간은 아니지만(내가 내 신체에 내 욕망의 최심중의 비밀을 내비치는 증상을 각인할 때는 그 어떤 인간도 그것을 직접 읽도록 할 의도는 없는 것이다) 그럼에도 불구하고 진정한 수신자인 큰 **타자**에 단연코 도달했기에, 산출되자마자 그 기능을 완수한 암호화된 메시지 말이다.[2]

---

[2] 따라서 라캉의 기표 공식(하나의 기표는 다른 모든 기표들을 위해 주체를 표상한다)은 또 하나의 쌍을 끌어들이는 마르크스의 상품 공식과의 구조적인 동형성을 보여준다. 한 상품의 사용-가치는 또 다른 상품의 가치를

네 가지 담론에 대한 라캉의 도식은 기표 공식으로부터 논리
적으로 뒤따르는, 담론적인 사회적 결속 내에서의 네 가지 주체
적 위치를 표명한다(이 때문에 정신증은 배제된다. 그것은 상
징적인 사회적 결속의 바로 그 붕괴를 지칭한다는 것이다). 전
체적인 구성은 상징적 재배가*reduplicatio*라는 사실에, 즉 하나의
존재자entity를 그것 자체와 그것이 구조에서 차지하는 자리로
재배가하는 것에 기초해 있다. 그 자리는 말라르메의 "자리만
이 발생한다*rien n'aura eu lieu que le lieu*"나 말레비치Malevitch의
흰 표면상의 검은 사각형에서 볼 수 있는 바와 같다. 둘 모두는
자리 그 자체를 공식화하려는 노력을, 혹은 차라리 요소들간의
차이에 선행하는, 하나의 요소와 그것의 자리 사이의 최소한의
차이를 공식화하려는 노력을 보여준다. 재배가가 뜻하는 바는
한 요소가 결코 그것의 자리에 "들어맞지" 않는다는 것이다.
말하자면 나는 내 상징적 위임이 내게 말해주는 나와 결코 완전
하게 일치하지는 않는다. 그런 이유로 **주인** 담론은 필연적인
출발점이다. 여기서 한 존재자와 그것의 자리가 **진정** 일치하는
한 말이다(그림 1).

표상한다는 공식 말이다. 라캉의 공식의 변주조차도 마르크스의 가치
표현의 네 가지 형식을 참조하여 체계화될 수 있다(Slavoj Žižek, *For They
Know Not What They Do*, London: Verso Books, 1991의 Part I을 볼 것). 이러한
논지에서 결정적인 것은 라캉이 이 과정의 잉여-잔여인 대상 a를 마르크
스의 잉여-가치를 분명히 참조하면서 잉여-향유라고 규정한다는 점이
다.

$$\frac{\text{작인agent}}{\text{진리truth}} \qquad \frac{\text{타자other}}{\text{산물production}}$$

S_1 = 주인-기표
S_2 = 지식
$\$$ = 주체
a = 잉여-향유

【그림 1】

주인-기표는 주인 자리인 "작인agent" 자리를 실상 차지한다. 대상 a는 "산물" 자리를 차지하는데, 그 자리는 동화될 수 없는 과잉의 자리이다, 기타 등등. 그리고 그 과정을 작동시키는 것은 재배가, 즉 요소와 자리 사이의 틈새이다. 주인은 무엇 때문에 실상 자신이 주인이 되는지를 의문시하기 시작함으로써 자신을 히스테리화한다는 것이다, 기타 등등. 따라서 **주인** 담론을 기초로 해서 그 다음엔 **주인** 자리에 다른 세 요소를 번갈아 놓음으로써 다른 세 가지 담론을 계속 발생시킬 수 있다. 대학 담론에서는 바로 **지식**이 작인(**주인**) 자리를 차지하며 주체($\$$)를 "산출되는" 것으로, 동화될 수 없는 과잉-잔여로 전화시킨다. 히스테리에서 진정한 "주인"은 **주인** 그 자신을 실질적으로 위협하는 작인인데 이는 **주인**의 위치를 부단히 의문시하는 히스테리적 주체이다. 기타 등등.

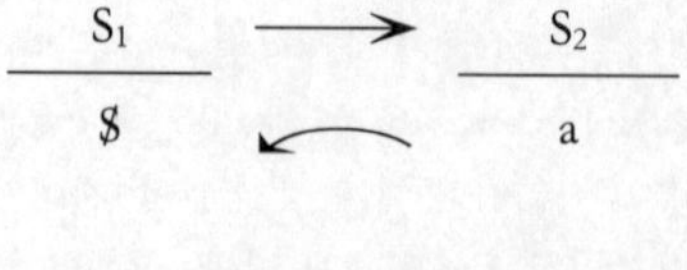

$$\frac{S_1}{\$} \longrightarrow \frac{S_2}{a}$$

【그림 2】 주인 담론

따라서 우선 **주인** 담론은 기본적인 모체를 제공한다(그림 2). 주체는 또 다른 기표를 위해("평범한" 기표 사슬이나 기표 영역을 위해) 기표에 의해 표상된다. 반면 이런 상징적 표상에 저항하는 잔여 —"목구멍 속의 뼈"— 가 대상 a로서 출현하며("산출되며") 주체는 환상적 형성물을 통해 이 과잉에 대한 관계를 "정상화"하고자 애쓴다(**주인** 담론의 공식 하단부가 환상의 수학소, $-a를 표현하는 것은 이 때문이다). 하지만 이런 규정과 외관상 모순되게도 라캉은 **주인** 담론이 환상의 차원을 배제하는 유일한 담론이라고 주장하곤 한다. 이를 어떻게 이해해야 할까? **주인**의 제스처가 갖는 환영은 언표행위enunciation의 층위(나의 말이 유래하는 주체적 위치)와 언표된 내용의 층위는 서로 완전히 일치한다는 것이다. 즉 **주인**은 나를 완전히 흡수하는 화행speech-act을 그 특징으로 하는데 그 속에서 "나는 내가 말하는 바이다". 요컨대 **주인**에 있어서의 특징은 완전히 실현되고 모든 게 구비된 수행문이다. 물론 그런 이상적 일치는 환상의 차원을 차단한다. 왜냐하면 환상은 정확히 언표된 내용과 그 기저에 깔린 언표행위의 위치 사이의 틈새를 채우기 위해 출현하기 때문이다. 환상은 "당신은 내게 이 모든 걸 말하고 있는데 그 이유가 뭔가? 내게 이런 말을 함으로써 당신이 진정 원하는 건 뭔가?"라는 물음에 대한 대답인 것이다. 따라서, 그럼에도 불구하고 환상의 차원이 존속한다는 사실은 **주인** 담론이 궁극적으로 불가피하게 실패한다는 것을 나타내고 있을 뿐이다. 그 유명한 고위 관리자를 상기해보기만 하면 된다. 그는 자신이 "한낱 대상에 불과한 것으로 취급받는" 마조히즘적 의례에 참여하기 위해 때때로 매춘부들을 방문해야만

한다는 강박을 느낀다. 부하들에게 명령을 내리고 부하들의 삶을 관리하는 데 있는 그의 공적인 능동적 존재라는 허울(**주인** 담론의 상단부: S_1-S_2)은 그가 타자의 향유의 수동적 대상으로 전화한다는 환상(하단부: $-a$)에 의해 지탱되는 것이다. 칸트 철학에서 욕망 능력[욕구 능력]faculty of desire은 "정념적"이기에, 즉 우연적인 대상들에 의존하기에 "순수 욕망 능력", "순수 욕망 비판"이란 있을 수 없는데 반해 라캉에게 정신분석은 정확히 일종의 "순수 욕망 비판"이다. 다시 말해 욕망은 **진정 비-정념적인**("선험적인") 대상-원인을 갖는다. 대상 a, 즉 그 자신의 결여와 겹치는 대상 말이다.

주인-기표란 무엇인가? 윈스턴 처칠은 자신의 기념비적인 『제2차 세계대전』*Second World War* 바로 그 마지막 몇 페이지에서 정치적 결단이라는 수수께끼에 대해 숙고하고 있다. 전문가들(경제 분석가, 군사 분석가, 심리학자, 기상학자 등등)이 다중적多衆的이고 공들인 정제된 분석을 제안한 후에는 누군가가 단순하고, 바로 그 때문에 가장 어려운 다음과 같은 행위를 떠맡아야 한다는 것이다. 이런 복잡한 다중체―여기에는 찬성하는 이유마다 반대하는 이유 두 가지가 있고 그 역도 마찬가지다―를 단순한 "예"나 "아니오"―우리는 공격할 것이다, 우리는 계속 기다릴 것이다 등등―로 이항하는 행위. 결코 이유들에 완전히 기초를 둘 수는 없는 이런 제스처가 **주인**의 제스처이다. 그렇기에 **주인** 담론은 S_2와 S_1 사이의, "평범한" 기표 사슬과 "과잉적인" **주인-기표** 사이의 틈새에 의존한다. 군사 계급을, 즉 그것이 군사 지휘 위계 내에서의 위치와 겹치지 않는다는 기묘한 사실을 상기해보기만 하면 된다. 장교의 계급―중위, 대령, 장군 등등—으로부터 위계적인 지휘 계통에서의 자리(대대 지휘관, 부대 지휘관)가 직접 도출될 수는 없다. 물론 원래 계급은 어떤 지휘 위치에 직접 기초를 두고 있었다. 그렇지만 기묘하게도 계급은 그 위치의 지칭을 재배가하게 되었고 그렇기에 오늘날 우리는 "보스니아의 유엔 보호군UNPROFOR 지휘관, 마이클 로즈 장군"이라고 말한다. 왜 이런 재배가가 필요한가? 왜 계급을 말소하고 단지 지휘 계통 내에서의 위치에 의해 장교를 지칭하지 않는가? 문화 대혁명 전성기 때의 중공군만이 계급을 말소하고 지휘 계통 내에서의 위치만을 사용했다. 이런 재배가의 필요성은 사회적 위계 내에서의 자리를 지칭하는 "평범한" 기표에 **주인-기표**를 덧붙일 필요성 바로 그것이다. 이 동일한 틈새는 또한 동일 인물의 두 가지 이름이 예증하고 있다. 교황은 카롤 보이티야Karol Wojtyla임과 동시에 요한 바오로 2세이다. 첫 번째 이름은 "현실의" 인물을 나타내는 반면 두 번째 이름은 이 동일한 인물을 교회 제도의 "무오류적" 체현으로서 지칭한다. 가련한 카롤은 술에 취해 어리석은 말을 지껄일 수 있는데 반해 요한 바오로가 말을 할 때 그를 통해 말하는 것은 신적인 영靈 그 자체라는 것이다.

이제, "원초적으로 억압된" 것은 이항적binary 기표(표상-대리자Vorstellungs-Repräsentanz라는 기표)라는 라캉의 테제를 정확히 어떤 의미에서 파악해야 할지 알 수 있다. 상징적 질서가 차단하는 것은 음-양이나 여타 두 가지 대칭적인 "근본 원리"처럼 **주인-기표** 쌍인 S_1-S_2가 완전히 조화롭게 현존하게 되는 것이다. "성적 관계는 없다"는 사실이 의미하는 바는 정확히 두 번째 기표(**여자**Woman라는 기표)가 "원초적으로 억압되어 있으며" 이 억압의 자리에서 우리가 얻는 것은, 그 틈새를 채우는 것은 다중적인 "억압된 것의 회귀", 일련의 "평범한" 기표라는 것이다. 우디 앨런Woody Allen이 톨스토이를 패러디한 <사랑과 죽음>Love and Death에서 자동적으로 튀어나오는 첫 번째 연상은 다음과 같다. "톨스토이가 있다면 도스토예프스키는 어딨지?" 영화에서 도스토예프스키(톨스토이에 대한 "이항적 기표")는 "억압된 채로" 남아 있다. 하지만 이로 인해 치르는 대가는 말하자면 영화 중의 대화가 도스토예프스키의 모든 주요 소설의 제목을 우연히 포함하는 것이다. "저 사람 여전히 지하에 있나요?" "당신, 카라마조프 씨네 형제 중 한 명을 말하는 거요?" "맞아요, 그 백치!" "아, 그는 정말로 범죄를 저질렀고 그로 인해 처벌받았지요!" "내가 알기론 그는 항상 지나치게 모험을 하는 노름꾼이었어요!" 등등. 여기서 우리는 "억압된 것의 회귀"와, 즉 억압된 이항적 기표인 "도스토예프스키"의 틈새를 채우는 일련의 기표들과 조우한다. 성적 차이에 관한 라캉의 이론이 "이항 논리"의 함정에 빠진다고 보는 표준적인 해체주의적 비판이 완전히 요점을 놓치는 것은 이 때문이다. **여자**는 존재하지 않는다는 라캉의 말은 정확히 **남성**과 **여성**이라는 "이항적" 쌍극의 와해를 겨냥하고 있는 것이다. 근원적인 분열은 **일자**One와 **타자** 사이에 있는 것이 아니라 엄밀히 **일자**에 내속되어 있다. 그것은 **일자**와 그것이 각인되는 텅 빈 자리 사이의 분열이다(메시아는 도래한 지 하루 지나 올 것이라는 카프카의 유명한 진술을 우리는 바로 그런 식으로 읽어야 한다). **일자**에 내속된 분열과 다중의 폭발 사이에 있는 연결고리 또한 그런 식으로 파악해야 한다. 다중은 원초적인 존재론적 사실이 아니다. 다중의 "초월적" 발생은 이항적 기표의 결여에 있다. 즉 다중은 누락된 이항적 기표의 틈새를 채우려는 일련의 시도로서 출현한다.

따라서 **주인** 담론을 기각할, 그것을 너무나 성급히 "권위주의적 억압"과 동일화할 이유는 없다. **주인**의 제스처는 모든 사회적 결속을 정초하는 제스처인 것이다. 이데올로기의 응집력이 효력을 상실하는 사회적 붕괴의 혼란 상황을 상상해보자. 그런 상황에서 **주인**은 새로운 기표를, 그 유명한 "누빔점"을 창안하는 자이다. 그 기표는 다시금 상황을 안정시키고 가독적으로 만든다. 그런 연후에 이 가독성을 지탱하는 **지식** 네트워크를 제공하는 대학 담론은, 정의상, **주인**의 최초의 제스처를 전제하고 그것에 의존한다. **주인**은 그 어떤 새로운 실정적 내용도 덧붙이지 않는다. 그는 돌연 무질서를 질서로, 랭보가 말했을 법한 "새로운 조화"로 전화시키는 기표를 덧붙일 따름이다. 1920년대 독일에서의 반-유대주의를 생각해보라. 사람들은 그들 스스로를 방향상실한 것으로 경험했으며, 부당한 군사적 패배, 자신들의 평생의 저축을 용해시켜 버린 경제적 위기, 정치적 무력함, 도덕적 타락 등등에 내던져져 있는 것으로 경험했다. 그런데 나치는 이 모든 것을 설명하는 단일한 작인을 마련한 것이다. 그것은 유대인이었고 유대인의 음모였다. 여기에 **주인**의 마력이 있다. 실정적 내용의 층위에선 새로운 그 어떤 것도 없지만 그가 자신의 **말**을 공표한 이후에 "완전히 동일한 것은 아무것도 없다"…….

따라서 S_1과 S_2 사이의 차이는 동일한 장 내에서의 두 반대극 사이의 차이가 아니라 오히려 하나의 항에 내속된 이러한 장

내에서의 절단―과정이 일어나는 층위의 절단―이다. 위상학
적으로 우리는 동일한 항을 두 개의 표면에서 얻는다. 바꿔
말해 근원적인 쌍은 두 개의 기표로 이루어진 쌍이 아니라 기표
와 그것의 재배가로 이루어진 쌍이다. 즉 기표와 그것이 각인되
는 자리 사이의, 일과 영 사이의 최소한의 차이가 문제가 된다.
그렇다면 S_1과 S_2는 어떻게 관련되는가? 우리는 두 가지 대립된
판본 사이에서 동요하지 않았던가? 첫 번째 판본에서 S_1의 대칭
적 상대물인 이항적 기표는 "원초적으로 억압되어 있으며", S_2
라는 사슬이 출현하는 것은 이 억압의 공백을 보충하기 위해서
이다. 즉 근원적인 사실은 S_1과 그것의 상대물의 자리에 있는
공백으로 이루어진 쌍이며 사슬 S_2는 이차적이라는 것이다.
"불가해한 항"이자 텅 빈 기표인 S_1의 출현을 설명하는 두 번째
판본에서는 반대로, 미완의 의미화 사슬 S_2가 원초적인 사실이
며 S_1이 개입하는 것은 이 미완의 공백을 채우기 위해서이다.
이 두 판본은 어떻게 통합될 수 있는가? 상호 함축의 악순환이
궁극적인 사실인가?

【그림 3】 대학 담론

대학 담론은 "중립적" **지식**의 위치로부터 언표된다(그림 3).
그것은 실재의 잔여(가령, 교육적 지식의 경우에는, "미숙한,
미교화된 아이")에 말을 건네어 그 잔여를 주체($)로 전화시킨

다. 가로줄 아래 숨어있는 대학 담론의 "진리"는 물론 권력,
즉 **주인-기표**이다. 말하자면 대학 담론의 구성적인 기만은 그
것이 실상 권력에 기초한 정치적 결단에 상당하는 것을 사실적
사태에 대한 단순한 통찰처럼 제시하면서 그 수행적 차원을
부인한다는 점이다. 여기서 피해야 하는 것은 푸코식의 오독이
다. 산출된 주체는 단순히 지식-권력의 규율적 적용의 결과로
서 생겨나는 주체성이 아니라 그 적용의 잔여, 즉 지식-권력의
장악으로부터 빠져나오는 것을 말한다. "산물"(담론의 모체에
서의 네 번째 항)은 단순히 담론적 작용의 결과를 나타내는
것이 아니라 오히려 그것의 "불가분의 잔여"를, 담론적 네트워
크에 포함되는 것에 저항하는 과잉을 나타낸다. 즉 산물은 담론
자체가 바로 그 심장부에서 "외래적 신체"로서 산출하는 것을
나타내는 것이다.

대학 담론의 기저에 깔려 있는 **주인** 위치의 범례는 아마도
의학적 담론이 우리의 일상 생활에서 기능하는 방식일 것이다.
표면적인 수준에서 우리가 다루고 있는 것은 주체-환자를 연
구, 진단, 치료의 대상으로 환원함으로써 탈주체화하는 순수한
객관적 지식이다. 그렇지만 그 밑에서 쉽게 식별할 수 있는
것은 불안에 사로잡혀 의사를 자신의 **주인**으로 대하고 그에게
서 안도감을 청하는 근심어린 히스테리화된 주체다. (여타 과
학자들과 똑같이 대우받는 것에 대한 의사들의 저항은 그들이
자신들의 위치가 여전히 **주인**의 위치라고 자각한다는 사실에
있다고 주장하고도 싶다.[3]) 이 때문에 우리는 의사에게서 단지

---

3) Jean Clavreuil, *L'ordre médical*, Paris: Editions du Seuil, 1975을 볼 것.

적나라한(객관적인) 진리를 말해주기만을 기대하지는 않는다. 말하자면 악조건을 알고 있는 것이 우리가 그것에 대처하는 데 여하간 도움이 될 것인 한에서만 그가 우리에게 그 나쁜 소식을 말해주기를 기대한다. 하지만 그럴 경우 사태가 악화되기만 할 것 같으면 그가 그 소식을 환자에게 알리지 않기를 기대한다.) 보다 더 통상적인 수준에서는 강력한 예산 조치(복지 비용의 삭감 등등)를 그 어떤 이데올로기적인 편향도 없는 중립적인 전문적 견해에 따른 필연성이라고 옹호하는 시장 전문가를 상기해보기만 하면 된다. 그가 은폐하는 것은 시장 메커니즘의 "중립적" 작용을 지탱하는, (국가 장치의 능동적 역할에서부터 이데올로기적 믿음에까지 걸쳐 있는) 일련의 권력-관계들이니 말이다.

$$\frac{\$}{a} \xrightarrow{\hspace{1cm}} \frac{S_1}{S_2}$$

【그림 4】 히스테리 담론

히스테리적 결속에서 a분의 $\$$[4]는 **타자**를 위한 대상으로서의 자신의 존재로 인해, **타자**의 욕망에서 자신이 하는 역할로 인해 분할되고 외상을 입은 주체를 나타낸다(그림 4). "왜 제가 당신이 말하는 그 무엇이지요?" 혹은 셰익스피어의 줄리엣의 말을 인용하자면, "왜 제가 그 이름이지요?"라는 물음을 던지는

---

4) [그림 4에서의 수학소 $\frac{\$}{a}$를 지칭하는 것임.]

주체 말이다. 라캉에게 이는 리비도적 투여의 거미줄에 내던져
진 어린 아이의 원초적 상황이다. 아이는 여하간 자신이 타자들
의 리비도적 투여의 초점이라는 것은 자각하고 있지만 타자들
이 자신에게서 **무엇을** 보는지는 파악할 수가 없는 것이다. 주체
가 **타자-주인**에게서 기대하는 바는 자신이 대상으로서 어떤
존재인가에 관한 지식이다(공식의 하단부). 라신느의 페드르는
히스테리적이다. 그녀가 고유한 세대 질서를 근친상간적으로
위반함으로써(자신의 의붓아들과 사랑에 **빠짐**으로써) 남자들
사이에서 교환 대상의 역할을 하는 것에 저항하는 한 말이다.
이폴리트에 대한 그녀의 열정은 그것을 곧장 실현시키고 만족
시키는 것을 겨냥하는 것이 아니라 오히려 이폴리트에게 그것
을 고백하는 바로 그 행위를 겨냥한다. 그리하여 이폴리트는
페드르의 욕망의 대상이자 그녀의 상징적 **타자**(그녀가 고백하
는 욕망의 수신자)라는 이중의 역할을 하지 않으면 안 된다.
이폴리트는 페드르로부터 자신이 그녀의 애타는 열정의 원인
임을 알게 되는 순간 충격을 받는다. 이런 지식은 분명한 "거
세" 차원을 지니며 그를 히스테리화하는 것이다. "왜 나지? 내
가 대상으로서 무엇이길래 내가 그녀에게 이런 효과를 갖는
거지? 그녀는 내게서 무엇을 보는 거지?" 참을 수 없는 거세
효과를 산출하는 것은 "그것을" 박탈당한다는 사실이 아니라,
반대로 분명히 "그것을 소유하고 있다"는 사실이다. 히스테리
증자는 "대상으로 환원되는" 데에, 다시 말해 자신을 타자의
욕망의 대상으로 만드는 아갈마*agalma*를 투여받는 것에, 공포
를 느끼는 것이다.

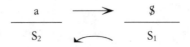

【그림 5】 분석가 담론

히스테리와 대조적으로 도착증자는 자신이 **타자**를 위해 어떠한 존재인지를 완벽하게 알고 있다. 지식은 그의 위치를 **타자**(분할된 주체)의 향유의 대상으로서 지탱해준다. 그런 이유로 도착증의 담론 공식은 분석가 담론 공식과 동일하다(그림 5). 라캉은 도착증을 전도된 환상으로서 정의한다. 즉 그의 도착증의 공식은 a-$로 $이다. 그런데 이것은 정확히 분석가 담론의 상단부이다. 도착증적인 사회적 결속과 분석적인 사회적 결속의 차이는 라캉에게 대상 a가 갖는 근본적인 애매성에 기초해 있다. 대상 a는 상상적인 환상적 미끼/차폐막이자 이 미끼가 흐려놓는 것, 즉 미끼 이면의 공백을 동시에 나타낸다. 따라서 도착증에서 분석적인 사회적 결속으로의 이행이 일어날 때 작인(분석가)은 주체가 주체 자신의 욕망의 진리와 대면하게끔 조장하는 공백으로 그 자신을 환원시킨다. "작인" 밑의 가로선 아래 위치한 "진리" 자리에 있는 지식은 물론 분석가가 지니고 있다고 가정되는 지식을 가리키며 이와 동시에 여기서 얻은 지식이 과학적 적합성을 지닌 중립적인 "대상적" 지식이 아니라 주체적 위치라는 진리 속에서 주체(분석자)와 관련되어 있는 지식일 것이라는 사실을 나타내고 있다. 질투심 많은 남편이 아내에 관해 주장하는 바(그녀가 다른 남자들과 잔다는 것)가

설사 모두 사실이라고 해도 그의 질투는 여전히 정념적이라는 라캉의 발칙한 진술을 또 다시 상기해보라. 동일한 논지를 따라 나치가 유대인에 관해 주장하는 바(유대인은 독일인을 착취하며, 독일 여자를 유혹하며 등등)의 대부분이 설사 사실이라고 해도 그들의 반-유대주의는 여전히 정념적일 것이라고(그리고 정념적이었다고) 말할 수 있다. 왜냐하면 이는 나치가 자신들의 이데올로기적 위치를 지탱하기 위해 반-유대주의를 왜 필요로 했는가하는 진정한 이유를 억압하기 때문이다. 따라서 반-유대주의 사례에서 유대인의 "진정한 존재"가 어떤 것인가에 관한 지식은 사기이며 부적절한 것인데 반해 진리의 자리에 있는 유일한 지식은 나치가 자신의 이데올로기적 구축물을 지탱하기 위해 유대인의 형상을 왜 필요로 하는가하는 지식이다. 바로 이런 의미에서 분석가 담론이 "산출하는" 것은 **주인-기표**이며, 환자의 지식의 "빗나감"이며, 환자의 지식을 진리의 층위에 위치시키는 잉여-요소이다. **주인-기표**가 산출된 후에는 지식의 층위에서 변한 것이 아무것도 없다 할지라도 전과 "동일한" 그 지식은 상이한 양식으로 기능하기 시작한다. **주인-기표**는 무의식적인 증환*sinthome*, 주체가 자신도 모르게 종속되어 있었던 향유의 암호이다. 여기서 놓쳐서는 안 될 결정적인 요점은 이렇듯 후기 라캉이 분석가의 주체적 위치를 대상 a의 위치와 동일화하는 것이 어떻게 근본적인 자기-비판의 행위를 제시하는가 하는 것이다. 이전인 1950년대에 라캉은 분석가를 작은 타자(a)가 아니라 반대로, 일종의 큰 **타자**(A, 익명의 상징적 질서)의 대역으로 파악했다. 이 수준에서 분석가의 기능은 주체의 상상적 오인을 좌절시키고 주체로 하여금 상징적 교환

회로 내에서의 자신의 고유한 상징적 자리를, 즉 실상 (그것도 자신도 모르게) 자신의 상징적 정체성을 결정하는 자리를 수락하도록 하는 것이었다. 그렇지만 이후에 분석가는 바로 큰 **타자**의 궁극적인 비일관성과 실패를, 즉 주체의 상징적 정체성을 보증하지 못하는 상징적 질서의 무능함을 대변한다.

따라서 정치 **지도자**가 "나는 당신들의 **주인**이며 내 의지를 행사하겠다!"고 말한다면, 이런 직접적인 권위의 단언은 주체가 자신이 **지도자**로서 행위할 자격을 의심하기 시작할 때 히스테리화된다("나는 진정 그들의 **주인**인가? 내 안의 무엇이 내가 그렇게 행위하는 것을 합법화하는가?"). 그런데 그것은 대학 담론의 모습으로 가면을 쓸 수 있다("내가 여러분에게 이것을 하라고 요청할 때 나는 단지 객관적인 역사적 필연성에 대한 통찰을 따르고 있을 뿐입니다. 그렇기에 나는 여러분의 **지도자**가 아니라 단지 여러분이 여러분 자신을 위해 행위할 수 있도록 해주는 여러분의 하인일 뿐입니다……"). 그것도 아니라면 주체는 공백으로서 행위할 수 있다. 이 경우 주체는 자신의 상징적 효능을 중지시켜 자신의 **타자**로 하여금 다음과 같은 점을 자각하지 않을 수 없게 한다. 또 다른 주체를 **지도자**로서 경험하고 있었던 것은 단지 그런 식으로 그를 대하고 있었기 때문이라는 점. 이와 같은 간략한 설명으로부터 네 가지 담론 각각에서의 "작인"의 위치가 어떻게 주체성의 특정 양식을 내포하는지는 분명할 것이다. **주인**은 자신의 (화)행에 완전히 관여하는 주체이다. 그는 어떤 점에서 "자신의 말"이며, 그 말은 직접적인 수행적 효능을 보여준다. 그와는 반대로 대학 담론의 작인은 기본적으로 탈관여되어 있다. 그는 중립적 지식에의 접근이 용이한 "객관적 법칙"에 대한 자기-말소적 관찰자로서 (그리고 집행자로서) 자신을 정립한다(임상적 측면에서 그의 위치는 도착증자의 위치에 가장 가깝다). 히스테리적 주체는 바로 그 존재가 근본적인 의심과 의문을 내포하는 주체이다. 그의 전全 존재는 자신이 **타자**에게 있어 무엇인가에 관한 불확실성에 의해 지탱된다. 주체가 **타자**의 욕망의 수수께끼에 대한 해답으로서만 존재하는 한 히스테리적 주체는 탁월한 주체이다. 다시금 이와 분명히 대조적으로 분석가는 탈주체화된 주체라는 역설을, 라캉의 이른바 "주체적 궁핍"을 완전히 떠맡은 주체라는 역설을 나타낸다. 즉 간주체적인 욕망의 변증법의 악순환을 깨고 나와 순수 충동의 무두적無頭的 주체로 전화하는 주체라는 역설을 말이다.

무카페인 현실 한 잔

따라서 이와 같은 모체를 정치적으로 독해해보면 각각의 담론은 분명 어떤 정치적 결속을 가리키고 있다고 할 수 있다. **주인** 담론은 환상에 의해 지탱되는 정치적인 권위의 기초적 양식을, 대학 담론은 후-정치적 "전문가적" 지배를 가리킨다. 그리고 히스테리적 담론은 항의와 "저항"의 논리를 가리킨다. 라캉의 공식에 따르면 이 논리는 실은 거부되길 바라는 요구의 논리인데, 왜냐하면 "이건 그게 아니ce n'est pas ça"기 때문이다 (왜냐하면 요구가 완전히 충족될 경우 그 축어적 만족은 요구

의 은유적인 보편적 차원을 박탈하기 때문이다. X에 대한 요구
는 "실은 X에 대한 것이 아니었"던 것이다). 분석가 담론에서
작인은 상황의 증상적 지점, 즉 상황의 "일부가 아닌 것의 일부
part of no part"인 a이고 지식은 진리의 자리에 있으며(즉, 작인
의 언표행위 위치를 표명함으로써 진리의 폭발적 효과를 재획
득하고 있으며) $는 작인의 수신자이며 이제 히스테리화된 전
前주인이다. 분석가 담론은 급진적인 혁명적-해방적 정치를 가
리키는데 이는 작인이 **주인-기표**를 그것 자체로서 "산출하
고", 그것 자체로서 공개적으로 펼쳐내고, 그것 자체로서 해명
하여 그것을 작동하지 못하게 함으로써 주체의 위치를 의문시
하기 때문이다("본질상 부산물로서 존재하는 상태들"이라는
역설이 보여주는 것처럼 말이다.5) 말하자면 권위는 일단 의문
시되면 그 자명성을 상실한다). 그렇다면 이런 틀 내에서 어떻
게 우리는 대학 담론을 더 면밀하게 읽을 수 있는가?

대학 담론에서 상단부(S₂-a)는 (푸코에서 아감벤Agamben에
이르기까지 전개된 의미에서의) **생체정치**biopolitics의 층위이지
않은가? 즉 그것은 a라는―주체들이 아니라 벌거벗은 생명체
bare life로 환원된 개인들이라는―대상을 다루는 전문 지식의
층위이지 않은가? 그리고 공식의 하단부는 에릭 샌트너가 "임

---

5) ["본질상 부산물로서 존재하는 상태들"이란 존 엘스터Jon Elster가 도입한
개념으로, 우리가 의도하지 않은 채로만, 우리 행동의 부수적인 효과들로
서만 산출될 수 있는 상태들을 말한다. 따라서 우리가 직접 겨냥한다면
그런 상태들은 산출될 수가 없게 된다. 이 역설적 개념의 상세한 함의에
대해서는 슬라보예 지젝, 『이데올로기라는 숭고한 대상』, 이수련 옮김,
2001, 인간사랑, 189쪽을 참조하시오.]

명investiture의 위기"라 칭한 것을 가리키지 않는가?[6] 즉, 주체가 S_1과 관계맺는 것의 불가능성, 주체가 **주인-기표**와 동일화하는 것의 불가능성 혹은 주체가 부과된 상징적 위임을 떠맡는 것의 불가능성을 말이다. 과잉-향유와 상징적 동일화의 관계에 대한 통상적인 생각에 따르면 상징적 동일성은 향유를 박탈당하는 대가로 우리가 얻는 것이다. 하지만 **주인-기표**가 퇴조하고 달성consummation이 고조되는 오늘날 일어나는 것은 정확히 그 이면이다. 기본적인 사실은 상징적 동일성의 상실, 에릭 샌트너의 이른바 "임명의 위기"이며 이 상실의 대가로 우리가 얻는 것은 갖가지 형태와 장치를 갖춘 향유로 인해 온통 사방에서 시달리는 일이다……

처음으로 등장한 "리얼리티 영화"인 <리얼 캐넌>The Real Canun(2003)은 봄방학 절정기에 8일 동안 해변 캐넌 빌라에서 16명의 사람들과 함께 따라다닌다. 이 영화는 "**각본 없음. 배우 없음. 규칙 없음. 봄방학에는 어떤 일도 일어날 수 있으며 사실 그랬다.**"라는 문구로 홍보되었지만 박스 오피스에서는 (4백만 불도 채 벌어들이지 못함으로써) 다소 부진한 성적을 보였다. TV 리얼리티 쇼의 승리와는 대조적으로 그것이 어째서 실패했는가를 아는 것은 쉬운 일이다. "삶 그 자체로 하여금 이야기를 쓰게 하려는" 시도는 스튜디오 전문가들이 정합적인 단편 서사를 짜내고자 애쓴 소재 더미로 끝나고 만 것이다. 그렇지만 그처럼 특수한 비판들보다 더 중요한 것은 그런 영화를 가능케

---

6) Eric Santner, *My Own Private Germany*, Princeton: Princeton University Press, 1996을 볼 것.

하고 수락되도록 한 이데올로기적 배경에 대한 통찰이다.

1950년대부터 사회 심리학은 우리가 공적인 삶 속에서 온통 "가면을 쓰고 있으며", 우리의 진정한 자아를 흐려놓는 정체성들을 채택하고 있다는 모티프를 끊임없이 변주하고 있다. 그렇지만 가면을 쓰는 것은 이상한 일일 수 있다. 때로는 믿기 어려울 정도로 빈번하게 우리가 "진정한 자신"이라고 가정하는 것에서보다 가면에 더 많은 진리가 있는 것이다. [현실상으로는] 무력하고 수줍어하지만 사이버공간의 인터렉티브 게임을 할 때는 사디즘적 살인마이자 매혹적인 난봉꾼의 화면 정체성을 채택하는 전설적인 인물을 상기해보라. 이런 정체성은 상상적 보충물에 불과하다는, 그의 실생활의 무능으로부터 한시적으로 도피하는 것에 불과하다는 말은 너무나도 단순하다. 요점은 오히려 그가 사이버공간 인터렉티브 게임이 "게임에 불과한 것"임을 알고 있기에 "그의 진정한 자기를 보여줄" 수 있다는, 실생활의 개입에서는 결코 하지 않았을 법한 일들을 할 수 있다는 것이다. 그 자신에 관한 진리가 허구를 가장하여 표명되는 것이다.

이 가면 쓰기에 대한 부정태는 최근까지 하드 코어 포르노그라피를 지배한 이상한 금지이다. 그것은 실로 "모든 것"을, 현실상의 섹스를 보여주었지만 반복된 성적 조우의 틀을 제공하는 서사는 대개 우스꽝스럽게 비현실적이고, 판에 박힌 듯하며, 아둔하게 우스웠다. 그것은 배우들이 "현실의" 개인들을 연기하는 것이 아니라 일차원적인 유형들—**구두쇠, 핫바지**Cuckold **남편, 난삽한 아내**—을 연기하는 18세기 코메디아 델라르테 commedia dell'arte로의 일종의 회귀를 무대화했다. 서사를 우스꽝스럽게 만들려는 이 이상한 강박은 존중에 대한 일종의 부정적 제스처가 아닌가? 그렇다. 우리는 실로 모든 것을 보여준다. 하지만 바로 그런 이유로 우리는 그 모두가 커다란 농담임을, 배우들이 진정으로 관여하지는 않음을 분명히 하고 싶은 것이다.

그렇지만 오늘날 이런 "침입 금지!"는 점차적으로 와해된다. "진지한" 서사 영화를 섹스의 "하드코어" 묘사와 결합하려는, 즉 "진지한" 영화에 실제로 연기되는 섹스 장면들(우리는 발기된 음경, 펠라치오, 실제 삽입까지를 본다)을 포함시키려는 최근의 시도들을 상기해보라. 가장 눈에 띄는 두 사례는 파트리스 쉐로Patrice Chereau의 <정사>Intimacy와 라스 폰 트리에Lars von Trier의 <백치들>Idiots이다. 게다가 나는 "다큐 드라마docusoaps"에서 <서바이벌>Survival 경쟁 쇼에 이르기까지 상이한 모습들로 "리얼리티 TV"가 부상하는 것은 허구와 현실의 분리선을 흐려놓으려는 그 동일한 기본적 추세에 의존한다고 주장하고 싶다. 이런 추세의 기저에 깔려있는 것은 어떤 이데올로기적 좌표인가?

이 좌표는 우리가 리얼리티 TV 쇼에서 허위적인 것이 무엇인지를 간명하게 윤곽지을 수 있게 해준다. 우리가 그 속에서 얻는 "실생활"은 무카페인 커피만큼 현실적이라는 것이다. 요컨대 이런 쇼가 "진짜"라 하더라도 사람들은 여전히 그 속에서 연기하고 있는 것이다. 그들은 단지 **그들 자신을 연기하는** 것일 뿐이다. 소설에서의 표준적인 책임한도disclaimer("이 텍스트에 등장하는 인물들은 허구이며, 실생활의 인물과의 그 모든 유사성은 순전히 우연적이다")는 리얼리티 드라마의 참가자들에게

도 해당된다. 그들이 실제로 그들 자신을 연기한다 해도 우리가
거기서 보는 것은 허구적인 인물들이라는 것이다. 따라서 리얼
리티 TV에 대한 최선의 논평은 최근 한 슬로베니아 작가가
사용한, 이 책임한도의 아이러니한 판본이다. "다음의 서사에
등장하는 모든 인물은 허구이지 현실이 아니다. 하지만 내가
실생활에서 알고 있는 대부분의 사람들의 인물형이 그러하기
에 이런 책임한도는 별로 의미가 없다……." 따라서 <리얼 캐
넌>으로 되돌아가 보면, "각본 없음. 배우 없음. 규칙 없음"은
다음과 같은 것을 뜻하는 것으로 판명되었다. 사람들은 그들
자신을 연기했고 사회적 상호작용의 가장 단조로운 법칙을 따
랐으며 최소한이라도 예측불가능한 일은 없었다는 것.

여기서 핵심은 "생체정치"의 전문가적 지배는 임명의 위기
를 그 기반과 조건으로 한다는 것이다. 이러한 위기는 **최후의
인간**이라는 "후-형이상학적" 생존주의적 자세를 발생시켰는
데, 이 자세는 삶의 핏기 없는 몰골을 그것 자체의 그림자로서
질질 끌고 오는 것으로 귀결되고 만다. 이러한 변동의 또 다른
양상은 **주인** 담론의 헤게모니적 역할이 분쇄된 바로 그 시대에
"이데올로기"라는 용어가 부상하는 것이다. 고전적인 알튀세
르적 정식화에 따르면 이데올로기는 **주인-기표**에 의한 호명
이라는 점에서 그 특징을 볼 수 있다. 즉 이데올로기는 **주인**
담론의 판본이라는 특징을 갖는다. 그렇지만 후기 나폴레옹
시대에, 즉 **주인** 담론의 장악력이 느슨해지기 시작하는 바로
그 역사적 국면에서 사람들은 "이데올로기"에 대해 말하기 시
작했다. 따라서 이렇게 말해야 한다. 이데올로기가 그 직접적이
고 "자연적인" 성격으로부터 이탈하고 인위적인 무엇인가로,

더 이상 실체적인 것이 아니라 정확히 "이데올로기에 불과한
것"으로 경험되기 시작하는 바로 그 때 사람들은 "이데올로기"
에 대해 말하기 시작한다고 말이다. 이는 오이디푸스 콤플렉스
에 대해서도 마찬가지다. 프로이트의 바로 그 이론화는 사회적
현실에서의 오이디푸스의 위기와 퇴조를 그 조건으로 한 것이
다.

그렇지만 대학 담론의 "대상"은, 두 가지 대립된 이데올로기
적 공간에 속해 있는 것으로 보일 수밖에 없는 두 가지 양상을
갖는다. 하나는 인간을 벌거벗은 생명체로, 전문적 보호관리
지식이 적용되는 대상인 호모 사체르homo sacer로 환원시키는
양상이며 다른 하나는 극한 상황에 처한 취약한 **타자**를 존중하
는 양상, 즉 자신을 취약한 것으로, 다중적인 정치적 "학대"에
부단히 노출되어 있는 것으로 경험하는 나르시시즘적 주체성
의 태도라는 양상이다. **타자**의 취약성에 대해 존중하는 것과
타자를 관리적 지식에 의해 규제되는 "생명체에 불과한 것"으
로 환원시키는 것 사이에 있는 대조보다 더 큰 대조가 있을까?
하지만 그럼에도 불구하고 이 두 자세는 동일한 뿌리에 의존하
고 있는 것이라면 어쩔 것인가? 그것들은 하나의 동일한 기본
적 태도의 두 가지 양상이라면 어쩔 것인가? 그것들은 대립물
의 동일성을 단언하는 헤겔적인 "무한 판단"의 현대적 사례라
고 지칭하고픈 것 속에서 일치한다면 어쩔 것인가? 양 극이
공유하는 것은 정확히 말해 여타 상위의 **대의**들을 기본적으로
거부한다는 점이다. 다시 말해 우리의 삶의 궁극적인 목표는
생명 그 자체라는 생각이 깔려있다. 이 두 층위가 공모한다는
것이 사형 반대의 사례에서보다 더 분명한 곳도 없다. 놀랄

일은 아니다. 죽음(을 또 다른 인간에게 폭력적으로 부과하는
것)은 지극히 논리적으로 생체정치의, 생명 관리 정치의 궁극
적인 외상적 지점이니까 말이다. 푸코식으로 말하자면, 사형
폐지는 범죄를 사회적, 심리학적, 이데올로기적 등등의 환경의
결과로 여기는 어떤 "생체정치"의 일부가 아닌가? 말하자면
도덕적으로/법적으로 책임있는 주체라는 발상은 권력 관계의
네트워크를 가리는 기능을 하는 이데올로기적 허구이며 개인
들은 자신들이 저지른 범죄에 책임이 없기에 처벌받아서는 안
된다는 것 아닌가? 하지만 이런 테제의 이면은 환경을 통제하
는 자들은 사람들을 통제한다는 것이 아닌가? 오늘날 최강의
산업 복합체 둘이 군수 산업과 의료 산업, 즉 생명을 파괴하는
것과 생명을 연장하는 것이라는 사실은 결코 놀랄 일이 아니다.
　이런 애매성의 궁극적인 예는 거의 틀림없이 미국에서 시판
되는 **초콜릿 변비약**일 것이다. 그것은 "변비가 있습니까? 이
초콜릿을(즉, 변비를 일으키는 바로 그것을) 더 많이 드십시오!"
라는 역설적인 명령을 부과한다. 우리는 여기서 <파르시
팔>*Parsifal*에 나오는 바그너의 유명한 소절, "상처를 낸 창만이
상처를 치유할 수 있다"의 기묘한 판본을 발견하지 않는가?
(모든 주요 형식들—마약, 프리 섹스, 흡연 등등—로 나타나
는) 진정한 무제약적 소비가 주된 위험으로 등장하고 있다는
사실은 이런 자세의 헤게모니를 입증하는 부정적 증거가 아닌
가? 이러한 위험에 대항해 싸우는 것이 오늘날 "생체정치"의
주된 투여 중 하나이다. 여기서 초콜릿 변비약의 역설을 재생산
할 해결책들이 애타게 추구된다. 주된 후보는 "안전한 섹스"인
데 이 용어는 "콘돔을 쓰고 섹스하는 것은 비옷을 입고 샤워하

는 것과 같지 않은가?"라는 옛 속담의 진리를 감지하게 해준다. 여기서 궁극적인 목표는, 무카페인 커피의 흐름을 따라 "아편 없는 아편"을 발명하는 것일게다. 마리화나가, 그것을 합법화하길 바라는 자유주의자들에게 그토록 유행하는 것은 결코 놀랄 일이 아니다. 그것은 이미 일종의 "아편 없는 아편"이니까 말이다.

또한 "통속적" 쾌락주의와 이른바 "상위의" 정신적 자기-실현을 구분함으로써 이런 교착을 피할 수는 없다. 샹그릴라의 모델인 부탄에서 일어난 최근의 사건들이 주는 교훈은 여기서 매우 교육적이다. 1998년, 부탄의 용왕Dragon King은 자신의 나라의 지도 원리를 국민 총행복Gross National Happiness으로 규정했다. 부탄은 정신성이 지배하는 나라로서 국민 총생산 Gross National Product을 사회 발전의 성공 척도로 삼는 서구의 물질주의적 원리를 거부하고 오히려 진정한 정신적 행복을 추구해야 한다는 것이다. 논쟁은 행복이 무엇인가를 둘러싸고 일어났다. 행복이 측정될 수 있는지를 조사하기 위해 외국에 파견된 외무부의 한 사절은 마침내 평생에 걸친 연구 끝에 다음과 같은 결론에 이른 한 네덜란드 교수를 발견했다. 행복은 편안한 생활을 영위할 수 있는 최소 금액인 연간 10,000불과 같다는 것. 물론 문제는 "국민 총행복"이라는 바로 그 개념이다. 이러저러한 방식으로 측정할 수 있는 것은 그것의 대립물인, 정확한 실정적 양으로 정의된 "국민 순행복Net National Happiness"이며 그 둘을 분리시키는 틈새는 라캉이 이른바 "대상 a"에 의해 채워진다. 그것은 (순)행복과 실제적 행복 사이의 어떠한 직접적 상관관계도 교란시킬 수 있는 욕망의 대상-원

인이다. 여러 나라 국민들로 이루어진 대규모 표본을 대상으로
자신들이 얼마나 행복하다고 느끼는지를 물어본 최근 여론 조
사의 이상한 결과를 설명하는 것은 바로 이런 "인자 X"이다.
최고 득점은 매년 홍수 재난을 겪는 가난한 인구과잉의 나라인
방글라데시가 기록했으며 최하 득점을 기록한 나라는 복지국
가 메커니즘이 살아남은 몇 안 되는 나라 중 하나이자 최고의
"삶의 질"을 놓고 경쟁할 때 으레 1위 자리를 다투는 나라 중
하나인 독일이었다.[7] 이것이 뜻하는 바는 보편적인 표준은 없
다는 것에 대한 "심오한" 통찰을 승인함으로써 정치에서 보편
성을 포기해야 한다는 것이 아니다. 칸트식으로 말해 결론은
바로 우리가 "행복"과 같은 "정념적인"(우연적이며 맥락 의존
적인) 개념의 층위에서 보편성을 추구해서는 안 된다는 것이다.
　"초콜릿 변비약"의 구조, 자기 봉쇄의 작인을 포함하고 있는
산물의 구조는 오늘날 이데올로기적 풍경 전체에 걸쳐 식별될
수 있다. **타자**들에 대한 오늘날의 자유주의적 관용의 태도를
규정하는 화제는 두 가지이다. **타자성**에 대한 존중, **타자성**에
대한 개방성, 그리고 학대에 대한 강박적 두려움이 그것이다.
요컨대 그 현존이 침입적이지 않는 한, **타자**가 진정으로 **다른**
것은 아닌 한 **타자**는 괜찮다는 것이다. 초콜릿 변비약의 역설
적 구조와 엄밀하게 동형적으로 관용은 그것의 대립물과 일치
한다. 타자에 대해 관용적이어야 한다는 나의 의무가 실상 뜻하

---

7) 그리하여 이런 고려사항들에 기반하여 1999년에 TV가 샹그릴라에 도래
　했다. 다시 말해 부탄은 마침내 텔레비전을 허용한 세계의 마지막 나라가
　되었다. 그리고 예상되었던 파국적 결과들(전통 문화의 총체적 퇴조, 폭
　력적 범죄의 부상)이 뒤따랐다.

는 바는 타자의 공간에 침입하지 않게끔 타자와 너무 가까워져서는 안 된다는 것이다. 요컨대 나는 나의 과잉-접근에 대한 타자의 **불관용**을 존중해야 한다는 것이다. 후기-자본주의 사회에서 중심적인 "인권"으로 점점 더 부상하고 있는 것은 이와 같은 "학대" 받지 **않을** 권리, 즉 타자들로부터 안전한 거리를 둘 권리이다. 유사한 구조는 우리가 자본주의적 폭리와 관계맺는 방식에서도 분명히 현존한다. 자선활동으로 상쇄된다면 그런 폭리는 괜찮다는 것이다. 먼저 수십억을 긁어모으고 그 다음 그것(의 일부분)을 궁핍한 자 등등에게 돌려준다는 것이다. 그리고 동일한 것은 전쟁에도, 인도주의적 혹은 평화주의적 군국주의라는 부상하는 논리에도 통용된다. 평화와 민주주의를 가져오는 데 진정 기여하는 한, 혹은 인도주의적 원조를 분배할 조건을 창출하는 데 진정 기여하는 한 전쟁은 괜찮다는 것이다. 또한 동일한 것은 심지어 민주주의와 인권에도 점점 더 통용되지 않는가? 고문과 영속적인 비상 사태를 포함하는 것으로 "재고"된다면 인권은 좋은 것이며 포퓰리즘적 "과잉"이 제거되고 민주주의를 실천할 만큼 충분히 "성숙한" 자들에게 국한된다면 민주주의는 좋다는 것이다. 기타 등등.[8]

조지 소로스George Soros 같은 인물이 윤리적으로 그토록 혐오스러워지는 것도 이 동일한 초콜릿 변비약의 구조 때문이다. 그가 대변하는 것은 가장 무자비한 재정적인 투기적 착취가 고삐 풀린 시장 경제가 낳은 파국적인 사회적 귀결들에 대한

---

8) 세미나 XVII에서 라캉은 후-혁명적 박애의 규칙과 인종분리 논리 사이의 연결 고리를 강조한다.

인도주의적 걱정이라는 역작인 逆作因을 겸비하고 있는 형국이
아닌가? 소로스의 바로 그 일과가 체화된 거짓말이다. 그가 일
하는 시간의 절반은 재정적 투기에 충당되고 나머지 절반은
궁극적으로 그 자신의 투기의 결과와 싸우는 "인도주의적" 활
동(후-공산국가에 문화적이고 민주적인 활동을 위한 재정을
지원하는 것, 에세이와 책을 쓰는 것)에 충당된다. …… 소로스
와 같은 인물들은 직접적이고 노골적인 시장 폭리자보다 이데
올로기적으로 훨씬 더 위험하다. 우리가 레닌주의자가 되어야
하는 것은 바로 여기에서다. 즉 진심으로 빈민의 곤경을 동정하
는 어떤 선한 신부를 동료 볼셰비키가 칭찬하는 것을 들었을
때의 레닌처럼 반응해야 한다는 것이다. 레닌은 볼셰비키가
필요로 하는 것은 술에 취해 농민들에게서 부족한 자원의 마지
막 한 조각마저도 강탈하고 그들의 아내들을 강간하는 신부들
이라고 논파했다. 그들은 신부가 객관적으로 무엇인가에 대해
농민들로 하여금 분명히 자각하도록 한 반면, "선한" 신부들은
그들의 통찰을 어지럽혔다는 것이다.

2003년 9월 22일 뉴욕에서 개최된 컨퍼런스 "인류를 위해 테
러리즘과 싸우기: 악의 뿌리에 관한 컨퍼런스Fighting Terrorism
for Humanity: A Conference on the Roots of Evil"는 노르웨이 수상
쉘 마그네 분데빅Kjell Magne Bondevik과 노벨 평화상 수상자인
엘리 위젤Elie Wiesel 교수가 발의한 결과였다. 그것은 국제 평화
아카데미와 노르웨이 유엔 사절단에 의해 조직되었고 뉴욕에
있는 인터-컨티넨탈 더 바클리 호텔에서 열렸다. 컨퍼런스의
목적은 "테러리즘의 진정한 뿌리와 기원을 테러와 보다 약한
연결 고리를 갖는 인자들로부터 구분하는 것을 돕고 테러리즘

에 대항한 세계적 캠페인 속에서 새로운 정책 조치를 강구하는 것이었다. 진정한 원인에 초점을 맞추게 되면 우리는 좀 더 효과적으로 테러리즘과 싸울 수 있을 것이다. 우리는 증오의 번식 기반과 기원을 확인하여 제거할 필요가 있으며, 시민들을 보호하고 이런 범죄들을 방지하기 위해 채택한 즉각적인 행동에 덧붙여 중장기 정책을 정식화할 필요가 있다." 특히 결실있을 것으로 보였던 것은 이 컨퍼런스의 제3세션인 "세계 지도자들의 원탁 회의"였다. 그들은 테러리즘적 행위의 원인에 관해 오슬로Oslo 컨퍼런스와 여타 지식의 원천들이 발견해낸 것들에 대한 논평을 위해 초청되었다. 공식적 프로그램에 명시된 대로 이 세션 후에는 "세계 지도자 원탁 회의 참가자들을 위한 비공개 점심 식사가 있을 예정이다. 조언가들, 전문가들, 여타 참가자들은 뷔페 점심 식사에 초대될 예정이다." 그들은 먹어 댔고 우리는 구역질이 난다. 어떻게 여기서 프랑크푸르트 학파의 기원에 관한 브레히트의 신랄한 이야기가 상기되지 않겠는가? 한 부유한 자본가는 노년이 되어 양심의 가책에 사로잡혀 일군의 현자에게 많은 액수의 돈을 바쳐가며 세계의 비참함과 괴로움의 기원을 찾게 했다. 그 자신이 그 기원이라는 사실은 망각한 채로 말이다. **악**의 근원들이 **악**의 뿌리들에 관해 논의하는 꼴이란……

그렇지만 생체정치에 관해 말할 때는 "순수한 생명체(혹은 생명체에 불과한 것)"라는 범주는 그 어떤 생물학적 혹은 경험적 직접성과도 아무 상관이 없다는 점에 세심하게 유의해야 한다. 그 범주는 철저하게 상징적 맥락에 의해 규정된다. 두 가지 상이한 예를 든다면 아마도 이 점이 명확해질 것이다.

씨리얼 한 팩은 씨리얼이란 현실을 담고 있는 (상징적인) 포장
지이다. 즉, 그것은 우리가 씨리얼이란 현실을 지각하는 방식을
규정하는 유효 기한을 포함하는 포장지인 것이다. 이미 그 기한
이 지났다는 것을 지각하게 될 때 일어나는 공포를 상기해보라.
돌연 우리는 좀 전에 건강한 쾌락을 약속하는 것으로 보였던
그 동일한 씨리얼을 미심쩍고 해로울 수도 있는 쓰레기로 지각
한다. **실재**("대상 a")는 여기서 대상 속의 그 비가시적인 X이다.
그 X의 유무는 내가 보는 것이 맛있는 음식인지 아니면 썩은
음식인지를 판가름해준다. 사물이 현실상 정확히 동일하게 보
일지라도 말이다. 상이한 영역에 속한 예로서, 요르단의 국왕
후세인이 1999년 2월에 이미 "임상적으로 사망"했을 때(그의
내부 기관은 기능을 멈췄으며 그는 심장 박동 조절기계를 통해
서만 살아있었다) 그의 사망(그의 심장을 계속 박동시킨 기계
로부터의 분리)은 정규적인 권력 이양을 위한 적절한 준비가
될 때까지 연기되었다. 여기에 두 가지 죽음 사이의 구분에
대한 훌륭한 사례가 있지 않은가?

　이 점에서 우리는 S_2와 초자아의 심급 사이의 연결 고리에
이르게 된다. 초자아는 곧바로 S_2는 아니다. 그것은 오히려 S_2
그 자체의 S_1, 즉 지식 그 자체에 내속된 무조건적 명령의 차원
이다. 우리에게 매시간 퍼붓는, 건강에 관한 정보 공세를 상기
해보라. "흡연은 위험합니다! 비만은 심장 발작을 유발할 수도
있습니다! 규칙적인 운동은 장수에 이르는 길입니다!" 등등.
그 아래에서 무조건적 명령을 듣지 않기란 불가능하다. "당신
은 오래 건강하게 삶을 향유해야 합니다!" 등등. 헤겔은 이런
위험에 성공적으로 저항했다. 그의 군주제 이론은 그가 **주인**

담론과 대학 담론의 틈새에서 유일무이한 위치를 차지했다는 궁극적인 증거이다. 그는 지식의 공포에 대한 안전장치로서 **주인**의 예외적 위치가 필요함을 자각하여 **주인**의 폐지를 거부했지만 더 이상 **주인**의 카리스마에 굴복하지 않고 **주인**을 텅 빈 의미화 기능이라는 아둔함으로 환원시켰던 것이다.

근대의 **주인**은 자신의 전문 지식을 통해 스스로를 정당화한다. 출생이나 단순한 상징적 임명을 통해서 **주인**이 되는 것이 아니다. 오히려 교육과 면허를 통해 그것을 얻어야 하는 것이다. 이런 단순하고 축어적인 의미에서 근대의 권력은 지식이며, 지식에 기반해있다. **주인** 담론으로부터 대학 담론으로의 이행이 뜻하는 바는 **국가** 그 자체가 새로운 **주인**으로서, 관료가 갖춘 유자격의 전문 지식에 의해 운영되는 **국가**로서 출현한다는 것이다. 그리고 헤겔은, 이성적 국가 내에서의 군주의 필요성을 연역해낸 것—그 어떤 실제적 권력도 박탈당한 채 순수한 의미화 기능으로 환원된 군주—에서 분명한 바, 이런 변동 사이라는 자신의 위치로부터 그 이전과 이후에 숨겨진 채로 있던 것을 지각할 수 있었다. 따라서 헤겔은 S_1과 S_2 사이의 틈새를 유지할 필요성을 자각하고 있었다. 이 틈새가 말소된다면 우리는 S_2로서의 같은 "전체주의적" 관료제를 얻게 된다는 것이다.

근대성의 헤게모니적 담론인 대학 담론은 그 내적 긴장("모순")을 외면화하는 두 가지 존재 형식을 갖는다. 하나는 자본주의, 과잉의 통합이라는 자본주의의 논리, 즉 항상적인 자기-혁명화를 통해 스스로를 재생산하는 체계의 논리이며 다른 하나는 테크놀로지의 지배, 도구적 이성의 지배, 생체정치의 지배와 같은 상이한 모습들 속에서 "관리되는 세계"로 개념화되는 관료적 "전체주의"이다. 이런 두 가지 양상은 정확히 어떻게 서로 관련되는가? 다시 말해 자본주의를 테크놀로지의 지배라는 보다 더 기본적인 존재론적 태도의 외양 형식에 불과한 것으로 환원시키려는 유혹에 굴복해서는 안 된다. 오히려 마르크스식으로 잉여를 체계의 작동 과정에 통합하는 자본주의적 논리가 기본적인 사실이라고 역설해야 한다. 스탈린주의적 "전체주의"는 자본주의적 형식으로부터 유리된 자기-추진적self-propelling 생산성의 자본주의적 논리였다. 그 때문에 그것은 실패했다. 스탈린주의는 자본주의의 증상이었던 것이다. 스탈린주의는 일반적 지성의 모체를, 사회적 삶의 계획된 투명성의 모체를, 총체적인 생산적 동원의 모체를 포함하고 있었다. 그리고 그 폭력적인 숙청과 편집증은 일종의 "억압된 것의 회귀", 총체적으로 조직화된 "관리되는 사회" 기획에 내속된 "비합리성"이었다.

이것이 뜻하는 바는 그 두 가지 층위가, 정확히 그 둘이 동일한 동전의 양면인 한, 궁극적으로 양립불가능하다는 것이다. 지배 논리를 자본주의적 과잉을-통한-재생산으로 되돌려 번역하는 것을, 혹은 그 역을 가능케 하는 메타-언어는 없다. 그렇다면 이런 곤경으로부터 빠져나오는 출구는 어떤 것인가? 이런 상호 함축의 순환을 어떻게 깰 것인가? 아마도 기초적인 통찰로부터 시작해야 할 것이다. 20세기가 인류사를 통틀어 가장 파국적이었으며, 니힐리즘의 최하점이었고, 극단적인 위험 상황이었다는 등등의 정황에 대한 오늘날의 많은 주장들은 변증법의 기초적인 교훈을 망각하고 있다. 20세기가 그렇게 보이는 것은 판단 기준 자체가 변했기 때문인 것이다. 오늘날,

우리는 인권 침해 등등을 구성하는 것에 대해 훨씬 더 높은
표준을 갖고 있을 뿐이다. 따라서 상황이 파국적으로 보인다는
사실은 그 자체 긍정적인 신호, (어떤 종류의) 진보의 신호이다.
오늘날 우리는 과거 시대에도 일어나고 있었던 것들에 훨씬
더 민감하다. 페미니즘을 상기해보라. 지난 200년 동안만 여자
들의 상황은 점차 부당한 것으로 지각되었다. 비록 그것이 "객
관적으로는" 호전되고 있었다 할지라도 말이다. 혹은 장애인들
에 대한 대우를 상기해보라. 수십 년 전만 하더라도 식당, 극장
등지에서 그들의 출입을 위한 특별 입구는 생각지도 못한 것이
었을테니까 말이다.

무구한 폭력

그럼에도 불구하고 출구는 폭력을 함축한다. 어떤 종류의
폭력을? 칼 슈미트Carl Schmitt가 발터 벤야민의 「폭력의 비판」
"critique of violence"에 대한 응답으로 예외 상태론을 폈을 때
그가 일소하고 싶었던 것은 전적으로 법에 외부적인 "순수한"
법-외적 폭력(즉, 혁명적 폭력)이라는 벤야민의 발상이었다. 그
것은 법-정립적law-positing 폭력과 법-강행적law-enforcing(혹
은 법-유지적) 폭력 모두에 대립하는 것이었다. 슈미트는 두
가지 일을 성취하고 싶었다. "순수한" 폭력의 공포를 봉쇄하는
것, 즉 법의 바로 그 폭력적인 중지의 자리를 법의 구축물 내에
지정하는 것, 그리고 예외 상태와 법의 "정상적" 지배 사이의
거리를 유지하는 것, 즉 둘의 혼융을 방지하는 것(예외 상태는

법의 보편적 지배를 정초하는 예외이다)이 그것이다. 벤야민은
슈미트에 맞서 정확히 오늘날(20세기의 정치적 삶에서) 우리는
그 둘을 점점 더 구분하기 어렵다고 역설한다. "예외 상태"는
점차 정상 상태로 전화하고 있으며 이런 겹침의 필연적인 귀결
로서 우리는 벤야민의 이른바 "실효적*wirkliches* 예외 상태"에
호소해야 한다는 것이다. 이런 위협을 봉쇄하는 것과 "사태는
정상으로 되돌아갈 것이"라고, "질서는 다시 우세해질 것이"라
고 보증(칠레에서 터키에 이르기까지 모든 우익 쿠데타는 이렇
게 사람들이 일터로 되돌아갈 수 있게끔, 사태가 정상으로 되돌
아가야 할 필요에, "보편적인 정치화의 광기가 중지되어야 할"
필요에 항상 호소했다)하는 것을 정확히 목적으로 하는 예외
상태에 반하는 "순수한" 혁명적 폭력 말이다.9) 아감벤은 예외
상태(법 그 자체를 위해 법의 지배를 중지시키는 것)가 그 대상
으로 순수한 생명체를 발생시키는 정황을 상세히 논의 전개했
다. 그런 발생은 두 가지 측면을 갖는다. 다시 말해 주권에 국민
들의 생명을 무제한적으로 처분할 수 있는 권리를 부여하는
것, 즉 국가를 살인 기계로 전화시키는 것, 그와 동시에, "생체
정치"(주민의 건강을 증진시키는 데 충당되는 조치들 — 이미
히틀러의 독일에서 통밀빵을 비롯해 적절한 음식에 관한 규제
들과 조언들이 넘쳐났다)를 정치의 중핵으로 규정하는 것 말이
다. 히틀러를 아이러니하게도 "생체정치가"로 확증하는 것은
1933년, 그가 집권한 후 처음으로 시행한 행정적 조치 중 하나

---

9) 나는 여기서 Giorgio Agamben, *L'état d'exception*, Paris: Editions du Seuil, 2003
에 의거하고 있다.

가 생명체의 보호와 관련된 것—동물의 희생제의적 살육 금지
(물론 이는 유대교적 의례를 겨냥한 것이었다)— 이라는 사실이
다. 따라서 우리가 여기서 얻게 되는 것은 그 두 측면의 공-존
이다. 그 자신만에 기반해 있는 권력의 순수-동어반복적 행사,
즉 일체의 특수한 실정법을 중지시키는 "순수한" 법의 지배(라
캉식으로 말하면 S₁)와 그 대상인 "순수한" 생명체(라캉식으로
말하면 a) 사이의 공-존 말이다. 그 두 과잉, 즉 그 모든 특수한
실정법들을 넘어서는 법의 과잉과 국민에 대한 그 모든 규정들
을 넘어서는 순수한 생명체의 과잉은 동일한 동전의 양면이다.
이 과정에서 사라지는 것은 정치 그 자체일 뿐이다. 다시 말해
생체정치는 그 중핵에 있어 후-정치인 것이다.

　여기서 해야 할 것은 벤야민이 논제로 삼은 이런 세 가지
형식의 폭력("순수한" 폭력, 예외 상태의 법-정초적 폭력, "정
상" 상태의 법-유지적 폭력)에 법-유지적 폭력으로부터 (반)작
용을 받는 "단순한" 범죄적 폭력을 보충하는 일이다. 여기서
대칭은 확연하다. 법-유지적 폭력이 "단순한" 범죄적 폭력을
봉쇄하려고 하는 것과 동일한 방식으로 법-정초적 폭력은 "순
수한" 혁명적 폭력을 봉쇄하려고 하며, 그것의 위협에 대한 반
작용인 것이다.

　법(의 지배)에 내적인 동시에 외적인 것으로서의 예외 상태
라는 아감벤의 논제는 라캉의 "성구분 공식"을 참조함으로서
가장 잘 공식화되지 않는가? (공공 질서와 법의 지배를 유지하
기 위해 선언되는 법적 질서의 중지라는) "예외 상태"의 역설은
라캉의 이른바 "외밀함extimité"의 역설이 아닌가? 법의 "정상
적" 지배와 그것을 정초하는 예외 상태 사이의 거리에 대한

슈미트의 주장은 라캉의 성구분 공식의 "남성"측 논리를, 즉
구성적 예외 속에서 정초되는 (법의) 보편(적 지배)이라는 논리
를 따르지 않는가? 그리고 벤야민이 겨냥하고 있는 것은 바로
"여성"측으로써 그것에 대항하는 것이 아닌가? 여성측에 따르
면 법의 보편성을 정초하는 그 어떤 법의 예외도, 그 어떤 법의
외부도 없다는 바로 그 이유에서 법의 지배는 "전부가 아니다"
(즉, 모든 것이 법의 지배에 종속되어 있는 것은 아니다). 그리
고 아마도 바로 이런 방향에서 우리는 다음과 같은 어려운 핵심
적 물음에 대한 답을 찾아야 할 것이다. 법 외부의 "순수한"
폭력을 어떻게 상상할 것인가 하는 물음. (헤겔식으로 "순수한
생명체"가 "순수한" 법과 동일하다고—사변적인 등가물이라
고—주장할 수 있을 만큼) "순수한 생명체"는 단순히 법의 지
배에 외적이지는 않으며 법 그 자체를 위해 법의 지배를 자기-
지칭적으로 중지시킴으로써 발생한다. 이와 동일한 방식으로
"순수한 폭력" 또한 법에 엄밀하게 내적이다. 그것은 다만 자기
-관련self-relating의 다른 양식을 함축할 뿐이다. 이뤄내야 하는
것은 순수한 생명체에서 순수한 폭력으로의 이행이다.

　아마도 정상성의 힘을 박탈당한 법의 형상, 우리가 자유롭게
가지고 놀 수 있는 법의 형상 중의 하나는 카프카의 작품에서
체현된 유대교 특유의 태도일 것이다. 카프카의 『심판』에서
'법의 문' 우화에 뒤따르는(관한) 요제프 K와 신부간의 논의를
상기해보라. 눈에 띄지 않을 수 없는 것은 이러한 논의가 갖는
전적으로 비전수적이며, 비신비적이고, 순수하게 "외적"이며,
현학적으로-법적인 성격이다. 이 탁월한 페이지들에서 카프카
는 기표의 조작, "죽은 문자"의 조작이라는 독특한 유대교적

독해술을 실천하고 있다. 그것은 신부가 인용하는 논평자들의
다음과 같은 모토에 의해 가장 잘 표현된다. "임의의 문제에
대한 올바른 지각과 그 동일한 문제에 대한 오해가 전적으로
서로를 배제하는 것은 아니다." 그 우화에서 진정 속은 사람은
시골 남자가 아니라 "그 남자에게 종속되어 있지만 그걸 모르
는" 문지기 자신이라는 신부의 주장을 언급하는 것으로 충분하
다. 왜 그런가? 노예는 항상 자유인에게 종속되어 있으며 자유
로운 자는 분명 시골 남자이다. 말하자면 그는 자기가 가고
싶은 곳에 갈 수 있고, 자신의 자유 의지로서 법의 문에 왔으나
문지기는 자기 자리에 속박되어 있다. 문은 오로지 그 시골
남자에게만 의미가 있는 것이었기에 문지기는 법의 문에 갈
것인지에 대한 그 시골 남자의 변덕스러운 결단을 수년간 기다
리고 있어야만 했다는 것이다. ······ 은밀한 정신적 메시지를
찾는 비교적秘敎的인 반계몽주의적obscurantist 해석학과 이보다
더 엄격하게 대조되는 것을 상상할 수 있겠는가? 우리가 여기
서 접근해가는 그 어떤 신비한 **비밀**이 있는 것도 아니며, 들추
어낼 수 있는 그 어떤 성배가 있는 것도 아니고, 단지 건조한
관료주의적 말다툼만이 있을 뿐이다. 물론 이는 절차 전체를
더욱 더 섬뜩하고 불가해한 것으로 만든다. 그리고 동일한 것은
"실생활적인" 유대교적 실천에도 해당된다. 기독교의 표준적
인 비난에 따르면 유대인들은 신의 율법들과 금지들을 축어적
으로 따르면서도 자신들이 욕망하는 것을 유지할 방법을 탐색
함으로써 실질적으로는 신을 속인다는 것이다. (이스라엘에는
금지들에 대한 우회 방법의 쟁점들을 특정하게 다루는 종교
기관이 있다. 충분히 의미심장하게도 그 이름은 '유대교와 과

학 연구소'이다.) 이런 비난은 표준적인 기독교적 태도의 테두리 내에서 의미가 있다. 중요한 것은 정신이지 문자가 아니라는 태도, 다시 말해 행위를 통해 법의 문자를 어기지는 않았더라도 그 욕망이 마음 속에 있었다면 죄인이라는 태도 말이다. 이스라엘의 성스러운 땅에 돼지를 사육해서는 안 된다는 명령을 어기지 않기 위해 (텔 아비브 북쪽에 있는 한 키부츠에서) 지반으로부터 3피트 위의 고지에서 돼지를 사육할 때 기도교적 해석은 이럴 것이다. "그것 봐라, 유대인이 얼마나 위선적인지! 그들의 신의 명령의 의미는 분명하다. 단지 돼지를 사육하지 말라는 것이다! 그런데 유대인들은, 특유의 위선적인 방식으로, 신의 진술을 **축어적으로** 받아들여, 전적으로 하찮은 세목인 '이스라엘의 땅에'에 초점을 맞춤으로써 그것의 문자를 고수하면서도 명령의 정신을 위반하는 방법을 찾아내는 것이다. …… 우리 기독교인들이 보기에 그들은 마음 속에서 이미 죄인이다. 그들이 전력을 쏟는 일은 신이 내린 금지를 내면화하는 일이 아니라 과자를 먹고서도 여전히 손에 쥐고 있을 수 있는 방법, 즉 금지를 우회할 방법을 강구하는 일이기 때문이다." 하지만 이는 유대교적 태도를 잘못 읽는 방식이다. 거기에는 그 어떤 은밀한 외설적인 위반도 없고, 그 어떤 "하하, 우리는 신을 축어적으로 복종함으로써 속여 먹었다"도 없다. 우리가 오늘날 회복하려고 애써야 하는 것은 역설적으로 극도의 교활함과 일치하는 이런 절대적인 해석학적 순진함이다. 여기서의 교활함은 오늘날 찬사받는 교활함인 고상한 거짓말과 쓰라린 진리라는 교활함의 정반대이다.

고상한 거짓말과 쓰라린 진리에 관하여

최근 한 TV 인터뷰에서 랄프 다렌도르프Ralf Dahrendorf는 민주주의에 대한 늘어가는 불신을, 혁명적 변화 이후마다 새로운 번영으로 가는 길은 "눈물의 계곡"을 통과한다는 사실과 연결지었다. 사회주의 붕괴 후에 성공적인 시장 경제의 풍요로 곧바로 이행할 수는 없다는 것이다. 제한적이었지만 진정한 사회주의적 복지와 사회보장은 제거되어야만 했는데, 이러한 첫 번째 조치들은 필연적으로 고통스러운 것이다. 동일한 것이 서유럽에서도 통용된다. 2차 대전 이후의 복지국가에서 새로운 세계적 경제로의 이행은 고통스러운 포기, 보다 적은 사회보장, 보다 적은 확고한 사회적 보호를 함축하기 때문이다. 다렌도르프에게 있어 문제점은 다음과 같은 단순한 사실로 가장 잘 요약될 수 있다. 이런 고통스러운 "눈물의 계곡"의 통과는 (민주적) 선거들 사이의 평균 기간 이상 지속되기에 단기적인 선거상의 이득을 위해 어려운 변화를 지연시키려는 크나큰 유혹이 있다는 것. 그에 따르면 여기서 전형적인 성좌constellation는 많은 수의 후-공산국가가 새로운 민주적 질서의 경제적 결과에 실망한다는 사실이다. 1989년의 영광스러운 나날에 그들은 민주주의를 서구 소비주의 사회의 풍요와 등치시켰지만 10년이 지난 지금, 풍요가 여전히 오지 않자, 그들은 민주주의 자체를 탓하고 있다는 것이다. …… 불행하게도 그는 반대의 유혹에는 훨씬 덜 주목하고 있다. 다수가 경제에서의 필연적인 구조적 변화에 저항한다면 논리적 결론(중의 하나)은 계몽된 엘리트가 대략 10년 정도 비-민주적 수단을 동원해서라도 집권하여 필

요한 조치들을 강행하고 그럼으로써 진정 안정된 민주주의를
위한 기초들을 놓는 게 아니겠는가? 파리드 자카리아Fareed
Zakaria는 이런 논지를 따라 민주주의는 경제적 선진국에서만
"인기를 얻을" 수 있다고 지적한다. 만약 개발 도상국이 "미숙
하게 민주화되어" 있다면 그 결과는 경제적 파국과 정치적 독
재로 끝나고 마는 포퓰리즘인 것이다. 오늘날 경제적으로 가장
성공한 제 3세계 국가들(대만, 한국, 칠레)이 일정 기간 권위주
의가 지배한 후에야 완전한 민주주의를 맞이한 것은 결코 놀랄
일이 아니다.

　민주주의의 이와 같은 내속적 위기는 레오 스트라우스Leo
Strauss가 새롭게 유행하게 된 이유이기도 하다. 그의 정치적
사고가 오늘날 적절해지는 데 기여한 핵심적 특질은 민주주의
에 대한 엘리트주의적 개념, 즉 "필수적인 거짓말"이라는 발상
이다. 이것은 엘리트들이 취해야 하는 지배 방식인 바, 현재의
사태(권력의 잔인한 유물론적 논리 등등)를 자각하면서도 사람
들에게는 축복받은 무지 속에서 계속 만족하게 하는 이야기를
제공하는 식으로 이루어진다. 스트라우스에게 소크라테스의
재판과 사형의 교훈은 소크라테스가 기소된 바대로 유죄였다
는 것이다. 말하자면 철학은 사회에 대한 위협이다. 철학은 도
시의 신들과 에토스를 의문시함으로써 시민의 충성을 와해시
키며, 그리하여 정상적인 사회적 삶의 기초를 와해시킨다는
것이다. 하지만 철학은 모든 인간의 노력 가운데 최고이며, 가
장 가치 있는 것이기도 하다. 이러한 갈등의 해결로서 철학자들
은 자신들의 가르침을 비밀리에 유지하고 비교적 秘敎的인 "행
간" 저술 기법에 의해 그것을 전수하는 일을 해야 하며 사실

3. 지배와 그 너머 ✿ 211

그랬다. 플라톤에서 홉스, 로크에 이르기까지 철학의 "위대한 전통"에 포함되어 있는 진정한, 숨겨진 메시지는 신은 없고, 도덕성은 근거없는 편견이며, 사회는 자연에 기반하지 않는다는 것 등등이다.

스트라우스의 비교적 지식 개념은 상이한 두 가지 현상을 혼동하고 있지 않은가? 권력의 냉소적 태도, 즉 권력이 그 자신의 진정한 기반을 공개적으로 인정하기를 꺼려하는 것과 권력 체계의 와해를 겨냥하는 자들의 전복적 통찰 말이다. 가령 현실 사회주의에서, 자신의 메시지를 밀고 나가기 위해 공식적 이데올로기의 용어로 그것을 코드화해야 하는 비판적 지식인과 지배 이데올로기의 기본적 주장의 허위성을 자각하고 있는 냉소적인 노멘클라투라 핵심 멤버들 사이에는 차이가 있는 것이다. 둘을 등치시키는 것은 굶주림과 다이어트를 등치시키는 것과 마찬가지다. 혹은 기독교에서는, 자신의 메시지를 코드화된 방식으로 전달하려고 애쓰는 르네상스기의 무신론자와 남몰래 주색에 빠져 기독교적 믿음을 조롱하는 르네상스기의 교황을 분리시키는 심연이 있는 것이다. 기타 등등. 이미 인용한 루디 네스코의 구절을 상기해보라. 그 구절은 게이 공동체를 타자성을 배제하는 전체주의적 집단의 모델로 지각하는 자들을 겨냥하고 있다.

현재 서구 사회를—그리고 이슬람 사회 또한—위협하는 것처럼 보이는 유일한 묵시록은 테러리즘에 경도된 급진적인 이슬람 원리주의다. 이슬람의 위협은 극단주의적이고 수염을 기른 야만적인 일부다처론자들에 의해 자행되는데, 그들은 여성들의 신체를 구속하고 동성애자들에게 독설을 내뱉는다. 그들 생각에 동성애자들은 아버지 신의 남성적 가치를 약화시키는 데 책임이 있는 것이다.[10]

그렇지만 이런 명확한 경계 설정은 상황의 내속적인 복잡성을 놓치고 있지 않은가? 군복무를 해야 했던 사람이라면 누구나 알고 있듯이 잔인한 동성애 공포는 좌절된 잠재적 동성애와 쉽게 공존할 수 있다(게다가 으레 **실제로** 공존한다). 다시 말해 군세계는 공개적으로 게이를 병사로 받아들이는 것에 왜 그토록 강력하게 저항하는가? 이는 동성애가 이른바 "남근적이고 가부장적"인 군공동체의 리비도 경제에 위협을 제시하기 때문이 아니라 반대로 군공동체 자체가 군인들의 남성-결속의 핵심 요인으로 이바지하는 좌절된/부인된 동성애에 의존하고 있기 때문이다. 내 자신의 경험으로부터 나는 악명높은 옛 유고슬라비아 인민 군대가 극단적으로 동성애 공포증적이었던 정황을 기억하고 있다(동성애적 경향이 있는 것으로 밝혀진 누군가는 군대에서 공식적으로 해직되기 전에 즉각 추방자pariah로 뒤바뀌고, 비-인간 취급을 받았다). 하지만 동시에 기억하는 것은 일상적인 군생활에 동성애적 빈정거림의 기운이 과도하게 스며들어 있었다는 것이다. 가령 군인들이 식사하려고 줄을 서 있는 동안 흔히 하는 저속한 장난은 앞 사람의 항문에 손가락을 쑤셔넣었다가 재빨리 빼내는 짓이었다. 이 때 놀란 그 사람은 뒤돌아보았지만 하나같이 아둔하고 외설적인 미소를

---

10) Elisabeth Roudinesco, "Homosexuality Today: A Challenge for Psychoanalysis?", *Journal of European Psychoanalysis* 15 (2002년 가을-겨울), p. 184.

띠고 있는 자기 등 뒤의 군인들 가운데서 누가 그 짓을 했는지는 알지 못했다. 여기서 놓쳐서는 안 될 핵심은 극단적이고 격렬한 동성애 공포와 좌절된, 즉 공개적으로 인정되지 않고 "지하에 있는" 동성애적 리비도 경제의 이런 아슬아슬한 공존이 다음과 같은 사실을 증언한다는 것이다. 군공동체의 담론은 그 자체의 리비도적 기반을 검열함으로써만 작동할 수 있다는 사실.

철학자는 "고상한 거짓말"을 이용해야 한다고, 즉 신화에, 서민의 이해력에 따른 *ad captum vulgi* 서사들에 호소해야 한다고 스트라우스가 말할 때 그는 이런 입장의 애매함으로부터 귀결되는 모든 것을 이끌어내는 것은 아니다. 그 입장은 두 가지 발상 사이에서 찢겨져 있다. 그 중 하나는 현명한 철학자들은 진리를 알고 있지만 그것을 감내할 수 없는 서민에게는 그것이 부적절하다고 판단한다는 것(진리를 직접 인식하게 되면 서민의 도덕성의 바로 그 근간이 와해될 것이다. 그 도덕성은 죄를 벌하고 선한 행위에 보답하는 인격신에 관한 "고상한 거짓말들"을 필요로 한다)이며 다른 하나는 진리의 중핵은 개념적 지식 자체로는 접근할 수 없으며 그 때문에 철학자들 스스로가 자신들 지식 내의 구조적 틈새를 채우기 위해 신화와 여타 형식의 허구화에 호소해야 한다는 것이다. 물론 스트라우스는 비밀의 지위의 애매함을 자각하고 있다. 비밀은 단지 스승이 알고 있으면서도 문외한에게는 누설하려 하지 않는 것에 불과한 것은 아니다. 비밀은 스승 자신에게도 또한 비밀이다. 다시 말해 비밀은 스승 자신이 완전히 간파할 수도 없고 개념적인 용어들로 완전히 표명할 수도 없는 그 무엇이기도 하다. 결과적으로

철학자는 두 가지 이유에서 우화적이고 불가해한 언표를 사용
한다. 한편으로 받아들일 준비가 안 된 서민에게 그의 가르침의
진정한 중핵을 감추기 위해서이며 다른 한편으로 그런 언표는
최고의 철학적 내용을 기술하는 유일한 방식이기 때문이다.[11)]
헤겔이라면 이렇게 말했을 것이다. (우리에게) 이집트인들의
비밀이었던 것은 이집트인들 자신에게도 비밀이었다고 …….

그렇다면 스트라우스가 다음과 같은 상식적인 비난에 대해
본연의 헤겔적인 방식으로 응답한다는 것은 결코 놀랄 일이
아니다. 이미 그 자체로 비교적인 어떤 작품에 관해 (가령, 마이
모니데스Maimonides의 성서 독해와 같은) 비교적인 설명을 듣
게 되면 그런 설명은 그 비교적 텍스트 자체보다 두 배나 더
비교적일 것이며 결과적으로 두 배나 더 이해하기 어려울 것이
라는 비난.

/……/ 마이모니데스 덕택에 우리는 은밀한 가르침을 상이한 두
가지 판본으로 접할 수 있다. 성서 원본과 [마이모니데스의]『안
내서』Guide라는 파생본이 그것이다. 각각의 판본은 그 자체만으
로는 전적으로 이해불가능할지도 모른다. 하지만 하나가 다른
하나에 내리쬐는 빛을 이용하여 우리는 그 둘 모두를 해독할 수
있게 될 수도 있다. 그렇다면 우리의 위치는 미지의 언어로 된
비문碑文에 직면하고 그 후 또 다른 미지의 언어로 된 그 텍스트
의 번역본을 재산출하고 있는 또 다른 비명을 발견하는 고고학
자의 위치와 유사하다. /……/ [마이모니데스는] 성서 독해시 늘
따르던 규칙에 따라『안내서』를 썼다. 따라서 우리가『안내서』

---

11) Leo Strauss, *Persecution and the Art of Writing*, Chicago: University of Chicago Press, 1988 (초판 1952), p. 57.

를 이해하길 바란다면 마이모니데스가 그 작업에서 성서를 설명하는 데 적용하는 규칙에 따라 『안내서』를 읽어야 한다.[12]

따라서 문제를 재배가하는 것은 역설적이게도 그것 자체의 해결을 낳는다. 우리는 여기서 다음과 같은 사실을 염두에 두어야 한다. 스트라우스가 공교적公敎的 가르침과 비교적 가르침 사이의 차이를 강조할 때 그는 이 대립을 오늘날의 뉴 에이지 사상이 비교적 지혜를 유포할 때와는 거의 정반대 방식으로 파악하고 있다는 사실. 뉴 에이지적 지혜의 내용은 어떤 상위의 정신적 현실로서 오로지 전수받은 소수만이 접근할 수 있는 반면 서민은 주위에서 한낱 저속한 현실만을 볼 뿐이다. 하지만 스트라우스에게는 그와 반대로, 그리고 본연의 변증법적인 방식으로, 정신적 신비에 관한 그런 서사들이 서민의 이해력에 따라 꾸며낸 이야기들의 바로 그 모델이었을 것이다. "정신적 신비"의 이런 지위는 댄 브라운Dan Brown의 『다 빈치 코드』*The da Vinci Code*로 축약되는 최근의 종교적 스릴러 열풍의 성공에 의해 확증되지 않는가? 이런 스릴러들은 아마도 오늘날의 이데올로기적 변동의 최선의 지표일 것이다. 주인공은 (제도화된) 기독교의 기반 자체를 와해할 것만 같은 어떤 청천벽력같은 비밀을 폭로하게 될 오래된 필사본을 찾고 있다. 교회(혹은 그 내의 어떤 강경노선파)는 필사적으로 무자비하게 그 문서를 억류하려 하고, 이는 "범죄적" 위기 국면을 낳는다. 이 비밀은 대개 신성함의 "억압된" 여성적 차원에 초점을 맞춘다. 그리스도는 막달라 마리아와 결혼했다는 둥, 성배는 실제로 여성의

---

12) Strauss, 같은 글, pp. 60–61.

신체라는 둥, 기타 등등. 여기서 가정될 수 있는 역설은 다음과 같다. **오로지** 여성적 기표를, 남성/여성 대립의 양극성을 "일신교적"으로 중지시킴으로써만 본연의 "여성주의"라고 폭넓게 지칭되는 것의 여지가, (궁극적으로 주체성 그 자체와 일치하는) 여성적 주체성이 부상할 여지가 있게 된다는 것. 이런 경향과는 반대로 스트라우스에게 있어 참을 수 없는 비교적인 비밀은 그 어떤 신도, 그 어떤 불멸의 영혼도, 그 어떤 신성한 정의도 없다는 사실이며, 더 이상의 심오한 의미도 없고 윤리적 투쟁의 행복한 결과를 결코 보장하지도 않는 이 세속적 세계만이 있을 뿐이라는 사실이다.

서민의 이해력에 따라 나아가는 신학의 내속적인 역설에 대해 논의를 펼 때 스트라우스는 헤겔의 "부정의 부정"에 대한 교과서적인 한 사례를 든다.[13] 첫 번째 단계에서 스피노자는 성서에서 신은 자신의 말을 저속한 편견들에 맞춤으로써(자신을 최고의 인격체로, 기적을 행하고 예언을 하며 자비를 베푸는 현명한 입법자로 제시함으로써) 평범한 사람들의 언어로 말한다고 단언한다. 요컨대 신은 인간적 상상력의 자원들을 동원하여 이야기하는 것이다. 하지만 두 번째 단계에서 필연적으로 의문이 불쑥 튀어 나온다. 책략들을 이용하고, 자비와 분노를 내비치는 최고의 인격체로서의 신이라는 발상 그 자체가 "서민의 능력을 염두에 두고" 말할 때만 생겨날 수 있는 통속적 발상이 아닌가?

프로이트적 관점에서 볼 때 박해받는 조건하의 "저술 기법"

---

13) Strauss, 같은 글, pp. 178-179.

이 취하는 핵심 전략은 **반복** 전략이다. 작가가 이전에 전개했거나 고전적 텍스트로부터 가져온 내용을 외관상 단지 반복하거나 요약하는 것처럼 보일 때 단서는 그 반복된 내용 안에 있는 작고 거의 식별할 수 없는 변화들—부가된 특질, 배제된 특질, 특질들의 순서의 변화 등등—인 것이다.[14] 스트라우스는 여기서 다음과 같은 프로이트의 충고를 축어적으로 따르고 있다. 즉, 환자가 자신의 꿈 이야기를 반복해서 말할 때 두 번째 판본에 도입한 작은 변화들이 꿈의 해석의 열쇠를 제공한다는 충고. 꿈의 중핵에 도달하기 위해 초점을 맞추어야 하는 곳은 꿈의 상이한 판본들에서 동일하게 남아있는 부분이 아니라 정확히 부차적인 변화들이다. (게다가 동일한 것은 <니벨룽겐의 반지>*Ring*에서 볼 수 있는 바그너의 위대한 회고적 서사들에도 해당되지 않는가? 거기서 우리는 이전 오페라들에서나 동일한 오페라의 이전 막들에서, 혹은 오페라(들)에서 무대화되는 사건들 이전의 과거 속에서 발생한 것을 또 다시 듣게 되니까 말이다. 여기서도 다시 말하는 데서 나타나는 작은 변화들이 열쇠를 제공한다……)

스트라우스가 말한 박해받는 조건하의 "저술 기법"의 완벽한 예는 스탈린주의하에서의 과학(특히 철학)의 운명이 아닌가? 소비에트 철학은, 적어도 1940년대 후반부터, 획일적인 교조적 구축물과는 거리가 멀었다. 항상 강렬한 투쟁이 일어나고 있었던 것이다. 하지만 출판하기 위해서는 모든 철학자들은 변증법적 유물론에 립 서비스를 하고 마르크스-엥겔스-레닌-

---

14) Strauss, 같은 글, pp. 62-63.

스탈린을 인용해야 했기에 그들을 간파하는 유일한 방법은 스 트라우스적 독법이었다. 스트라우스가 열거한 모든 전략들이 거기 있었다. 알려진 테제들의 선별적 반복, 공식적 테제의 부 정을 함축하는 테제의 제안, 고의적인 자기-모순, 공식적으로 비난받는 견해에 대한 너무나도 설득력있는 제시("현대의 부르 주아 철학"에 관한 악명높은 장章들)에 이르기까지. 게다가 동 일한 스트라우스적 논리는 유전 공학적 개입들에 대한 거리낌 없는 비판가들도 암묵적으로 옹호하고 있지 않은가? 여기서 은밀한 지식에 해당하는 것은 인간은 한낱 그 최심중의 속성들 이 조작될 수 있는 뉴런 기계에 불과하다는 사실이다. 그렇지만 이런 통찰들을 공개적으로 단언한다면 우리의 윤리적인 주체 적 자세의 근간이 와해될 것이고, 그리하여 우리의 윤리의 바로 그 근간에 전면적인 위기가 야기될 것이다. 따라서 유포되어서 는 안 되는 비교적 지식처럼 그것들을 비밀로 유지하는 편이 낫다는 것이다. 그래야 서민 군중이 최소한의 도덕성을 유지하 게 될 것이니까 말이다…….

헤겔 또한 스트라우스적 방식으로 읽을 수 있다. 헤겔이 사 회―기존 사회적 질서―는 주체가 자신의 실체적 내용과 인 정을 발견하는 궁극적인 공간이라는 점을, 주체의 자유는 보편 적인 윤리적 질서의 합리성 속에서만 현재화될 수 있다는 점을 강조할 때, 그가 (비록 명시적으로 진술하지는 않지만) 함축하 고 있는 이면은 이런 인정을 발견하지 못하는 자들이 반항할 권리 또한 있다는 것이다. 어떤 부류의 사람들이 체계상 자신들 의 권리를, 인격체로서의 바로 그 존엄성을 박탈당한다면 바로 그러한 이유로eo ipso 그들은 사회적 질서에 대한 자신들의 의

무로부터도 해방된다는 것이다. 왜냐하면 이런 질서는 더 이상 그들의 윤리적 실체가 아니기 때문이다. "사회적 질서가 그 자체의 윤리적 원칙을 현재화하는 데 실패하면 이는 그 원칙들의 자기-파괴에 이르게 된다"[15]는 것이다. 이것이 그 유명한 마르크스적 분석의 출발점이다. "프롤레타리아트"는 "합리적인" 사회적 총체의 그와 같은 "비합리적" 요소를, 그것에 의해 체계상 발생되었지만 동시에 이 총체를 규정하는 기본적 권리를 불허당한 요소를 지칭하는 것이다.

스트라우스에게 있어 문제는 그 자신의 텍스트들의 지위이다. 그것들 또한 비교적인 방식으로 읽어야 하는가? 그것들 또한 해독되어야 할 비교적 메시지를 담고 있는가? 그리고 얼마나 멀리까지 이런 방향으로 갈 것인가? 여기서 해야 하는 것은 단지 낡고 따분한 자기-지시적 역설들(스트라우스는 어떻게 공적 텍스트들—출판 서적들—에서 비밀을 직접 드러낼 수 있단 말인가? 그 자신의 가르침에 따르면 그것은 폭넓은 공중에게 비밀로 남아있어야 하는데 말이다)을 또 다시 부활시키는 것이 아니다. 그 어떤 신도, 그 어떤 영원한 정의도 없으며 이모든 것을 진정 믿지는 않는다는 것을 결코 공개적으로 진술하

---

15) Allen W. Wood, *Hegel's Ethical Thought*, Cambridge: Cambridge University Press, 1990, p. 255. "폭도rabble"에 관한 헤겔의 진술들의 거부적 어조에도 불구하고 그가 그들의 반항을 합리적으로 충분히 정당화되는 것으로 여겼다는 기본적 사실을 간과해서는 안 된다는 우드의 진술은 충분히 정당하다. "폭도"는 단지 우연적으로가 아니라 체계상으로 윤리적 실체에 의한 인정을 불허당한 부류의 사람들이다. 따라서 그들은 또한 사회에 그 어떤 빛도 없고 사회에 대한 그 어떤 의무도 면제받는 것이다.

지 않을 미국 신보수주의자들에게 그의 메시지는 얼마나 당혹
스럽고 기본적으로 수락될 수 없는 것인지를 지적하는 것만으
로도 충분치 않다. 핵심적인 물음은 다른 곳에 있다. 즉, 스트라
우스의 책들—가령 위대한 작품들의 공교적 메시지와 비교적
메시지를 구분할 필요에 관해 말하고 있는 그의 『박해와 저술
기법』—의 "비교적" 가르침은 정확히 어떤 것인가? 추론가능
한 단 하나의 해답만이 있다. 여기서 "비교적" 가르침은 공교적
인 것과 비교적인 것의 구분 자체의 불충분성일 수밖에 없다.
즉 그것은 비교적인 비밀에서보다 공교적인 "공개적" 가르침에
더 많은 진리가 있다는, 진정한 메시지를 코드화함으로써 무지
랭이들을 속이려고 애쓰는 작가들 자체가 역으로 진정 속은
자들이라는 추문적인 사실일 수밖에 없다. 따라서 스트라우스
주의자들(과 아마도 스트라우스 자신)의 진정한 비밀은 자신들
의 은밀한 불신, 자신들의 잔혹한 니체적 세계관이 아니라 부인
된 자신들의 **믿음**이라면 어쩔 것인가? 동일한 것은 심지어 히
틀러에게도 통용된다. 『나의 투쟁』*Mein Kampf*을 피상적으로 읽
는다 해도 다음과 같은 단순한 물음에 대답하려 할 때 당혹스러
워지는 한 말이다. 즉 히틀러는 그 자신의 말을 믿는가 안 믿는
가? 일관성있는 유일한 대답은 그렇다와 아니다 둘 다이다. 한
편으로 히틀러가 의식적으로 "조작한다"는 것은 분명하다. 간
혹—가령 군중을 지배하고 그들의 열정을 야기하기 위해서
해야 하는 일은 일체의 비난을 돌릴 수 있는 하나의 거대한
적이라는 단순화된 이미지를 그들에게 제시하는 것이라고 그
가 강조할 때—그는 자신의 카드를 직접 내보이기까지 한다는
것이다. 다른 한편으로 그가 그 자신의 미끼에 열정적으로 **빠져**

있다는 것 또한 마찬가지로 분명하다.

그리고 아마도 스트라우스의 저술에 만연해 있는 향수적 동경은 바로 비교와 공교 사이의 단순한 대립이 여전히 지탱될 수 있었던 (전근대적) 시기에 대한 동경일 것이다.16) 부시 행정부를 통제하는 이데올로기적 집단의 신-스트라우스주의적 음모에 대한 자유주의적 편집증이 불충분한 것은 바로 여기에서다. 어쨌든 스트라우스주의적 신보수주의자들은 스트라우스의 가르침에 함축된 역설을 드러낸다. 그들은 공적인 거짓말과 은밀한 진리 사이의 차이를 **공공화한**다는 것이다. 다시 말해, 오늘날의 미국에서 사태를 있는 그대로 분명히 보는 엘리트가 아직도 있는가? 첫 번째 문제는 폭넓은 공중을 위한 "아름다운 거짓말"과 엘리트에게만 적절한 쓰라린 진리 사이의 구분이 오늘날 일어나고 있는 것을 기술하기에는 너무나도 소박하다는 것이다. 이 구분 자체가 이미 공적 담론의 일부인 것이다. 2003년 6월 미디어에서 보도된 것처럼17) 폴 울포위츠는 WMD 쟁점을 전쟁에 대한 "관료주의적" 구실이라고 기각하는 데 그친 것은 아니었다. 이제 그는 석유가 진정한 동기였다고 공공연

---

16) 더욱이, 스트라우스가 참조한 고전적 시기와 관련하여 오늘날 상황은 오히려 반전되지 않았는가? 공교적인 공적 견해가 쾌락의 추구라는, 지상의 재화들에 의존한다는, 여하한 상위의 영원한 도덕적 질서도 불신한다는 등등의 견해이다. 신성한 정의 등등에 대한 믿음이야말로 감히 공적으로 인정하지 못하는 비교적 비밀로서 전수되어야 하는 것일 정도로 말이다…….

17) George Wright, "Wolfowitz: Iraq war was about oil", *The Guardian*, 2003년 6월 4일자를 볼 것.

히 인정한다. "단순하게 바라봅시다. 북한과 이라크의 가장 큰 차이는 경제적으로 볼 때 이라크에는 그 어떤 선택의 여지도 없었다는 것입니다. 그 나라는 석유 바다에서 헤엄을 치는 나라입니다." 더욱이 엘리트간에 무질서한 혼란이 있다는 분명한 징표들이 있다. 2003년 7월, 펜타곤이 수천만 불을 들여 어떤 주식 시장 유형의 시스템을 설립하려고 계획 중에 있다는 보도가 있었다. 거기서 투자자들은 테러 공격, 암살, 중동에서의 여타 사건들을 놓고 도박을 하게 된다. 이런 식으로 국방부 관리들은 정보와 유용한 예측을 얻게 되길 기대하며 올바로 예측한 투자자들은 수익을 얻게 되리라는 것이다. 투자자들은 선물先物 계약들future contracts— 본질적으로, 중동에서 일어날 것이라고 믿는 바에 관한 일련의 예측들(야세르 아라파트가 암살당할 가망성이나 요르단 국왕 압둘라 2세가 타도될 가망성)— 을 사고 팔 것이다. 선물 계약이 실현되면 그것의 보유자는, 시장에 투자했지만 잘못 예측한 투자자들의 입금액을 챙기게 될 것이다. (민주당 상원 의원 바이런 돌건Byron Dorgan은 이런 발상을 쓸모 없고, 무례하며, "믿을 수 없을 만큼 아둔한" 것이라고 묘사했다. "또 다른 나라가 어떤 도박장을 설립하여 사람들이 안에 들어가 /……/ 미국 정치인의 암살이나 이런 저런 기관의 타도를 놓고 도박을 할 수 있도록 한다면 어떨까라는 상상은 할 수 있겠는가?") 펜타곤이 이런 게임에서 알게 되리라고 기대하는 것은 무엇인가? 이 게임은, 일종의 폐쇄 회로 속에서, 미디어가 낳은 유력한 의견을 되반사할 뿐이지 않겠는가?

따라서 스트라우스가 빠지는 함정은 모든 거창한 "탈신비화가들"이 빠지는 함정이다. 그의 문제는 그가 근대성의 시대에 고전적인 정치적 사유로 회귀하려고 하며 그것을 잔인한 비교적 지식에 의해 지탱되는 "아름다운 거짓말"이라고 단언함으로써 이에 대해 대가를 치러야 한다는 것이 아니다. 그의 문제는 오히려, 공교적인 "아름다운 거짓말"과 비교적인 소름끼치는 진리 사이의 바로 이 구분이, 아무리 대담하고 충격적인 것처럼 보일지라도, 어쩔 수 없이 철 지난 전통적인 것이라는 사실이다. 스트라우스가 플라톤을 자신의 "은밀한 가르침"의 배경에 비추어 읽을 때 우리는 그것에 라캉의 「칸트를 사드와 더불어」"Kant with Sade"의 교훈을 적용하는 것을 잊지 말아야 한다. "칸트를 사드와 더불어"가 뜻하는 바는 사드가 칸트의 진리라는 것, 사드가 더 자명한 귀결이며 칸트적 혁명의 모든 귀결들을 이끌어낸다는 것이 아니다. 반대로 사드적 도착은 칸트적인 타협의 결과로서, 칸트가 자기 자신의 돌파의 귀결들을 회피한 결과로서 출현한다. 요컨대 칸트의 철학적 혁명의 중핵은 절대적 과잉은 법 그 자체의 과잉이라는 것에 대한 통찰이다. 법은 우리의 쾌락 지향적 삶의 "동질적인" 안정성에 탈안정화하는 절대적 "이질성"의 청천벽력같은 힘으로서 개입한다는 것이다. 따라서 도덕 법칙은 더 이상 우리를 멀리 가지 못하게 하는 제한으로서 이바지하는 심급이 아니다. 오히려 적당한 쾌락이라는 아둔한 삶을 궁극적으로 "위반하는 것"이야말로 법 그 자체, 법의 명령이다. 이 때문에, 라캉에게, 도덕 법칙은 쾌락 원칙의 항상태적homeostatic 군림을 와해시키는 과도한 힘으로서의 욕망에 대한 이름인 것이다. 따라서 이런 칸트적 표준에 비추어볼 때 사드적 도착증자는 엄밀한 의미에서 **숭고한** 형상이다. 그의 가장 난폭한 위반조차 경험적인 "정념적" 영역에 속한다. 그렇기에 (역학적 숭고에서, 자연의 격노한 힘이 가장 난폭하게 나타나면—부정적인 방식으로, 그런 것이 예지적인 도덕 법칙을 적합하게 표상하지 못하는 바로 그 실패를 통해서—법의 이런 차원이 감지되는 것과 정확히 동일한 방식으로) 이 위반들은 쾌락 지향적인 경험적 상상이 예지적(초-현상적) 법을 쾌락 지향적 활동 영역으로 번역하려 했으나 실패한 시도들을 나타낸다. 다시 말해 칸트는 법 그 자체를 (우리의 "정상적" 삶의) 궁극적 위반으로 단언하는 반면 사드는 이런 법의 힘을 법과 그것의 위반이라는 전통적 대립으로 되돌려 번역하려고 애쓴다. 즉 사드의 도덕 법칙 개념은 여전히 구속과 적정 척도의 심급이며 이 심급은 성애적-파괴적 과잉을 통해 와해될 수 있다(그리고 사드에게는 와해되어야 한다). 따라서 사드적 도착의 숭고한 교훈은 "가장 과도한 범죄적 방탕함조차도 견고한 도덕적 자세 앞에서는 무력하다"는 것이 아니라 반대로 "가장 과도한 범죄적 방탕함조차도 도덕 법칙 그 자체의 무한한 폭력적 과잉, 외상적 절단에는 접근할 수 없다"는 것이다. 사드는 오로지 다음과 같은 의미에 한에서만 "칸트의 진리"다. 사드는 칸트주의자로 하여금 칸트주의자 자신의 위치가 갖는 전대미문의 급진성과 직면하도록 강요한다는 것. 말하자면 사드는 칸트의 진리라기보다는 타협의 증상, 즉 칸트가 자신의 철학적 혁명으로부터 모든 귀결을 끌어낸 것은 아니라는 징표다. 일단 칸트주의자가 그 모든 귀결을 끌어내면 사드의 형상은 그 매혹을 잃어버리고 우스꽝스러운 철 지난 장관으로 변해버린다.

사드를 읽을 때 우리는 심리적으로 동일화할 수 없는 사건의

묘사를 읽고 있다는 인상을 피할 수가 없다. 묘사된 사건들은
(두 남자의 음경이 각각 서로의 항문에 동시에 삽입되는 것처
럼) 우스꽝스럽게 과장되어 있을 뿐만 아니라 또한 잔인할 만
큼 역겹고, 성적 자극을 야기하는 여하한 동일화도 (적어도 우
리 대다수에게서) 가로막는다. 사드의 텍스트는 따분한 기계적
인 활동이거나 거부감을 주는 도착들의 목록인 것이다. 그렇지
만 사드에게 있어 칸트 본연의 "순수성"을 증언하는 것은 묘사
된 사건들과 심리적으로 동일화하는 것의 바로 이러한 불가능
성이다. 사드적 텍스트는 "쾌락-원칙 너머"에 있고 칸트적 의
미에서 "비-정념적" 주체에게, 즉 경험적-심리적인 꿈, 정념,
감정, 공포의 통제권 너머의 주체에게 말을 건네는 것이다.
　사드는 자연 법칙 자체가 인간적 자유에 대한 궁극적인 족쇄
이자 도전이기에 최고의 행위는 자연 법칙 자체를 위반할 만큼
끔찍한 범죄를 저지르는 것이라는 생각에 사로잡혀 있다. 이는
섬뜩하게도 인간은—자율적인 행위, 즉 자연적인 인과 사슬에
좌우되지 않는 행위를 저지를 수 있는 능력이라는 정확한 의미
에서—자유로운가라는 칸트의 중심적인 문제와 동형적이지
않은가? 사디즘의 가장 통상적인 정의—괴로운 고통 속의 쾌
락—또한 다음과 같은 칸트의 통찰을 반향한다. 숭고함의 경
험 속에서 쾌락은 고통과 혼합되어 있다는, 즉 만족을 주는
것은 우리의 상상력이 예지계를 표상하는 데 고통스럽게 실패
하는 것 자체라는 통찰. 또한 이미 라캉이 주목했듯이 유일한
선험적(비-정념) 감정은 고통이다. 정념적 자기가 도덕 법칙
의 압력하에 좌절되고 분쇄된다고 느낄 때 주체가 경험하는
고통 말이다. 사드의 『규방 철학』에서 돌망스Dolmance는 "우리

에게서 작열하는 빌어먹을 천국 불의 홍수 속에 빠뜨리려고"
외제니Eugenie를 부른다. 이것은 횔덜린이 시인의 개념을 "천국
에서 온 불"로 인해 괴로워하는 자들이라고 전개한 것과 동일
한 해에 쓰여졌다.

　보다 일반적 수준에서, 이른바 금지된 지식의 실정적, 구성
적 지위 개념은, 즉 우리의 욕망이 완전한 만족에 도달하기
위해 직접적 충족은 지연되어야 하며 심지어는 포기되어야 한
다는 발상은 보기보다 더 복잡하다. 첫 번째 접근에서 우리를
대상에서 분리시키는 바로 그 거리는, 대상은 금지와 장애라는
왜곡하는 렌즈를 통해서만 가시적이고 접근가능하다는 사실은
대상을 그토록 매혹적이게 하는 마술적 아우라를 발생시킨다.
대상을 직접 바라본다면 우리는 이내 그것이 한낱 흔해 빠진
저속한 사물에 지나지 않음을 지각할 것이다. …… 따라서 여기
서 우리가 다루고 있는 것은, 우리의 욕망을 지탱하는 것은
대상 그 자체라는 통상적인 지혜인 것처럼 보인다. 흔해 빠진
일상적 대상을 욕망의 대상으로 고양시키는 것은 금지 그 자체
라는 것이다. 그것을 욕망의 대상으로 만드는 것은 그것의 직접
적인 내속적 속성들이 아니라 그것이 차지하고 있는 구조적인
자리라는 것이다. 바꿔 말해 대상의 바로 그 접근 불가능성이,
대상에 대한 나의 지각은 불완전하고 부분적이며 공란과 공백
으로 가득하다는 사실이 이 공란들을 채우는 나의 상상력을
가동시킨다. 이미 이 점을 지적하는 수많은 속담들이 있지 않은
가? 이웃집 풀밭은 항상 내 것보다 더 푸르다 등등. 그렇지만
금지된 지식의 지위는 보다 더 역설적이다. 핵심적인 사실은
금지가 작동하기 위해서는 그것은 반성적으로 재배가되어야

한다는 것이다. 금지 자체가 금지되어야 한다는 것이다. 즉 금지는 그 실정적인 차원 속에서 금지처럼 보여서는 안 되고 욕망의 대상에 대한 우리의 접근을 가로막는 단순한 외적 장애물처럼 보여야 한다. 다시 말해 나는 내가 열정적으로 사랑하는 여자에 대해 다음과 같이 혼잣말할 수는 없다. "그건 진정으로 그녀는 아니야, 그녀는 평범한 보통 여자에 불과해. 그녀를 그토록 매력적이게 만드는 것은 위반의 아우라, 금지된 영역에 들어가는 것의 아우라야. 그것은 그녀의 현실을 넘어서는 나의 상상력의 힘과 과잉이야!" 그런 직접적인 통찰은 분명 일종의 "실용주의의 모순"인데, 그것은 실상 가정되면 나의 욕망을 망쳐놓는다. 따라서 진정으로 금지된 지식은 사랑하는 사람의 현실에 대한 완전한 지식이 아니라 대상의 현실에 관해 알 수 있는 것은 **아무것도 없다**는, 대상을 나의 욕망의 원인으로 만드는 것은 그것이 차지하는 금지된 자리라는 정황에 관한 바로 그 지식이다.

이와 동형적이게도 동일한 것은 스탈린주의하에서의 금지의 작동에도 통용된다. 그 속에서 금지된 것은 단순히 지배체제에 대한 공개적인 (혹은 그 문제에 관한 한, 여타의) 비판이 아니라, 오히려 바로 이 금지에 대한 공개적인 언표행위였다. 따라서 스탈린주의적 허식 재판show trial에서 피고가 공산주의의 지배를 거부했다고 자백할 때 우리가 일종의 "억압된 것의 회귀"를 다루고 있다고, 그가 금지된 다수의 은밀한 욕망을 공개적으로 진술했다고 말하는 것만으로는 충분치 않다. 훨씬 더 결정적이었던 것은 공산주의의 지배를 거부한다고 공개적으로 비판한 자들이 지배 이데올로기의 비일관성을 가시화했

다는 사실이었다. 그들이 실천한 것은 금지된 (자유 발언의)
권리가 아니라 공개적으로는 보증되지만 은밀하게는 금지되어
있는 권리였다.

사랑하는 대상의 마력을 깨지 않기 위해 그것과 적절한 거리
를 유지하는 자세가 가짜 사랑의 확실한 징표인 까닭이 여기에
있다. 진정한 사랑은 "너무 가까워지는 것을 겁내"지 않는다.
그것은 사랑하는 대상을 그것(그/녀)의 일체의 통속적 현실 속
에서 떠맡는 것과 동시에 그것의 숭고한 지위를 유지할 각오가
되어 있다. 즉 마르틴 루터에 대한 헤겔의 주해를 말바꿔 보자
면 진정한 사랑은 일상적 저속함의 십자가에서 숭고함의 장미
를 알아볼 각오가 되어 있다는 것이다.

그리고 "일상적 저속함의 십자가에서 숭고함의 장미를 알아
본다"는 이런 자세가 갖는 정치적 교훈(혹은 차라리 함축)은
기존 현실을 신비화하는, 그것에 가짜 색깔을 칠하는 일이 아니
라, 완전히 그 반대이다. 말하자면 그것은 숭고한 (유토피아적)
전망을 힘껏 일상적 실천으로 번역해내는 일, 요컨대, 유토피아
를 힘껏 실천하는 일이다.

인명 색인

옮긴이 후기

올해 1월 초 지젝은 "이라크의 빌려온 항아리(The Iraqi Borrowed Kettle)"라는 제목의 원고를 우리에게 보내주었다. 우리는 그 책의 영어본 출간 소식을 알고 있었고, 한국어본의 조속한 출간을 위해서 직접 원고를 보내줄 것을 부탁한 것이다. 그는 조건 없이 원고를 보내주었고 우리는 이 책이 한국에서 4월경에 출간될 수 있도록 하겠다는 약속을 했다. 그렇게 우리는 지젝과 "협약"했다.

우리는 이 원고가 가능한 한 빨리 번역되어 한국어로 출간되길 원했으며, 따라서 세 명이 함께 번역하기로 결정했다. 우리 셋은 각각 한 장씩을(박대진은 1장을, 박제철은 3장을, 그리고 이성민은 서론과 2장을) 맡았으며, 그 결과 우리는 스스로도 원했던 과제를 두 달여 만에 끝낼 수 있었다. 지젝은 이전에도

9·11테러나 이라크 전쟁에 관한 글들을 이런 저런 경로로 발표했었다. 실제로 그것들 가운데 이 책과 내용이 겹치는 것들도 적지 않다. 하지만 그런 가운데 이 책은 가장 체계적으로 구성되었다. 서문에서 지젝 스스로 이야기하듯, 이 책에는 "직접적 인상들과 반응들"에 대한 기술이 빠져 있지 않으며, 또한 이에 대한 이론적 돌파들이 있다.

최근 지젝 스스로도 자기 반성적으로 언급했듯이 그가 제안하는 정치적 대안과 그에 따른 주체의 태도는 1980년대에서 현재까지 사소하지만 결정적인 변동을 겪었다. 현실 사회주의가 붕괴를 눈 앞에 두고 있으면서도 기세등등했던 1980년대에 그의 작업은 전체주의를 지탱시키는 주체의 태도에 대한 분석에 집중되어 있었다. 이때 그가 내린 결론은 서구식의 자유민주주의는 최선은 아닐지라도 불가피한 선택이라는 것이었다. 물론 민주주의는 온갖 종류의 조작, 부패, 민중선동을 양산할 수 있다는 약점을 갖지만 지젝은 바로 그런 이유에서 불가능한 일이 선거와 같은 "공적 영역에서" 현실화될 수 있다는 급진적 함의를 보았다. 하지만 현실 사회주의가 붕괴한 후 자유민주주의적 자본주의가 점차 세계화되면서 벌어지는 일련의 현상들을 목도한 후 그는 민주주의 자체와 근본적으로 거리를 두기 시작한다.

1989년 현실 사회주의가 붕괴하자 후쿠야마는 "역사의 종말"을 선언했다. 이는 세계가 더 이상의 적대도 없이 자유 민주주의적 자본주의라는 유토피아로 하나되리라는 예언이었다. 그렇지만 기대와는 달리 종식된 기존의 체제상의 적대의 자리를 반유대주의, 인종주의, 성차별주의 등의 갖가지 원리주의적 적대가 채우기 시작했고 그로 인한 폭력 사태는 그 강도를 더해 갔으며 결국 9·11이라는 대형 참사에까지 이르렀다. 이로부터 지젝은 상호연관된 두 가지 통찰을 제시한다. 이는 두 역사적 인물, 그리스도와 레닌과 직결되어 있다.

지젝이 보기에 그리스도의 수난이 갖는 결정적인 함의는 "아버지, 왜 저를 버리시나이까?"라는 그의 절망적 탄식에 집약되어 있다. 그것은 아버지-신의 무능함을 힐책하는 것이자 그 자신의 고통의 무의미함을 수긍하는 것이다. 결국 수난을 통해 그리스도가 체현하는 것은 "큰 **타자** 내의 결여"에 대한, 곧 기존 체제는 궁극적인 그 어떤 보증도 주지 못한다는 것에 대한 인식이다. 지젝은 오늘날 몰인간적이고 추상적인 세계적 자본주의와 행정 관리에 의해 지배되는 후-정치하에서 주체가 처한 무력한 상태를 바로 그런 수난과 동형적이라고 파악한다. 그런 상황하에서 주체는 한낱 미미한 생명체에 불과한 것, 혹은 아감벤의 이른바 호모 사체르(*homo sacer*)로 환원되고 만다는 것이다.

이 지점에서 지젝은 이전에 취했던 민주주의 옹호 입장을 즉각 폐기한다. 민주주의의 형식, 특히 선거를 통해 불가능한 것이 공적으로 실현될 수도 있으리라는 그의 기대는 오판이었다는 것이다. 라클라우/무페에 따르면 민주주의는 적대를 대항(정치적 경쟁의 규제된 게임)으로 번역하는 기제로 정의된다. 하지만 이 정의는 민주주의가 동시에 배제 기제로서도 작용한다는 점을 함축한다. 즉 그것은 이데올로기, 이해관계 등의 환원불가능한 복수성을 인정하지만 민주주의적인 게임의 규칙을 거부하는 자들은 사회체로부터 배제한다는 것이다. 따라서 민

주주의가 보증하는 것은 불가능한 것의 정치적 유효화이기는
커녕 그것의 영속적인 배제일 뿐이다. 그것은 권력 변화의 가망
성이 열려있다는 거짓 개방성에 의해 우리가 기존 관계를 영원
히 견디도록 강요함으로써 절망적인 폐쇄성에 직면할 계기를
무한히 지연시킨다.

지젝이 "레닌을 반복하라"는 정언명령을 도입하는 것은 이
렇게 오늘날 민주주의가 우리에게 부과하는 교착상태를 근본
적으로 돌파하기 위해서이다. 레닌은 (각각 상이한 유형의 큰
타자를 함축하는) 두 가지 유형의 논변의 유혹으로부터 성공적
으로 벗어났다. 그 중 하나는 프롤레타리아 혁명은 부르주아
민주주의의 성숙 이후에 온다는 단계론적 필연성 주장이며 다
른 하나는 윤리-정치적 고려와 다수의 인민이 진정 혁명을 선
호하는가와 관련된 혁명에 대한 회의론이다. 레닌의 위대함은
그가 그런 논변들에 대해 여하한 또 다른 큰 **타자**를 대안으로
제시하지 않고 큰 타자는, 궁극적인 보증은 없으며 단지 "행위
해야 한다"고 응답했다는 점에 있다.

"그리스도에서 레닌으로"라는 제스처는 분명 유토피아를 향
한 충동을 시사한다. 하지만 이 유토피아는 단순히 실제 삶을
추상한 이상적 사회도 우리가 영원히 도달할 수 없는 무조건적
윤리적 명령으로서의 레비나스적 타자성도 아니다. 그것은 "가
장 내밀한 곳에 있는 절박함의 문제이며, "가능한" 것의 매개변
항들 내에서는 더 이상 지속할 수 없을 때 생존의 문제로서
우리가 떠밀려 들어가게 되는 어떤 것"이다. 여기에 걸려있는
것은 "불가능한 것으로서의 **실재**"라는 라캉적 개념에 대한 본
연의 접근이다. 그것은 **실재**는 "일어나는 것이 불가능하다"는,

실재에 대한 왜상歪像적 조망만이 가능하며, **실재-사물** 그 자체에 다다를 수는 없다는 것을 뜻하는 것이 결코 아니다. 오히려 그것이 뜻하는 바는 불가능한 것은 진정 일어나며 이렇게 "일어난 불가능한 것"이 **실재**라는 것이다. 여기서 불가능하다는 것은 단지 기존의 상징적 좌표로는 그것을 자리매길 수 없다는 것을 나타낼 뿐이다.

요컨대, 지젝이 단언하는 "그리스도에서 레닌으로"의 제스처는 이 책의 결미에서 그가 한 다음과 같은 말로 가장 잘 요약될 수 있을 것이다. "숭고한 (유토피아적) 전망을 힘껏 일상적 실천으로 번역해내는 일, 요컨대, 유토피아를 힘껏 실천하는 일."

이 책의 각 장의 제목은 이 책에서 "이라크"와 "민주주의"와 "지배(구조)"가 문제가 되고 있음을 알려준다. 오늘날 한국에서 문제가 되고 있는 것들이 있다면 바로 그것일 항목들 말이다. 오늘날 우리가 처한 상황을 이렇게 요약할 수 있을 것이다: 우리에게 다시 "그것들"이 문제가 되고 있다. 전쟁이, 민주주의가, 그리고 지배구조의 변동 일반이 말이다. 그리고 이 책의 출간에 얽힌 긴급성은 바로 여기에 걸려 있다. 선거가 끝난 직후이며 파병이 기다리고 있는, 주인의 자리가 비어 있는 바로 이 유일무이한 시기는, 독서에 대한 어떤 일반적인 통념과는 달리, 좋았던 옛 시절에 그랬던 것처럼 어두운 골방에 홀로 등불을 켜고 책을 붙잡아야 할 때인지도 모른다.

2004, 봄

ⓒ Slavoj Žižek 2004
한국어판 ⓒ 도서출판 b

이 라 크 : 빌려온 항아리

초판 1쇄 발행 / 2004년 4월 30일

지은이 • 슬라보예 지젝
옮긴이 • 박대진·박제철·이성민
편집 • 백은주
영업 • 정기복
표지디자인 • 주)미라클인애드 김종수
펴낸이 • 조기조
펴낸곳 • 도서출판 b

등록 • 2003년 2월 24일 제12-348호
주소 • 152-843 서울특별시 구로구 구로5동 107-8 미주오피스텔 2동 808호
전화 • 02-6293-7070(대)
팩시밀리 • 02-6293-8080
홈페이지 • b-book.co.kr

정가 • 15,000원

ISBN 89-954593-3-6   03340
* 이 책 내용의 일부 또는 전부를 재사용하려면
  저작권자와 도서출판 b 양측의 동의를 얻어야 합니다.
* 잘못된 책은 교환해 드립니다.